CW01664741

Happy us Happy boss

Sådan sætter du dine styrker i spil og skaber arbejdsglæde

Dorte Alex Lensfelt

Copyright © 2021 Dorte Alex Lensfelt

All rights reserved.

ISBN-13: 978-87-973045-0-1

Forord

Hvem bærer ansvaret for trivslen på arbejdspladsen – medarbejderen eller chefen? Det er den evindelige debat. Spørgsmålet er i virkeligheden irrelevant. Dem, der ynder at diskutere det, er som regel alligevel kun ude på at pege fingre – og det gavner ingen. Tværtimod.

Langt de fleste af os går nemlig stadig rundt og tror, at vejen til udvikling og større trivsel opnås ved eliminering af vores svagheder. Men sandheden er én anden, og med den nyeste forskning dokumenterer Dorte Alex Lensfelt, at der i den grad er noget at komme efter, hvis man styrker sin indsats for større arbejdsglæde.

Og hvem er så 'man'? Det er netop den gode nyhed! Bogen her præsenterer nemlig en unik tilgang – til gavn for både topdirektøren, lederen eller HR-chefen (og endda for bundlinjen), men i den grad også for den enkelte medarbejder.

Dermed kan vi holde op med at pege fingre ad hinanden og i stedet rent faktisk fokusere på det, vi ønsker at opnå - og på det, vi allerede er gode til – og gør vi det, ja, så er der faktisk slet ikke så langt til enden af regnbuen.

God læselyst.

Julie Beicker
Cand. Mag. Cognition & Communication,
MSc. Applied Positive Psychology & Coaching Psychology

Om forfatteren

I de sidste 20 år har jeg arbejdet med udvikling af mennesker og organisationer, seneste som HR-direktør. Den røde tråd har altid været min nysgerrighed på, hvad mennesker kan opnå, hvis de får lov at gøre det, de er bedst til. Da det for otte år siden, gik op for, at positiv psykologi netop handler om at se på os mennesker, der hvor vi er bedst, var jeg straks solgt.

Jeg er især vild med hele forskningen bag, der gang på gang viser og dokumenterer, at hvis vi bruger vores styrker i hverdagen, bliver vi ikke bare bedre – vi får det også bedre fysisk og psykisk.

Efter mange år som lønmodtager og med et liv i overhalingsbanen, valgte jeg i 2016 at starte mit eget. I dag har jeg dedikeret mit liv til at hjælpe andre med at udleve deres fulde potentiale.

Jeg har selv arbejdet med mine styrker og brugt dem til at skabe positive forandringer i mit liv. I dag er jeg i mit livs bedste form både fysisk og psykisk, jeg er 100 % nærværende over for dem, jeg elsker og jeg er vild med mit liv og min hverdag.

Det jeg virkelig brænder for, er at hjælpe andre med at finde og realisere deres styrker, så de kan skabe det liv, de virkelig ønsker. Et liv der med garanti giver dem større glæde og lykke, end en lønforhøjelse nogensinde kan give.

Dorte Alex Lensfelt

Indledning

Den bog jeg selv manglede

Det var mine medarbejdere og kunder, der opfordrede mig til at skrive denne bog. De syntes, at alle kunne gøre brug af vores viden og værktøjer til at opnå et bedre, sjovere og mere meningsfyldt arbejdsliv. Det var noget jeg længe havde ønsket, men ikke turde springe ud i. Nu er det blevet mit kald i livet at indfri deres ønsker om at skrive en håndbog til selvledelse for alle, fra medarbejderen på gulvet til direktøren i toppen, hvor vores erfaringer, viden og værktøjer kan komme endnu flere fantastiske mennesker til gode. En bog til alle dem, der sidder i en arbejdsrelation, hvor de til tider oplever, at tvivlen på dem selv og deres egenskaber, er en forhindring for at udleve deres fulde potentiale.

Alt for ofte oplever jeg i mit arbejde, at mange mennesker overlader deres trivsel og udvikling til deres nærmeste leder og organisation. Mange strækker sig, efter min vurdering, alt for langt uden at lytte til sig selv. Bogen er derfor et opgør med den traditionelle tankegang om at overlade vores trivsel og udvikling til vores leder og arbejdsplads. I dag, hvor alt hele tiden skal gå stærkere end det gjorde i går og alle hele tiden skal kunne navigere rundt i kaos og et grænseløst arbejdsliv, er det alt for risikofyldt at overlade sin mentale sundhed og udvikling til sin leder og arbejdsplads. Det er min overbevisning, at hvis vi alle hver dag gør en positiv indsats for at være den bedste udgave af os selv og lærer at passe godt på os selv, vil vi som samfund se en væsentlig bedring på vores mentale helbred, lykke og forretningssucces.

Bogen er derfor skrevet til dig, der er nysgerrig efter at finde dit potentiale, engagement og din arbejdsglæde.

Er du nogensinde blevet bedt om at udføre et stykke arbejde, som du i virkeligheden ikke rigtig havde lyst til? Har du nogensinde taget dig selv i at komme med alle mulige slags undskyldninger og overspringshandlinger for at udskyde bestemte typer af opgaver, fordi du blev drænet for energi og kom i dårligt humør? Har du nogensinde tænkt, at din leder må have drukket af natpotten for at uddelegere uopnåelige mål, KPI'er og opgaver, der på ingen måder gav mening for dig eller dit team?

For nogle år siden fandt jeg mig selv i lige præcis den situation. Jeg arbejdede som HR-konsulent og havde til ansvar at vækste vores konsulentforretning. I mit team havde jeg netop fået en kollega, som skulle hjælpe mig med at sælge vores ydelser. Derudover bestod teamet af seks konsulenter, der skulle sørge for levering og servicere vores kunder og samarbejdspartnere.

Min leder, som var direktøren, indkaldte til møde og ville gerne fortælle os om den nye strategi, som de kaldte *'10 x 10'*. Til mødet fortalte han, at *'10 x 10'* gik ud på, at vi skulle finde ti kunder, der hver lagde en omsætning på ti millioner inden for et år. Bestyrelsen havde taget en beslutning: Man ville være Danmarks største. Nu var det tid til, at vi skulle indfri deres ønsker.

Jeg husker tydeligt, hvordan stilheden spredte sig i rummet og hvordan mit team, kiggede på hinanden med store fortvivlede øjne. Inden i mig var der kaos og panik, men det viste jeg ikke mit team, i stedet oppede jeg mig, og prøvede at være positiv og optimistisk, og fik vist sagt noget i retning af: *"Spændende! Den klarer vi!"*

Dagen efter fik jeg den første opsigelse. Den medarbejder jeg netop havde fået ansat til at hjælpe mig med at hente kunderne hjem, sagde farvel og tak efter kun 14 dages ansættelse.

Som ledende ansvarlig gik jeg forrest, sætte alt i bevægelse og fandt sammen med mit team frem til, hvordan vi kunne opnå hurtig vækst ved at høste de lavthængende frugter først. En efter en fik vi kunderne hjem og afdelingen vækstede 200 % indenfor seks måneder. Jeg blev dagligt punket af direktøren, der ikke mente, at det gik hurtigt nok. Vi knoklede løs og allerede efter tre måneder, havde jeg den første sygemelding med stress.

Jeg bad ledelsen om hjælp, men der var desværre ikke råd til flere ressourcer. Vi knoklede videre og jeg havde dagligt konsulenter siddende i min bil, som græd af fortvivlelse, fordi de ikke kunne følge med, og bad mig stoppe med at hente flere kunder hjem. Men presset fra ledelsen og frygten for ikke at være en del af toppen, fik mig til at fortsætte.

Efter ni måneder havde vi hentet syv af de ti kunder. Vi havde nu 7 kunder, der hver lagde en omsætning på ti millioner. På ni måneder havde vores afdeling en vækstforøgelse på 70 millioner. Min jobbeskrivelse og ansvarsområde havde udviklet sig eksplosivt og jeg sad nu med ansvaret for virksomhedens største kunder, kontraktforhandlinger og internationale kunder og udbud. Hver dag udførte jeg opgaver, som jeg ikke var bedst til og ingen erfaring havde i at udføre, samtidig med at jeg skulle lede et blødende team med i alt fire sygemeldinger på grund stress.

En dag vågende jeg og kiggede mig selv i spejlet, men kunne ikke længere se mig selv i øjnene. Jeg var ikke længere den bedste udgave af mig selv, jeg havde kort lunte over for min familie og var aldrig mentalt til stede. Jeg sad med hovedet i computeren dag og nat. Var det virkelig det hele værd?

Hvad nyttede det at hente omsætningen hjem, når alle omkring mig bukkede under, og mit team, der knoklede løs, lagde sig en efter en med stress? Det var på ingen måder tilfredsstillende. Hvordan kunne en virksomhed, der solgte HR-ydelser, behandle deres egne medarbejdere så ringe? Der måtte være en sundere og mere menneskelig måde at vækste virksomheden på. Men hvordan gør man det og hvordan får man som medarbejder sagt fra over for sin leder, når man rigtig gerne vil accepteres og være en del af toppen i en organisation?

Det vil jeg fortælle dig med denne bog. For alt imens jeg kunne finde tusindvis af ledelsesbøger, der handlede om, hvordan man skulle lede sine medarbejdere, savnede jeg en håndbog til mig som medarbejder. En bog der kunne hjælpe mig med at finde ind til kernen af mig selv og mit potentiale, og samtidig navigere rundt i presset fra ledelsen.

Min historie gik som de fleste. Efter mange lange overvejelser, sagde jeg mit job op. Og selvom jeg sad til tre fratrædelsessamtaler hos direktøren, der lovede mig, at alt nok skulle blive bedre, havde jeg fuldstændigt mistet tilliden til ham og troen på mig selv. Nok var nok. Jeg kunne ikke mere, jeg var total drænet og udbrændt.

I takt med jeg skulle genfinde mig selv, startede min rejse ind i den positive psykologi og hjerneforskningens verden. I halvandet år nørdede jeg med at finde mine egne styrker og skifte mine indre negative dialoger ud med positive og opløftende tanker. Langsomt fik jeg bygget mig selv op, samtidig med jeg skabte et fundament og et koncept for min virksomhed '*House of Talents*'. En dag stod det klart, at mit formål med virksomheden var at forebygge mistrivsel og stress, og samtidigt få både menneskers medfødte potentiale og virksomhedernes strategi til at udfolde sig, så de kunne arbejde sammen om at opnå fælles succes og arbejdsglæde.

I 2016 havde jeg færdigudviklet konceptet '*Growing Talents*' og stiftede '*House of Talents – making people grow*', samtidig med at jeg færdiggjorde min drøm om at få en uddannelse indenfor HR- ledelse og positiv psykologi.

Mit hjerte bankede for opdagelserne af professor Martin Seligman om, hvordan den positive psykologi kan forebygge stress og mistrivsel, hjælpe mennesker med at blomstre, blive gladere og indgå i positive relationer, samtidig med at organisationer kan opnå væsentlig vækst på den menneskelige og økonomiske bundlinje.

Jeg oplevede mig selv som en dedikeret og loyal medarbejder, der gjorde, hvad der blev sagt og ikke stillede spørgsmålstegn, selvom jeg i mere end 20 år havde arbejdet med at udvikle mennesker og organisationer. Jeg leverede stadig resultater ud fra en top-down filosofi og arbejdede mig op gennem hierarkiet. Jeg prøvede at leve op til alle kravene, og når jeg i dag ser tilbage på den periode af mit liv, kan jeg se, at jeg var så afhængig af ros og anerkendelse, at jeg ikke lyttede til hverken min krops signaler eller min omgangskreds, der prøvede at stoppe mig. Jeg var ofte total drænet for energi, når jeg kørte hjem og lå ofte med influenzasymptomer og migræne. Men jeg turde ikke sige fra på grund af frygten for at blive fyret og holdt ude af fællesskabet.

Samtidig levede jeg i god tro om, at ledelsen ville mig det bedste og at de var oprigtigt nysgerrige på min trivsel, udvikling og arbejdsglæde. Men mellem os to kan jeg i dag godt se, at jeg i deres øjne var jeg et middel til at nå målet, og de ville meget gerne bestemme, i hvilken retning min udvikling skulle gå.

For eksempel ville de hellere have jeg skulle blive dygtigere til at sælge end til at lede mine medarbejdere. Eller min leder syntes det gik så godt med mig, så det var ikke nødvendigt at afholde vores månedlige trivsels- og udviklingssamtaler.

Virker min historie genkendelig for dig? I dag ved jeg, at der er en meget sundere og mere positiv måde at skabe resultater gennem mennesker på. Med denne bog vil jeg give dig indblik i, hvordan du kan udvide din horisont og tage ansvaret for din egen trivsel og arbejdsglæde. Det er så vigtigt, at du står op om morgen for din egen skyld og ikke for andres. Det er vigtigt, du får redskaberne til at finde dig selv og dine styrker.

Dine unikke styrker er dine personlige superkræfter, der kan anvendes til at forbedre enhver situation, når som helst, med hvem som helst. Men at udnytte disse medfødte positive egenskaber kræver selvindsigt, nysgerrighed og lysten til at øve sig praksis. Bogen her giver dig al den viden du om styrker har brug for og den er stærkt understøttet af massiv evidens.

Det er også muligt for dig

430.000 danskere har symptomer på alvorlig stress hver dag. Det svarer cirka til 12 % af befolkningen.

Det er min overbevisning, at det er alt for risikofyldt for din mentale sundhed at overlade din trivsel, udvikling og arbejdsglæde til nærmeste leder og organisation. Det er min vurdering, at det er en absolut nødvendighed selv at tage ansvaret og det er lige præcis, hvad denne bog giver dig værktøjerne til at gøre.

Jeg har nu gennemprøvet *'Growing Talents'* i mere end tre år, både i min egen ledelsesstil og i adskillige organisationer og coachingforløb, og resultatet peger i retning af, at det virker.

Jeg får daglige tilbagemeldinger fra medarbejdere og ledere om, at deres omsætning er steget eksplosivt og deres arbejdsglæde er i top. De kender nu deres egne styrker og er i dag meget bedre til at arbejde ud fra en 80/20-regel, der går ud på, at 80 % af arbejdstiden foregår med opgaver, der ligger inden for deres top-5 styrker og 20 % af tiden arbejder de med såkaldte skal-opgaver.

Derudover er talentudviklingen ikke tildelt en lille dedikeret gruppe i organisationen, men i stedet bygget op omkring en filosofi om, at alle har et potentiale og et talent, der kan udvikles og skabe succes og arbejdsglæde for dig, din leder og organisation. Organisationer, der forstår det, oplever en langt større trivsel, da talentet nu er tildelt flere, frem for få.

Måske undrer du dig over, hvordan små, simple ændringer kan være med til at skabe så markante resultater og samtidig fungere i dit arbejde. Heldigvis er det, jeg er kommet frem til ikke unikt, men sund fornuft og en meget simpel måde at tænke på. For som du vil finde ud af ved at læse denne bog, er det et faktum, at når vi arbejder med vores styrker, arbejder vi med vores medfødte potentiale, hvilket gør, at vi hurtigere og nemmere kommer frem til vores mål. Samtidigt øger vi vores engagement og arbejdsglæde, og minimerer risikoen for mistrivsel og stress. Undersøgelser viser, at mennesker der har mulighed for at arbejde med deres styrker hver dag, er op til seks gange mere engagerede i deres arbejde, end de, der ikke har. Samme undersøgelser viser, at teams der er bygget op omkring deres styrkers forskelligheder og som komplementerer hinanden, har en lavere medarbejderomsætning, højere produktivitet og større kundetilfredshed.

Lyder det som noget du, dit team og din organisation måske kunne have brug for? Er du klar til at gå på opdagelse i dig selv, så du i fremtiden opnår langt større overskud og arbejdsglæde ved at gøre dit arbejde en lille smule sjovere, lettere og meget mere meningsfyldt? Kunne du tænke dig at få indblik i og adgang til dit medfødte potentiale og på sigt blive dygtigere til at opdage dine kollegaers styrker og hjælpe dem med at opnå det samme? Så er bogen *'Happy us, Happy boss'* din mulighed for at gå på opdagelse i dig selv, finde, træne og levere fantastiske og styrkefulde resultater til stor glæde for dig selv, menneskerne omkring dig og din arbejdsplads.

Sådan bruger du bogen

Hvis du ikke ved, hvordan du bruger dine styrker på dit arbejde, vil afsnit A i bogen være der, hvor du skal starte. I kapitel 2 finder du alt, hvad du behøver at vide for at forstå, hvorfor flere og flere mennesker og organisationer er begyndt at bruge styrkebaseret udvikling til at øge egen og andres trivsel. Du vil i dette afsnit forstå, hvorfor det er så fundamentalt vigtigt at arbejde ud fra dit autentiske potentiale, og forstå hvordan din hjerne arbejder, når du er bedst. Du får viden om, hvordan du kan udvikle dine styrker i dit job og samtidig skabe de resultater, som du fortjener.

Hvis du allerede har taget en styrkeprofil og er kender dine top-5 styrker, men du har svært ved at finde ud af, hvordan du kan bringe dem i spil, vil du i afsnit B finde *Sådan skaber du din styrkebaserede udviklingsplan*. I dette afsnit vil du få en praktisk og energigivende step-by-step-plan og guide til, hvordan du kan blive engageret og gladere for dit arbejde, ligegyldigt hvad din jobbeskrivelse indeholder. Kapitlet bygger på mange års erfaring om, hvordan positiv psykologi virker i praksis og udleves i andre virksomheder, samt hvordan du let kan være med til at forvandle dig selv og din organisation. Du vil også få mulighed for at lave din helt egen vision for, hvordan du får succes, samt lære hvordan du kan lave en styrkefuld-mindmap, der kan hjælpe dig med at bruge dine styrker hver dag.

Når du har arbejdet med dine styrker i et stykke tid, vil afsnit C - *udvikling af dine styrker*, give dig idéer og værktøjer til, hvordan du kan sætte skub i din karriere ved at bruge dine styrker til at skabe flere positive, autentiske og energifyldte relationer. Afsnittet viser også, hvordan du kan hjælpe dit team eller kollegaer med at fremelske det bedste hos dem. Igennem de sidste tre år har jeg hjulpet tusindvis af medarbejdere med at bringe deres styrker i spil hos dem selv og i teams, hvilket har medført et tættere samarbejde og fællesskab med en langt større forståelse for, hvordan deres forskelligheder kan komplementere hinanden. Du vil i kapitlet finde eksempler og metoder til, hvordan du let kan bruge og implementere det sammen med dine kollegaer. I kapitlet finder du også guides til, hvordan du kan bruge styrker i organisationsudvikling og til rekruttering af nye medarbejdere.

Bagerst i bogen finder du alle 24 styrker med grundig beskrivelse.

Du kan læse bogen kapitel for kapitel. Jeg anbefaler stærkt, at du tager øvelserne en efter en, og langsomt, men sikkert, implementerer de nye, gode styrkevaner. Efterhånden som du mærker forandringerne og de positive følelser så småt overtager og begynder at indtage din krop, kan du tage næste skridt og læse det efterfølgende kapitel. Hellere tage et kapitel ad gangen og tage action ved at lave øvelserne en efter en, end at læse hele bogen og det måske kommer til at virke uoverskueligt, så bogen bare bliver en pyntegenstand i din bogreol.

Er du klar til at skabe positive forandringer, der vil ændre dit liv for altid?

DEL A:
Viden om styrker

I første del af bogen bliver du præsenteret for al den grundviden, du skal bruge om styrker. Vi ser på definitionen af styrker og dykker ned i den empiri, som bogen er bygget op om. Du får indblik i forskning og undersøgelser om blandt andet mental sundhed, jobtilfredshed og medarbejderengagement.

Kapitel 1: Hvad er en styrke?

Kan du nævne dine top-5 styrker? Du ved, de ting du er bedst til og nyder at lave. Hvis du har svært ved at nævne dem, er du ikke alene. De fleste ved ikke, hvad deres styrker er eller hvordan de bruger dem i deres job.

Det første skridt i *'Happy us, Happy boss'* er at forstå, hvad en styrke er og hvilke elementer den indeholder, samt hvilken forskel dine styrker kan gøre i dit arbejde. Ofte udfører vi de tildelte arbejdsopgaver uden at stille spørgsmålstegn eller lægge mærke til, hvordan vi udføre dem. Vi ved derfor ikke, hvilke arbejdsopgaver der komplementerer vores styrker og giver os energi og benzin til at fortsætte med at levere de resultater, vi ønsker og som forventes af os.

I dette kapitel vil jeg derfor give dig forståelsen og baggrunden for, hvad en styrke i virkeligheden er, og hvordan dine forskellige styrker kan komplementere hinanden i dine arbejdsopgaver, så du får større arbejdstilfredshed, engagement og glæde. Det vil gøre det nemmere for dig at finde frem til, hvordan du udvikler dine styrker i Del B.

Hvad er definitionen på en styrke?

Den korteste forklaring på dette spørgsmål er, at en styrke er noget, du er god til og nyder at lave. Ja, faktisk er dette det helt basale og grundlæggende, og alt hvad du behøver at huske. Det kan næsten lyde banalt, at jeg med bogen her beder dig om at have fokus på dine styrker, men der er forbavsende få, der faktisk kender til deres egne styrker og endnu færre, der reelt føler, at deres styrker kommer i spil dagligt.

Hvis du, ligesom jeg, har brug for en dybere, videnskabelig forståelse for styrketeorierne, har førende professorer, psykologer og konsulenter som Alex Linley, Martin Seligman, Christopher Peterson, Tom Rath og Marcus Buckingham i mange år forsket i, hvordan vi mennesker bedst udvikler os, og de er kommet frem til følgende styrketeori:

En styrke er et positivt personlighedstræk, der for det enkelte individ er autentisk og energigivende. Det er som en katalysator, der under optimale vilkår, kan muliggøre excellente muligheder indenfor udvikling og performance.

Derudover er ledelsesguruen Peter Drucker, som blandt andet er manden bag feedbackteorierne, i et interview blevet spurgt om, hvordan han ville formulere hele sit livslange arbejde med ledelse og strategi. Drucker svarede kort og præcist: *"Lederskabets opgave er at samle vores styrker, så vores svagheder bliver irrelevante."*

Han appellerer til, at ledere i den grad bør udvikle deres medarbejdere, der hvor medarbejderne er bedst, og hvis du læser denne bog, gætter jeg på, at din leder måske ikke har formået at se og udvikle dig, der hvor du er bedst. Lige netop derfor er det så vigtigt, at du tager ejerskab over din egen udvikling ved at læse bogen til ende og giver dig selv den nødvendige viden, så du i fremtiden kan blive bedre til at tiltrække de arbejdsopgaver, som ligger inden for dine top-5 styrker.

Lad os prøve at gå et spadestik bydere.

Styrke referer til et særligt mønster af tanker, følelser og handlinger. Ganske kort forklaret siger hjerneforskere, at alle tanker, følelser og handlinger opstår, fordi du har milliarder af celler i hjernen kaldet neuroner, som lyser op og sender beskeder til hinanden. Hver gang du har en tanke, følelse eller et ønske om at gøre noget bestemt, skaber de et særligt mønster. Efterhånden som de bliver bedt om at gentage et særligt mønster, bliver de hurtigere og dygtigere til at udføre den ønskede handling. Måske har du hørt udtrykket "øvelse gør mester", og det er præcis, hvad der sker, når hjernecellerne finder og genkender hinanden. At bruge dine styrker er altså noget din hjerne finder helt naturligt, fordi det er noget den genkender, det er et mønster, som den er vandt til at bruge.

Lad mig give dig et eksempel med denne lille øvelse.

Tag et stykke papir og en kuglepen eller blyant, og skriv dit navn og efternavn med din dominerende hånd – altså den hånd du plejer at skrive med.

Nu skifter du hånd og bruger den modsatte hånd – altså den hånd du normalt ikke plejer at skrive med. Og så skriver du igen dit navn og efternavn.

Kan du se forskellen? Læg mærke til, at da du skulle skrive dit navn med din dominerende hånd, var det ganske let og en handling du følte dig tryg og vant til. Det krævede ikke det store af dig og du var sikkert temmelig tilfreds med resultatet. Set med videnskabens øjne, er dette en neurologisk styrke, fordi du har øvet det i årevis, igen og igen. Hvilket betyder, at din hjerne gennem en årrække har skabt et stærkt neuralt mønster til at udføre netop denne handling.

Som du kan se ved denne lille øvelse, krævede det mere af din opmærksomhed at skrive dit navn med din ikke-dominerende hånd og du er måske ikke helt tilfreds med resultatet. Hjernen er ikke trænet til at udføre denne øvelse og derfor var det en hel del sværere. Så set med en hjerneforskers øjne, er dette mere en svaghed for dig.

Måske har du allerede opdaget, at du ikke fandt det så interessant og givende at skrive med din ikke-dominerende hånd. Måske havde du lyst til at gøre dig umage og prøve flere gange for at gøre det endnu bedre.

Men det vil lige nu ikke give dig den store værdi at kunne skrive dit navn og efternavn lige godt med begge hænder. Det bringer os til næste skridt i rejsen på definitionen af, hvad en styrke er.

At bruge dine styrker skal også føles godt. Styrker er ikke bare ting eller handlinger, du er gode til. Når du udfører et stykke arbejde, som er forbundet med dine styrker, vil det fylde dig med energi. Lysten til at udføre netop disse opgaver kommer helt af sig selv, fordi det er noget du ser frem til, og bagefter føler du dig opstemt og glad. Som jeg talte om i begyndelsen af bogen, ligger disse energigivende opgaven indenfor de 80 % i 80/20-reglen.

For eksempel er én af mine top-5 styrker *Videbegær*, hvilket betyder, at jeg lige fra barnsben altid har brugt rigtig meget tid på biblioteket og i en meget tidlig alder kastede mig over faglitteratur. I dag elsker jeg at nørde i forskning og få ny viden og værktøjer, der gør, at jeg kan være en endnu dygtigere formidler og på den måde inspirere endnu flere mennesker lige som dig til at få meget mere ud af livet.

Den viden vi i dag har om styrker, er stærkt hjulpet på vej af forskeren Marcus Buckingham. Han har gennem årene virkelig forstået at formidle sine forskningsresultater ved at udgive flere bøger og afholde foredrag i hele verden. En af de ting han er særlig kendt for, er at hans undersøgelse peger i retning af, at 61 % af de mennesker han har haft igennem sin undersøgelse, tror på, at vi mennesker udvikler os bedst via vores svagheder.

Måske kender du det fra dine udviklingssamtaler med din leder, som fint har fortalt dig alt det, du ikke var god til og ud fra det, har I lavet de årlige udviklingsplaner, som pænt er blevet lagt i skuffen og glemt. Med bogen her er du allerede nu blevet lidt klogere på dig selv, for alt forskning viser, at vi mennesker udvikler os bedst via vores styrker.

Lad os opsummere definitionen på en styrke.

Det tager langt mindre tid for din hjerne at bygge videre på de neurale veje og mønstre, der i forvejen er skabt, fremfor at skulle begynde forfra. Husker du øvelsen, da du skulle skrive dit navn?

Når du er engageret i det, du laver, tanker du automatisk dine energidepoter op med glæde, mod, kreativitet og optimisme og du bliver ikke så let slået ud. Dine styrker er dermed din multiplikator, når det handler om positive følelser. Dine styrker får altså det bedste frem i dig.

Hvad er forskellen på styrker og talenter?

Dr. Ryan Niemiec, der er psykolog og en af verdens førende styrkelærere, forklarer, at dine styrker kan udvikle sig til at blive et talent. Han siger, at i dine styrker findes talent, karakterstyrker, interesser og ressourcer.

Den amerikanske psykolog Don Clifton stillede engang spørgsmålet:

"Hvad vil der ske, hvis vi sætter fokus på, hvad der er rigtigt ved folk?"

I sit efterfølgende arbejde udviklede han i samarbejde med en række forskere en test, der måler på vores talenter.

Talenter og styrker

Jeg mener ikke, at talenter og styrker er det samme. Et talent kan blive til en styrke, men der er stor forskel på talenter og styrker. Et talent udvikles fra du er barn og frem til du er cirka 21 år. Jeg vil definere talent på følgende måde: *"Talent er et naturligt tilbagevendende mønster af tanker, følelser og adfærd, som kan udvikles og konstruktivt tilføjes livets gøremål".*

Eksempler på talent:

- At kunne indlede samtaler ubesværet og instinktivt
- At nyde rutiner og struktur
- At se mønstre i data
- At have et konsekvent positivt syn på livet

Alle har talenter. Har du eksempelvis talent for kommunikation, kan det være, du bruger det i din rolle som underviser, journalist eller leder. Her vil du naturligt kunne bruge dit talent for at kommunikere.

Talent er ikke det samme som kompetence, kvalifikationer eller erfaringer. Alle disse forhold er naturligvis også vigtige elementer af ens person, men talent kan ikke læres. Et talent er et naturligt mønster af tanker, følelser og adfærd, der nok kan udvikles, men ikke ændres væsentligt. Et 23 år langt studie af 1000 børn i New Zealand viste, at der var stor konsistens i deltagernes personlighedstræk, som blev målt fra deltagerne, var 3 år til de var 26 år.

Også vores viden, evner, erfaring og værdier er vigtige i den samlede styrkeligning. Vores styrker udvikles netop gennem praktiske erfaringer, idet vores talent kombineres med vores evner, viden og holdninger.

Vi har udviklet en styrke, når vi bliver bevidste om vores talenter og supplerer dem med vores viden og evner på en måde, så vi konsekvent kan levere høj kvalitet inden for et bestemt område. Og ved yderligere at træne vores styrker kommer vi tættere på at kunne udnytte vores fulde naturlige potentiale. Jeg definerer styrker som: "*En evne til konstant at yde en næsten-perfekt performance*". Det er måske en lidt firkantet formulering. Det vigtige er at forstå, at forskellen på et talent og en styrke er, når man er bevidst om sit talent, og bevidst kan håndtere det til at skabe de bedst mulige resultater i forhold til de mål, man har sat sig. Så er talentet blevet til en styrke.

Undersøgelser viser, at i Danmark er det kun 20 %, der hver dag har mulighed for at bruge deres styrker i arbejdet. På verdensplan er det kun 13 %.

At gøre talenter til styrker kræver arbejde, men giver store gevinster.

At udvikle talenter til styrker kan minde meget om at udvikle sig ved fysisk træning. Hvis du for eksempel har et naturligt talent for at løbe, vil du kunne forbedre din præstation ved at løbetræne. I forhold til dem der ikke har dit talent, vil du hurtigere kunne forbedre dit løbetalent.

Et forsøg fra 1950 undersøgte læsehastigheden hos elever på en High School. Alle deltagere i forsøget fik lige meget hjælp og træning til at forbedre deres læsning. Men de elever, der ved starten havde en høj hastighed (300 ord per minut), fik større fremgang i deres læsning (2900 ord per minut ved forsøgets afslutning) end de andre elever. Alle elever blev bedre, men dem, der forbedrede deres læsehastighed mest, var dem, der allerede læste hurtigt – altså havde et talent for at læse hurtigt.

Men det kræver fokus at udvikle sit talent, og der skal derfor indsigt og træning til. Derfor vil jeg igen gerne understrege vigtigheden i, at du tager ansvaret for at finde ind til kernen af dig selv, fremfor at overlade det til din organisation og leder. Det er de færreste ledere, jeg har mødt, der er bekendt med, hvad deres medarbejdere har talent for, eller hvad deres top-5 styrker er.

Karakterstyrker

Professor Martin Seligmann, en af ophavsmændene bag positiv psykologi, fortæller at leve et meningsfyldt liv med positivitet og lykke, kræver mere end blot af skulle præstere indenfor det felt, hvor ens talent ligger.

Som jeg fortalte i starten af bogen, havde jeg et talent for at skabe positive og stærke relationer, som gjorde, at jeg på meget kort tid kunne sælge løsninger, der mere end tredoblede vores omsætning inden for meget kort tid. Men menneskeligt var jeg udbrændt og nedkørt. Min historie er ikke den eneste. Vi hører om udbrændthed og stress hver dag. Af den årsag fandt jeg Martin Seligmann og Cris Petersons forskning virkelig interessant. De mener, at vi i stedet for at have fokus på talent, skal have fokus på menneskers karakterstyrker, da det understøtter menneskers moral og selvværd i en positiv retning og derfor kan være med til at forebygge mental ubalance såsom udbrændthed, stress, angst, depression modløshed og så videre.

På baggrund af det besluttede de to fyrtårne indenfor positiv psykologi i år 2000 at sætte et forskningsprojekt i gang, der skulle identificere det, der fungerer i mennesker. I forvejen havde psykologer og psykiatere skabt omfangsrige beskrivelser af det, der ikke fungerer i mennesker, i form af depression, skizofreni, PTSD, OCD og hundredvis af andre former for mental uorden. Der var til gengæld ingen samlet beskrivelse af det, man kan kalde for mental orden.

De kom frem til, at menneskelig orden består af karakterstyrker og dyder, der er i familie med positive følelser. Noget, der er helt basalt for, at mennesker kan vokse indefra og ud.

De kom også frem til at målsætning, teamwork, venlighed og humor giver øget selvværd og positiv menneskelig vækst.

Lad mig give dig et eksempel. Alle, der har haft børn, har hjulpet dem fra kravlestadiet til at kunne balancere og gå.

Jeg tænker, der har været følgende til stede:

- Der var en fælles målsætning.
- Forældre og barn arbejdede sammen. Forældrene holdt helt sikkert deres lille skat i hånden, alt imens det lille pus virkelig koncentrerede sig om at balancere på sine to ben og gøre sit allerbedste.
- Hvis barnet faldt, skældte forældrene ikke ud, men trøstede i stedet med venlige ord.
- Når deres lille skat var ved at give op, motiverede de i form af humor og leg, og de understøttede barnets udvikling, så det fik gejsten til at fortsætte med at øve sig.

24 karakterstyrker der findes i alle mennesker

Seligman og Peterson satte et hold på 60 forskere i gang med at gennemsøge alverdens kulturer, religioner og filosofier for at identificere de menneskelige dyder og karakterstyrker, som er universelt anerkendte. Efter tre års arbejde var holdet klar med værktøjet VIA (Values In Action) – en liste over 24 karakterstyrker, der kan findes i alle mennesker, uanset hvor, hvornår og under hvilke forhold, de er født (medmindre de har svære mentale handicap). De 24 karakterstyrker har jeg beskrevet i kapitel tre, hvor du vil lære mere om de enkelte styrker, samt hvordan de kommer til udtryk.

Interesser

Vores naturlige og medfødte nysgerrighed kommer til udtryk i interessen for de emner og aktiviteter, vi brænder for og naturligt føler os draget af. Drivkraften kommer altså indefra og bestemmer i sidste ende, hvor vi lægger vores interesse og alt vores energi. Jeg har ofte oplevet, at der hvor mennesker har deres naturlige interesse, også er der hvor de leverer fantastiske resultater. Hvis du er i tvivl om, hvad du virkelig er interesseret i, fandt Dr. Alex Linley, en af verdens førende forskere inden for udvikling af styrker, at der er to måder at få øje på sine interesser.

Dine interesser og det, der giver dig energi.

1. Læg mærke til, hvad du oprigtigt finder interessant. Er det kunst, mennesker, kogekunst, mode, håndarbejde, velgørenhed, musik, sport eller noget helt andet?
   Skriv gerne ned i en notesbog, hvad der falder dig ind. Der kan være flere ting, som du er interesseret i, som ligger tæt op ad hinanden og er forbundet med dine styrker.
2. Nu hvor du i hovedtræk har fundet overskrifterne, er det tid til at stille ind på de følelser, du får, når du giver dig selv mulighed for at dyrke din interesse.
   Skriv ned, hvilke følelser det giver dig fx glæde, motivation, gejst, stolthed, håb, gåpåmod, taknemmelighed, kærlighed.

Selvfølgelig kan dine interesser ændre sig med tiden, derfor er det vigtigt at have fokus på, hvor dine interesser naturligt driver dig hen, og samtidig lægge mærke til, hvilke følelser de giver dig.

For eksempel var jeg i starten af mit arbejdsliv meget drevet af at skabe synlige forandringer for mennesker, hvilket gjorde, at jeg tog en frisør- og make-up-artistuddannelse. Senere udviklede min interesse sig indenfor ernæring og sundhed, og jeg lavede en del sundhedsfremmende nonprofit-projekter for mennesker, der gerne ville ændre livsstil. De sidste ti år har min interesse og uddannelser været indenfor HR-ledelse, hjernevidenskab og positiv psykologi.

Selv om det kan lyde som mange forskellige interesser, har de alle den fællesnævner, at jeg igennem hele mit arbejdsliv har været drevet af at hjælpe mennesker med at skabe positive forandringer. Forandringer der får dem til at vokse indefra og ud, og som både styrker deres selvværd og selvtillid.

Se på dine egne interesser, reflekter og kig efter den råde tråd i din historie. Når vi i kapitel fire skal i gang med at analysere din historie, er jeg sikker på, vi finder ligheder med de interesser, du har haft og dem du finder interessant i dag.

Ressourcer

Når du skal udvikle de neurale forbindelser, der er skabt i din hjerne og som understøtter dig, er det vigtigt at se på, hvordan ressourcer kan hjælpe dig med netop dette. Hvad enten det er tale om talentudvikling eller udvikling via dine karakterstyrker, er der nemlig de tre eksterne ressourcer, der er skal være til stede.

- Faktuel viden: Det er den grundlæggende viden og information du skal bruge for at forstå teknikkerne bag den opgave, du gerne vil udføre eller løse. Tænk på det som en opskrift, altså det du behøver at vide, for at kunne gøre det, du ønsker at udføre, forandre eller skabe. Det kan du få via uddannelse, kurser eller som nu, hvor du læser denne bog. Især i dette kapitel giver jeg dig indblik i de grundelementer, der ligger forud for vores arbejdsglæde, og hvorfor det skal findes i positiv psykologi og udvikling af karakterstyrke.
- Learning by doing: Det er den viden du får ved at udføre dine styrker i praksis og få feedback. Det hjælper dig til at blive klogere på dig selv og på de ting, som du kan arbejde videre på for at forbedre og udvikle dig. For at skabe de bedste rammer for udvikling, er det vigtigt at forså, at når man "leger" med sine styrker, er det tilladt at lave fejl. Hvis du gerne vil have feedback fra et team eller venner og familie, er det vigtigt, at du stoler på dem og ved, at de har gode intentioner. At øve sig i praksis giver dig mulighed for at lære og blive klogere på dig selv på en anden måde, end den viden og forståelse du får ved at læse.
- Netværk: Dit sociale netværk er den gruppe af mennesker, der bakker dig op, støtter, opmuntrer og værdsætter dine styrker. Det kan være gode kollegaer, venner, familie, din træner, studiekammerater eller Facebookgrupper. Et godt netværk er værdifuldt, fordi de i denne fase, hvor du leger og udvikler dine styrker, kan være med til at styrke dit selvværd og selvtillid. Derudover giver netværk dig også mulighed for at få indsigt og viden, som du ikke ville kunne få ved selvrefleksion alene.

Som med alt andet forskning har vi stadig meget at lære, når det kommer til styrker. Men som jeg fortalte dig i starten af bogen, ligger vores styrker indenfor de ting, som vi rigtig godt kan lide og som vi er oprigtigt nysgerrige efter at blive dygtigere til. Nu har jeg i kapitel et givet dig indblik i viden om, hvad styrker er og hvorfor styrker er godt. I kapitel to vil jeg give dig forståelsen for, hvorfor du skal tage udgangspunkt i dine styrker for at finde ind til din gejst og arbejdsglæde.

Case af Dorte Alex Lensfelt:

Mønsterbryderen der fandt sine styrker

Jeg har altid været nysgerrig anlagt og haft en stor passion for at lære, skabe og forandre ting, samt at hjælpe mennesker med at få det bedste ud af en hver situation.

Måske hænger det sammen med, at jeg er vokset op med en mor, der var alkoholiker. Det betød, at jeg som 8-årig skulle tage ansvar for mig selv, og jeg blev ret hurtigt god til at aflæse hendes kropssprog og humør. Jeg fandt en struktur, der virkede for mig og fik min hverdag til at fungere til trods for, at vores familie havde stærke udfordringer. Jeg var fra barnsben glad for biblioteket, her var der altid ro og struktur, samt nogen at spørge om hjælp. Min interesse for faglitteratur startede tidligt og har fulgt mig op gennem årene. Det faldt mig naturligt at opsøge viden, hvis jeg havde spørgsmål om livet.

Som frisørelev var jeg hurtig til at lære teknikken bag håndværket og til at lytte til kundernes behov og ønsker. Jeg kunne hurtigt se det færdige resultat og var ikke nervøs for at kaste mig ud i at afprøve nye teknikker, og kunderne blev altid glade for resultatet. Derudover lærte jeg kunsten at være tæt på mennesker, både fysisk og psykisk. Mange kunder var glade for at fortælle om alt, hvad der rørte sig i deres liv. Det er ikke kun for sjov, når man siger, at frisører også er delvist psykologer.

Da jeg havde opnået det, jeg ville i en frisørsalon, fandt jeg det naturligt at søge videre. Som årene gik, fik jeg arbejde i flere store internationale organisationer, såsom L'Oreal og Lyreco. Her arbejdede jeg mig op gennem hierarkiet og er blevet årets medarbejder og sælger flere gange. *Gejst, Videbegær, Nysgerrighed, Selvkontrol* og *Social Intelligens* har været nøgleordene bag alle de skønne udfordringer, jeg har givet mig selv. Og det er helt sikkert også derfor, jeg har så mange forskellige uddannelser med mig.

På et tidspunkt blev jeg headhuntet ind i konsulentverden, og det var en stor omvæltning for mig, da jeg i mange år havde været vandt til at sælge fysiske ting og nu skulle sælge og levere ydelser. Jeg husker jobbet, som en af de største udfordringer, jeg havde givet mig selv.

For ikke at miste gejsten og gå tilbage til det kendte, måtte jeg finde ind til kernen af det, jeg vidste, jeg var god til, og bygge videre derfra. Jeg flyttede mit fokus fra alt det, der ikke fungerede og byggede min struktur op omkring det, der fungerede hos mig. Det gav mig medvind i sejlene, og jeg blev igen hurtigt dygtig til mit job.

Jeg var hurtig til at se, hvad mine kollegaer var gode til og hvad deres styrker var. På den måde fik vi skabt et fællesskab, der gjorde, at alle lykkedes. Ikke lang tid efter blev jeg spurgt, om jeg ville være leder og efter mange overvejelser, tog jeg imod tilbuddet. De første år som leder, var benhårde og jeg lavede en masser fejl, men lærte af dem alle og voksede med opgaven. Som med alt andet, der har haft min interesse, var jeg nødt til at lære alle teorierne bag, denne gang om lederskab. Jeg tog derfor en lederuddannelse og læste 2,5 år på aftenskole. Jeg betalte selv for min uddannelse som den eneste på mit hold. Jeg trodsede min leder, der ville have mig på endnu en af de der salgsuddannelser. Det er der som sådan ikke noget galt med det, men efter flere år med salgsuddannelser, ville jeg gerne være dygtigere til at tale med de beslutningstagere, der alle arbejdede inden for HR eller ledelse.

I dag er jeg lykkelig for min beslutning og lykkelig for at jeg valgte at gå i den retning, hvor mine styrker ligger. *Lederskab* er nemlig på førstepladsen over mine top-5 styrker

Jeg vidste, jeg kunne få mennesker til at lykkes, og pakkede min egen usikkerhed væk. I stedet byggede jeg et fundament, hvor medarbejderne havde lyst til at være. Fundamentet var bygget af ærlighed, kærlighed, oprigtighed, humor og retten til at lave fejl. Derudover introducerede jeg mine medarbejdere for 80/20-reglen. Den blev de hurtigt meget begejstrede for og på den måde, fik jeg medarbejderne til at vokse og trives.

I dag ved jeg præcis, hvad jeg skal fokusere på. Alle de fantastiske og meget forskellige jobs jeg har haft, har fået mig til at indse, at jeg er bedst, når jeg kan udvikle mig, lære noget og samtidig få det bedste frem i mig selv og andre. Når jeg i dag bruger al min tid på '*House of Talents*' og på at nørde i forskning, som har min store interesse, giver det mig så meget mere mening og glæde, end nogen løncheck nogensinde ville kunne. Det er mit kald i livet at få mennesker til at lykkes. Og ved jeg, at jeg ikke er færdig med at uddanne mig selv – det bliver jeg aldrig.

Jeg ved, at du ligesom jeg, er et menneske med en fortid og din egen historie. Jeg ved, at du har interesser, der optager dig, som du ikke lægger mærke til, og som du over tid er blevet dygtig til at udføre. Ved at finde ind til kernen af det, der gør dig unik, kan ganske få forandringer skabe store, positive resultater for dig selv, lige gyldigt hvilken titel du har.

Kapitel 2: Derfor skal du udvikle dine styrker

Nu hvor du er blevet bekendt med, hvad styrker er, vil jeg bruge kapitel to til at fortælle dig, hvorfor det er vigtigt, du tager ansvar for din egen styrkeudvikling på dit arbejde. Jeg forestiller mig, at du sikkert har tænkt, at det med at bruge dine styrker virker som en rigtig god idé, men måske er du også lidt skeptisk og tænker, det må HR eller min chef tage sig af.

Min grundholdning er, at jo klogere du er på dig selv og jo mere viden du har om, hvad der fungerer bedst for dig, desto mere kan du forebygge mistrivsel og dårligt arbejdsmiljø. Al grobund for vækst starter med os selv. Mennesker følger mennesker og ikke strategier. Min erfaring har vist mig, at de mennesker der har en plan med deres arbejdsliv og ved hvad de vil, ofte er langt mere positive og engagerede i alle deres relationer.

Forskere har i lang tid undersøgt fordelene ved at udvikle vores styrker, og deres beviser vokser hver dag. Resultaterne peger alle i retning af, at når du hver dag har mulighed for at udvikle dine styrker og gøre det, du er bedst til, vil det forbedre din trivsel og dit mentale helbred. Din ydeevne vil være i top og det vil hurtigt kunne ses på dit engagement og på organisationens bundlinje.

I starten af dette kapitel vil jeg give dig indblik i, hvordan en stresset krop reagerer og hvorfor det er vigtigt at passe på dit mentale helbred. Hvis du ikke har lyst til at til gå i detaljer, men hellere vil skimte dette kapitel, er det helt ok. I kapitlet vil du blive introduceret til, hvordan du booster din performance og øger din bundlinje med en simpel mindful investering.

Som du ved er jeg lidt nørdet, når det kommer til forskningsresultater og den forskel de kan gøre for os mennesker. Derfor er dette kapitel massivt underbygget af forskning, simpelthen for at give dig en dybere forståelse for hvorfor det er vigtigt, at du lærer at passe på dig selv og udvikle dine styrker.

Faktisk var jeg i tvivl om kapitlet kunne gå hen og blive for tungt, men det er min vurdering, at denne viden er så fundamental for os mennesker og noget vi, efter min vurdering, burde have lært allerede i folkeskolen og på vores uddannelser. Med denne viden kunne vi have hjulpet mange mennesker til at undgå at overbelaste deres psyke og få stress. Derudover giver denne viden dig et indblik i, hvordan du også kan hjælpe dine kollegaer og dit team til at blive mere engagerede, energiske og glade på arbejdet.

I dette kapitel finder du derfor detaljerede undersøgelser under hvert emne. Kapitlet er altså smækfyldt med viden og vil sikkert være en stor øjenåbner for, hvor stor indflydelse længerevarende arbejdspres og dårligt arbejdsmiljø har på vores helbred – både det fysiske og det psykiske. Hvis du vil dykke endnu mere ned i det hele, kan jeg anbefale dig at slå op i appendikset bagerst i bogen. Her finder du kilder, links m.m. til hvert kapitel.

Og hvis du på din vej, møder skeptiske mennesker, der prøver at overbevise dig om at Positiv Psykologi er lidt for sukkersødt til dem, så beder du dem blot om at læse dette kapitel. Jeg er sikker på, de med denne viden vil tage deres indre overbevisninger op til genovervejelse.

Derfor skal du passe på dit mentale helbred

Arbejdsrelateret stress er et voksende problem i hele verden. Det er som en nedadgående spiral, der påvirker mange led; vores helbred bliver påvirket, medarbejdernes trivsel bliver påvirket og dette påvirker i sidste ende produktiviteten i organisationen.

Alt for lange arbejdsdage, arbejdspres, usikkerhed i jobbet og konflikter med ledere og kollegaer gør, at vores system bliver overbelastet. Vi bliver trætte, mister gejsten, modet og troen på os selv, hvilket i sidste ende kan give os følelsen af at være modløse og deprimerede.

Korte perioder med arbejdspres og følelsen af stress, behøver ikke at være en dårlig ting. Blodet bevæger sig fra hjernen til vores arme og ned i benene, og får os til at bevæge os. Vores binyre frigiver signaler til hjernen om, at den skal frigive adrenalin og kortisol for at fyre op under vores energiniveau, og er det kick du sikkert har oplevet i forbindelse med en eksamensopgave eller en tale du skulle holde. Stress er altså en den ekstra energi din krop kan levere til dig i korte perioder, hvor du har brug for at yde en ekstra indsats.

Udfordringerne viser sig først, når din krop bliver presset dagligt, dag efter dag, måned efter måned, og for mange mennesker står det på i årevis. Som mennesker er vi ikke bygget til at kunne håndtere denne mængde af pres og stress over så lange perioder. Vores hjerne og krop bliver overbelastede, hvilket betyder, at vi reelt bliver langsommere og mere ukoncentrerede, og det bliver vanskeligt for os at tænke målrettet, klart og tydeligt.

Det påvirker vores evne til at tænke kreativt, lære nye ting, styre vores selvkontrol og indgå i positive relationer med andre. Selv opdager jeg ofte de første tegn på stress, når jeg får kortere lunte og mister min kreativitet og selvkontrol. Når jeg mærker disse signaler ved jeg, det er tid til at gasse ned.

Hvis du overhører alle signaler, har stress også den effekt, at den kan sætte sig kronisk og medføre angst og depression, samt påvirke vores immunforsvar og hjerte-kar-system, hvilket øger risikoen for influenza, kroniske sygdomme, slagtilfælde og hjerteanfald.

Heldigvis er stress en psykologisk reaktion, der udløser fysiologiske reaktioner i din krop, hvilket betyder, at du har mere indflydelse over dit stressniveau, end du tror. Det er ikke dine korte deadlines, din lederes forventninger eller en bestemt person, der gør dig vred, som er stressende. Det findes faktisk ingen objektiv stress i verden, bare en masse stressende tanker.

Det kan virke lidt provokerende at skrive sådan, men min erfaring med stressramte peger ofte i retning af, at de i deres sind har haft alt for mange negative tanker om dem selv og deres omgivelser, hvilket er årsag til deres stress.

Mange af os vil så gerne levere perfekte resultater hele tiden, fordi det har stor betydning for os at blive accepteret og anerkendt. Det betyder, at vi kaster os ud i langt flere opgaver end vi kan overkomme og nå, og alt for mange af disse opgaver, ligger langt væk fra både vores styrker, talenter og kompetencer. I forsøget på at levere det perfekte resultat, bliver vi ramt af usikkerhed, pres og angsten for ikke at være dygtige nok.

Resumeet af undersøgelsen nedenfor er et uddrag af et større forskningsprojekt, der antyder, at udvikling af dine styrker, kan være et effektivt middel til at bekæmpe stress. Når det kommer til velvære og evnen til at blomstre individuelt på arbejdspladsen, peger denne undersøgelse os i retning af, at mennesker der bruger deres styrker, har et lavere niveau af stress. Den peger også i retning af, at de har et højere niveau af lykke, mindre chance for depressioner, en bedre fysisk sundhed og føler en langt større tilfredshed i livet.

Resume for undersøgelse af trivsel på arbejdspladsen

- Medarbejdere, der bruger deres styrker, er gladere, mindre deprimerede og sundere både fysisk og psykisk
- Mennesker, der bruger deres styrker, oplever mindre stress. Undersøgelsen viser, at især karakterstyrker som *Venlighed, Social Intelligens, Selvkontrol* og *Perspektiv*, var en buffer mod de negative effekter fra stress og traumer
- Mennesker, der bruger deres styrker, føler sig sundere og har mere energi. Undersøgelsen peger i retning af, at mennesker der arbejdere med flere af deres karakterstyrke hver dag, har en mere positiv hverdag, indgår i sunde relationer, nyder at være aktive og indtager en sundere kost.
- Mennesker, der arbejder med deres styrker, føler sig oftere mere tilfredse i deres liv. Undersøgelsen viser, at mennesker der er mere tilfredse med deres liv, ofte er bedre problemløsere, er gode til at præstere, har større tolerance overfor stress og et sundere mentalt helbred.

Mentalt helbred

Martin Seligman og hans kollega ville afprøve en måde at bekæmpe den slags stress, der sænker vores lykkefølelse og på længere sigt kan føre til depression. De brugte en metode, hvor deltagerne blev bedt om at have fokus på det, de havde kontrol over, frem for alt det, de ikke kunne kontrollere. Mere end 500 mennesker deltog i undersøgelsen gennem Seligmanns website www.authentichappiness.org. De fleste deltagere var veluddannede, havde en gennemsnitlig indkomst og deres alder var mellem 35 til 44 år. Inden forsøget fik de taget temperaturen på, hvor tilfredse de var med deres liv. Resultatet viste, at alle deltagere havde en snært af manglende livsmod og glæde, hvilket forskerne kalder mild form for depression.

Deltagerne blev opdelt i fire grupper, og hver gruppe fik en ud af fire øvelser, som medlemmer skulle udføre hen over en periode på syv dage. Tre af disse øvelser var lykkeøvelser, og i den ene skulle medlemmerne finde tre ting fra deres hverdag, som de var særligt taknemmelige over. I den anden skulle de finde tre ting ved sig selv, som de var fandt særligt positive. I den tredje skulle de finde deres karakterstyrker og matche dem med handlinger, som de udførte i deres hverdag. Den fjerde øvelse var en placebokontroløvelse, hvor deltagerne blev bedt om at skrive positive minder ned fra deres barndom. Deltagerne blev målt på deres niveau af livsglæde/lykke og depression med en uge, en måned, tre måneder og seks måneders intervaller.

Resultaterne viste, at uanset hvilken øvelse de lavede, selv dem der fik en placeboøvelse, havde en stigning i deres livsglæde/lykkefølelse de første tre måneder. Derefter begyndte grupperne at dele sig. Dem der dagligt lavede taknemmelighedsøvelser inden de skulle sove, samt den gruppe, der havde fået indblik i deres top-5 karakterstyrker og hver dag brugte deres styrker, blev i de sidste tre måneder af forsøget, fortsat mindre og mindre deprimeret, samt mere og mere tilfredse med deres liv og lykkefølelse.

Hans kollega Fabian Gander fra University of Swizerland var positivt overrasket over denne viden og ville afprøve samme forsøg i et andet land end USA, for at se om der var en kulturel forskel. Samme forsøg blev afprøvet af 1.500 mennesker, deltagernes gennemsnitsalder var 44,87 år. De fleste deltagere var kvinder og over halvdelen havde en uddannelse på universitetsniveau. Ligesom i Seligmanns undersøgelse blev deltagerne undervist i, hvordan de kunne indføre deres styrker i deres arbejdsliv. Endnu engang viste det sig, at deltagernes lykkeniveau steg og deres depressive tankemønstre blev mindre og mindre over seks måneder efter forsøget.

Dr. Jo Mitchell fra Monash University og hendes kollega undersøgte også, om en persons velbefindende kan blive påvirket ved at instruere dem i, hvordan de finder deres styrker og hvordan de bruger dem. Undersøgelsen omfattede 160 australske voksne med en gennemsnitsalder på 37 år. De fleste deltagere var kvinder og havde afsluttet en universitetsuddannelse. Alle deltagere blev målt på deres personlige velværeindeks, der handlede om tilfredshed i livet, og som blev målt ud fra positive og negative følelser, såsom depression, angst, stress og følelsen af lykke. Alle deltagere blev tilfældigt fordelt i tre grupper: Innovationsgruppen, den problemløsende gruppe og en placebokontrolgruppe.

Innovationsgruppen blev introduceret for de 24 karakterstyrker og blev testet i, hvilke top-5 styrker de havde og skulle ud fra dem vælge tre styrker, som de ville arbejde videre med i deres hverdag. De blev alle udstyret med viden om, hvordan de kunne integrere deres styrker og en tabel til at registrere de erfaringer og fremskridt de fik. Forløbet strakte sig henover tre sessioner.

Deltagerne i den problemløsende gruppe blev introduceret til en kognitiv-adfærdsmæssig tilgang til problemløsning og blev bedt om at benytte modellen til at løse ægte problemstillinger i deres liv. De var hver især forsynet med en tabel, hvor de dagligt skulle notere deres fremskridt.

Deltagerne i placebokontrolgruppen fik en forkortet version af den problemløsende model. Her skulle de ikke anvende en ægte problemstilling eller notere deres daglige forbedringer.

Alle deltagere gennemførte en testmåling efter en uge og igen tre måneder senere.

De gennemgik spørgsmål, om deres personlige trivsel i form af håndtering af både positive og negative problemstillinger, samt tilfredshed med livet, stress, angst, depressive tankemønstre og følelsen af lykke.

Resultaterne viste, at kun deltagerne i innovationsgruppen oplevede en betydelig stigning i deres selvværd, og at disse forbedringer fortsatte i en opadgående kurve i mere end tre måneder efter forsøget blev igangsat. Det var især deltagernes tankemønstre, der blev forbedret. Det vil sige, at deres indre dialoger blev mere positive og de oplevede langt færre negative og selvdestruktive tankemønstre, hvilket påvirkede deres livsstil og relationer i en positiv og opadgående spiral.

Fælles for de undersøgelser, hvor deltagerne har brugt deres karakterstyrker, peger altså i retning af, at det styrker vores mentale sundhed og livskvalitet, og har en forebyggende effekt mod mange livsstilssygdomme, såsom stress, ensomhed, depression.

Stressniveauer

Professor Alex Wood, der arbejdede ved Universitetet of Stirling, og hans kollegaer fandt frem til, at mennesker der bruger deres styrker i deres arbejde, er mindre stresset. Undersøgelsen bestod af mere end 200 mennesker med lige fordeling af mænd og kvinder, gennemsnitsalderen var 35 år og alle kom fra et lokalsamfund i England. Alle deltagerne blev bedt om at gennemføre og besvare en rækkespørgsmål. Bland andet skulle de finde ud af, hvor ofte de brugte deres styrker, samt deres tilstand i forhold til stress, sundhed og selvværd. Deltagerne blev målt efter tre og seks måneder for at undersøge, om der var sket ændringer i deres velvære.

Testresultaterne viste, at de mennesker der have brugt deres styrker allerede fra starten af undersøgelsen, havde en konstant stigning i følelsen af større selvværd, vitalitet og positivitet. Derudover oplevede de mindre stress.

Sundhed og trivsel

Dr. Rene Proyer fra universitet i Zürich og hans kollegaer ville undersøge, hvordan brugen af vores styrker også har en positiv indvirkning på vores mentale helbred. I deres undersøgelse havde de samlet en gruppe på 440 voksne mennesker i alderen 18 – 75 år, hvor hovedparten var tysktalende, schweiziske kvinder, der alle havde gået på universitetet.

Med en spøgeundersøgelse blev deltagerne bedt om at evaluere deres egen sundhedsstatus. De fik stillet spørgsmål til, hvor aktive og opsøgende de var til at passe på sig selv. De fik stillet spørgsmål til, hvor ofte de gik til lægen, om og hvilken sport de gik til, om de huskede at spise deres receptudleverede medicin, om nikotin var en del af deres hverdag, hvilken kost de indtog, samt deres forhold til personlig hygiejne. Derudover fik de alle vurderet deres fysiske sundhed.

Alle deltagerne fik foretaget en VIA-Styrketest, hvor forskerne gennemgik deres resultater for at se, om der var en sammenhæng mellem deres top-5 styrker og deres livsstil og sundhed. Forskerne fandt frem til, at der var forbindelse mellem deltagernes styrker og deres sundhed. Blandt andet ved styrken *Selvkontrol*, kunne man se en sammenhæng mellem de af deltagerne, der havde en aktiv livsstil og spiste sundt. Og for de af deltagerne, der havde stor tilfredshed i deres livsstil og som var aktive i sociale og kulturelle sammenhæng var, det karakterstyrker som *Nysgerrighed*, *Værdsættelse af skønhed*, *Taknemmelighed*, *Håb* og *Humor*, som var dominerende.

Professor Chris Peterson from University of Michigan og hans kollegaer fandt også en sammenhæng mellem, hvordan mennesker med fysiske sygdomme kunne bringe deres karakterstyrker mere i spil i hverdagen, for at opnå en bedre livskvalitet. Styrker som *Mod*, *Venlighed* og især *Humor* kunne hjælpe disse mennesker med at bevare deres livsglæde, trods dårligt helbred resten af livet.

Styrker som *Tapperhed og Mod* kan hjælpe os til at blive bedre til at håndtere døden, som for mange mennesker kan være svær at tale om og håndtere. *Venlighed* øger vores følelse af empati, og gør os i stand til at se mening og formål med livet. *Humor* underminerer vores frygt og kan være et hjælpemiddel til at se lyst på en ellers svær situation.

Tilfredshed med livet

Professor Nansook Park fra University of Michigan og hendes kollegaer ville gerne finde ud af, om der var sammenhæng mellem menneskers livstilfredshed og deres karakterstyrker. Parker beskriver her, hvad *livstilfreds* indebærer.

> *"Livstilfredshed afspejler en persons vurdering af deres liv som helhed. Høj livsstilfredshed hænger sammen med fraværet af psykologiske og sociale problemer såsom depression og dysfunktionelle forhold. Yderligere er individer, der er tilfredse med livet, gode problemløsere, evner at præstere bedre på arbejdet og er mere modstandsdygtige over for stress, samt oplever et sundere mentalt helbred."*

I alt deltog mere end 5000 frivillige fordelt på tre grupper. Prøven omfattede flest kvindelige amerikanere i alderen 25 til 40 år. Først blev deltagerne opmærksomme på, hvilke styrker de havde og fik alle taget en VIA-styrketest (se eventuelt kapitel tre i denne bog). Som en del af undersøgelsen blev der spurgt ind til deres tilfredshed i livet, hvor de på en skala fra 1 – 7 skulle vurdere deres liv ud fra følgende spørgsmål. "Hvis jeg kunne leve mit liv om, ville jeg ikke rigtig ændre på noget."

Af de 24 karakterstyrker var *Håb, Gejst Taknemmelighed, Nysgerrighed* og *Kærlighed* væsentligt relateret til livstilfredshed, mens *Ydmyghed* og forskellige intellektuelle styrker såsom *Kreativitet, Dømmekraft, Videbegær* og *Værdsættelse af Skønhed* kun svagt var forbundet med tilfredshed i livet.

Andre studier har fundet lignende resultater som dem Park og hendes kollegaer fandt. I en undersøgelse, der omfattede en stikprøve på mere end tusinde kvinder, blev det konstateret, at karakterstyrker såsom *Håb* og *Åndelighed* gav de bedste betingelser, når det handlede om at genfinde livsglæden efter en livskrise.

En anden undersøgelse, der omfattede mere end tre hundrede schweizere viste også, at karakterstyrker som *Håb, Gejst, Nysgerrighed, Taknemmelighed* og *Kærlighed* spiller en afgørende faktor, når det handler om tilfredshed i livet.

I en yderligere undersøgelse af mere end 800 kroatere blev karakterstyrkerne som *Nysgerrighed* og *Energi*, forbundet med livsglæde, engagement og mening.

Rene Proyer og hans kollegaer ved Universitetet i Switch var interesserede i at undersøge, om specifikke karakterstyrker kan udvikles for at forbedre menneskers følelse af livstilfredshed. Deltagerne blev derfor delt op i tre grupper: Den første gruppe deltog i ugentlige træningssessioner og blev tildelt styrkeudviklingsøvelser for karakterstyrkerne *Nysgerrighed, Taknemmelighed, Håb* og *Energi*, da disse styrker var markant til stede hos de af deltagerne, der oplevede stor tilfredshed i livet.

Den anden gruppe deltog i ugentlige træningssessioner og fik tildelt styrkeudviklingsøvelser til *Kreativitet, Videbegær* og *Værdsættelse af skønhed*, da disse styrker var mindst relaterede til livsstilfredshed i de tidligere undersøgelser.

Den tredje gruppe kom på venteliste til efter undersøgelsen var foretaget, men gennemgik de samme spørgeskemaer i hele perioden, da forskerne ønskede at have en kontrolgruppe.

Alle deltagerne gennemgik løbende VIA-testen, samt spørgsmålene omkring deres livstilfredshed to til fire uger før træningssessionerne startede og igen to til fire uger efter alle træningssessionerne var afsluttet. Resultatet viste, at en udvikling af karakterstyrker hos den første gruppe var stærkt forbundet med den gruppe som oplevede stor tilfredshed i livet.

Forskerne kom også frem til, at selvom det ikke var lige så statistisk påviseligt, oplevede gruppe to (dem med udvikling af de styrker, der var mindst forbundet til livstilfredshed), en større følelse af tilfredshed med livet end kontrolgruppen. Det fik forskerne til at konkludere, at det synes at være fordelagtigt for mennesker at udvikle af karakterstyrker, uanset om de i udgangspunktet er større eller mindre forbundet med følelsen af livstilfredshed.

I 2008 Fusionerede Gallup Research og Healthways (et globalt velfærdsfirma) og gennemførte årtiets største kliniske forskning, der så nærmere på, hvordan sundhed påvirker lederskab, medarbejdere og økonomi. Gallup gennemførte 500 telefoninterviews om dagen med amerikanere, der var repræsentative for 90 % af amerikanske husstande.

I telefonopkaldene samlede forskerne deltagerens opfattelse af deres eget velbefindende, og de blev bedt om at besvare om mental og fysisk sundhed, samt arbejdsmiljø. En af de ting der blev undersøgt og målt i forhold til arbejdsmiljø, var deltagernes evne til at bruge deres styrker. På baggrund af de indsamlede data, konkluderede Gallup, at brugen af styrker på arbejdet, førte til en forbedring af fysisk og mental sundhed. Jo flere timer om dagen deltagerne var i stand til at bruge deres styrker i deres arbejde og gøre det de var bedst til, jo mindre oplevede de bekymringer, stress, vrede, tristhed eller fysiske smerter. Desuden var det mere sandsynligt, at de havde et større positivt energiniveau, som fik dem til at føle sig mere udhvilede om morgen, og de smilte og grinte mere. Derudover havde de en større lyst til at lære mere og var langt bedre til at respektere egne og andres grænser.

Faktisk viste Gallups globale data også, at folk der havde mulighed for at bruge deres styrker på arbejdet, var op til seks gange mere engagerede i deres arbejde og følte sig op til tre gange mere tilfredse med deres liv. Resultatet viste også, at brugen af styrker i arbejdet fik folk til at arbejde op til fyrre timer om ugen, uden de følte sig udbrændte eller stressede. Og de af deltagerne, der ikke havde mulighed for at benytte deres styrker i deres arbejde, følte sig trætte og udbrændte efter en blot tyve timers arbejdsuge.

Boost din præstation

Da Freud blev spurgt, hvad en normal person skulle være i stand til at gøre godt, svarede han: *"Kærligheden til arbejde."* Vi bruger meget af vores tid på arbejdet, så det er vigtigt, at vi laver noget, vi er glade for og kan se en mening med.

I 1959 fandt Harvard-psykolog Robert Whites forskning overvældende bevis for, at folk har en grundlæggende drivkraft til at få ting til at ske. Babyer bliver ikke kun glade for at se deres legetøj, de bliver også tiltrukket af at strække deres arme ud for at få klokker, små tøjdyr og bolde til at bevæge sig. Ældre børn finder glæden ved rollelege som far, mor og børn eller politi og røver, bygger huler i naturen eller hopper på trampolin. De søger hele tiden udfordringer og er ikke bange for at fejle. Vi oplever også et stor tab af motivation og drive hos mennesker, der efter et langt arbejdsliv går på pension, eller hos mennesker, der grundet sygdom eller ulykke, mister deres arbejdsevne.

Som mennesker har vi et grundlæggende psykologisk behov for mestre noget og være med til at gøre en forskel. White kaldte dette *effektans-motivet* og mente, at det lå i vores natur at være nysgerrige og udvikle vores kompetencer, så de passede ind i vores miljø og kultur. Dette er blandt andet også årsagen til, at vi føler større glæde ved at gøre daglige fremskridt, der fører os hen mod de målsætninger vi har, end at opnå selve målet. Som Shakespeare gjorde os opmærksomme på: *"Joys sjæl ligger i gøren"*. Det er altså ikke selve målet i sig selv, der gør os lykkelige, men vejen derhen.

I det foregående afsnit peger undersøgelserne på, at udvikling af dine styrker kan være en effektiv metode, når du ønsker at forbedre din individuelle præstation på arbejdet. Undersøgelserne antyder også at kende dine styrker påvirker din selvtillid og selvværd i en positiv retning, når det handler om at forløse og åbne op for dit potentiale. Måske skyldes det, at du opbygger dine styrker, snarere end at fokusere på dine svagheder. Det giver en mere effektiv vej til vækst og udvikling samtidig med, at du er positivt forbundet med dine ønsker om at opnå mål, jobpræstationer og din evne til at finde mening i dit arbejde.

Opsummering og fakta om præstationer

Mennesker, der bruger deres styrker hver dag, føler større tilfredshed i deres job.

- Undersøgelser peger i retning af, at mennesker, der er bevidste om deres styrker og dagligt benytter dem i deres arbejde, føler langt større selvtillid og selvværd i deres job.

Mennesker, der bruger deres styrker hver dag, oplever, at de har nemmere ved at tilegne ny viden og ser positivt på udvikling.

- Undersøgelser peger i retning af, mennesker der udvikler sig via deres styrker, nemmere og hurtigere kan tilegne sig ny viden. Styrkerne ses som et autentisk anlæg og hjernen er derfor trænet i at udvikle sig i den retning.

Mennesker, der bruger deres styrker hver dag, er mere kreative og fleksible i deres job.

- Undersøgelser peger i retning af, at mennesker, der dagligt bruger deres styrker, kan se mening med det, de laver og føler sig ofte mere autentiske, mentalt sunde og har nemmere ved at koncentrere sig om deres arbejde. Det resulterer i, at de er mere engagerede, mere opmærksomme på detaljer og har nemmere ved at tilpasse sig forandringer. De vil derfor gerne yde en ekstra indsats og arbejde hårdere for at opnå bedre resultater.

Mennesker, der bruger deres styrker hver dag, føler sig mere tilfredse i livet og oplever mere mening i deres arbejde.

- Undersøgelser peger i retning af, at mennesker der, bruger fire eller flere af deres topstyrker, føler sig mere tilfredse og oplever større glæde ved deres arbejde. De føler sig stærkere forbundet med det, de laver og har en autentisk og oprigtig interesse for at yde deres bedste.

Tillid og styrker

Forskning viser, at vi har brug for tillid, hvis vi skal forvandle vores tanker til handlinger og give dem fuld opmærksomhed. At have tillid til os selv og vores omgivelser giver os lysten til at springe ud i noget nyt og tilegne os ny viden, som på sigt kan gøre os dygtigere.

Selv har jeg altid haft stor appetit på læring og jeg udfordrer tit mig selv, såsom nu hvor jeg skriver denne bog. I skrivende stund har jeg stor tillid til, at mine budskaber vil give mening og motivation for en masse medarbejdere som dig og dine kollegaer. Men jeg er også helt bevidst om, at det er min debut som forfatter og der er chance for at mine budskaber ikke bliver modtaget, som jeg ønsker.

For fem år siden ville jeg aldrig have haft modet til at skrive bogen af frygt for at fejle, men i dag ved jeg, at hvis jeg fejler, er der mulighed for, at jeg kan lære, udvikle mig og blive endnu dygtigere.

I dag stoler jeg 100 % på mig selv og min egen drivkraft. Jeg har en målsætning med mit liv og virksomhed, og møder derfor de udfordringer, som livet giver mig, med nysgerrighed.

Mine omgivelser har også stor indflydelse på, at jeg har modet til at kaste mig ud i noget nyt. Jeg er i dag omgivet af super kærlige og positive mennesker, som jeg rigtig gerne vil bruge min tid sammen med og som jeg har 100 % tillid til, vil mig det bedste.

Tilliden til dig selv og dine omgivelser er derfor helt essentielt for din udvikling.

Reena Govindji og hendes kollegaer fra Center of Applied Positive Psychology har undersøgt, hvordan det at kende og bruge dine styrker, påvirker dit selvværd og troen på dine evner til at lykkes med noget. De har også set nærmere på en fælles forståelse af tillid. De samlede 214 universitetsstuderende med en gennemsnitsalder på 22,78 år. 60 % var kvinder, som gik på universitet og læste psykologi, videnskab, humaniora, jura eller politik.

Deltagerne gennemførte en række undersøgelser, hvor de på en skala fra 1-5 skulle besvare spørgsmål om, hvorvidt de var i stand til at opnå et resultat, der var vigtigt for dem, og om de var i stand til at bruge deres styrker til at opnå det ønskede resultat. Herefter skulle de på en skala fra 1-7 finde frem til, hvor meget de brugte deres styrke.

Resultaterne fra undersøgelsen viste, at der var stor sammenhæng mellem viden om deres styrker og hvordan de bruges, og opnåelse af det ønskede resultat. Fælles for alle deltagerne var, at de havde en stærk tillid til dem selv og deres indsats, og var samtidig ret effektive i deres projekter.

Gurpal Minhas, også fra Center of Applied Positive Psychology, har undersøgt forholdet mellem brugen af styrker og menneskers selvindsigt og selvforståelse.

Deltagerne i undersøgelsen var kvinder og universitetsstuderende i midten af trediverne. I den lille undersøgelse, der blev udført over en 4-ugers periode, blev deltagerne tilfældigt tildelt enten at udvikle en styrke, som de genkendte og brugte let (en realiseret styrke), eller en styrke, der var sovende (en urealiseret styrke).

Både før og efter testen blev deltagernes niveau af arbejdsengagement, psykologisk trivsel, tilfredshed med livet og selvværd målt. Resultatet viste, at selvværdet var markant højere i begge grupper. Det havde altså ikke betydning for deltagernes selvværd, om de arbejdede på deres top-5 styrker eller på styrker, der lå derefter. Ligeledes oplevede forskerne, at deltagerne også blev mere engagerede og oplevede større tilfredshed i livet.

Den sidste relevante opdagelse kommer fra Gallup, der gennemførte en opfølgningsundersøgelse på næsten fem hundrede læsere af *Now, Discover Your Strengths* 75 dage efter de havde gennemført deres styrketest. Her opdagede de, at 60 % af deltagerne var enige om, at de havde forbedret deres produktivitet ved at fokusere på deres styrker, og 63 % var enige om, at de havde fået bedre selvtillid ved at få viden om deres styrker.

Vækst og udvikling

Vækst- og udviklingsprofessor Daniel Kirschenbaum fra University of Wisconsin-Madisor og hans kollegaer igangsatte et interessant eksperiment, for at illustrere virkningen af at udvikle sine styrker frem for svagheder. Deltagerne i undersøgelsen var 133 kvinder, der bowlede i en ugentlig ligakonkurrence.

Deltagerne blev delt op i fire grupper: En positiv forsøgsgruppe med fokus på styrker, en negativ forsøgsgruppe med fokus på svagheder, en instruktionsgruppe og en kontrolgruppe.

Dem i den positive forsøgsgruppe, fik først instruktion i, hvordan man bowler professionelt gennem en 20-30-minutters standardiseret teamtræningsøvelse. Til at undervise sig havde de en professionel bowlingtræner. De blev alle instrueret i at holde fokus på deres styrker, altså hvornår de havde følelsen af at yde deres bedste. Til slut skulle de notere i hvilke situationer, de hver især var bedst.

Deltagerne i den negative forsøgsgruppe fik samme instruktion som dem i den positive gruppe. De skulle blot fokusere på alle deres svagheder og notere sig alle de fejl, de lavede efter hvert spil.

Dem i instruktionsgruppen modtog lignende instruktion om, hvordan man bowler mest effektivt og professionelt, men blev ikke sat til at notere deres resultater efter hvert spil.

Og kontrolgruppen fik hverken instruktion eller opmuntring til, hvordan man bowler mest effektivt og professionelt.

På tværs af disse fire grupper, blev deltagerne yderligere opdelt i et hold med lav dygtighed og et hold med høj dygtighed.

Forventningen var, at det at bygge på deltagernes styrker, ville være nyttigt for de af bowlerne med lav dygtighed, og udvikling på svaghederne ville være en fordel hos de af deltagerne med høj dygtighed.

Da forskerne fulgte op på bowlerne fem uger efter undersøgelsen var blevet igangsat, havde de bowlere, som skulle udvikle sig via deres styrker, høj motivation og godt humør. Derudover havde de i høj grad forbedret deres resultater med elleve kegler pr. spil. Denne stigning var i gennemsnit 100 % bedre end alle de andre grupper.

På den anden side var de af deltagerne med den højeste dygtighed, som skulle bygge videre på deres svagheder, i dårligere humør. De havde fået mindre selvtillid og var mere demotiverede. De havde ikke forbedret sig som de andre. Forskerne konkluderede ud fra undersøgelsen, at udvikling via ens styrker klart er at foretrække, når vi skal lære noget nyt, svært og vanskeligt.

Jobpræstationer

Phillippe Dureuil fra University of Sherbrooke og hans kollegaer forsøgte at undersøge, hvordan styrkearbejde kan bruges til at udvikle passion, vitalitet og koncentration på arbejdet og hvordan det kan påvirke menneskers resultatskabelse. I alt deltog 424 medlemmer af en HR-forening i Canada. De fleste deltagere var kvinder i alderen 30-50 år, der havde en bacheloruddannelse.

Deltagerne blev bedt om at gennemføre en række spørgeskemaer med skalaer, som skulle vurderede deres styrkebrug, niveauet af passion for deres arbejde, vitalitet, koncentration og arbejdsydelse (specifikt dygtighed, tilpasningsevne og proaktivitet). Nogle resultater viste, at styrkebrug var positiv forbundet med deres passion.

Jo mere folk havde muligheder for at bruge deres styrker på arbejdet, jo mere proaktive og involverede var de. De var ikke kun omhyggelige med at udføre de påkrævede opgaver, de var også bedre til at tilpasse sig forandring og handle mere proaktivt i deres arbejdsmiljøer. Resultaterne antydede også, at følelsen af ægthed, vitalitet og koncentration spiller en grundlæggende rolle i, hvordan brugen af styrker påvirker arbejdspræstationer.

Det ser ud til at forhøjede følelser af energi og livskraft, gjorde det muligt for mennesker at arbejde hårdere og i længere perioder, såvel som at engagere sig mere kreativ og proaktivt, og være mere opmærksomme på detaljer.

Claudia Harzer og professor Willibald Ruch, University i Zurich har også fundet en sammenhæng mellem karakterstyrker og jobpræstation. Specifikt dimensionerne af opgaveydelse, jobinddragelse, teamwork og organisatorisk støtte.

De gennemførte en undersøgelse, der bestod af to uafhængige prøver.

Prøve 1 bestod af 319 tysktalende medarbejdere og prøve 2 omfattede 216 tysktalende deltagere (108 ansatte og 108 ledere) fra forskellige erhverv, såsom advokater, salg, ingeniører, rådgivere, lærere, sygeplejersker og kontormedarbejdere.

Deltagerne blev bedt om at gennemføre en onlineundersøgelse, inklusiv VIA-undersøgelsen, samt at sammenligne karakterstyrker i deres team og et spørgeskema til hver deres jobprofil.

Efter at have udfyldt spørgeskemaerne fik medarbejderne i prøve 2 også deres leder til at udfylde deres vurdering af medarbejdernes jobprofil. Både medarbejdere og deres ledere blev på forhånd informeret om, at de aldrig ville se hinandens svar.

På tværs af de forskellige erhverv fremsatte forskerne fire centrale konklusioner:

- Arbejdsindsatsen blev konsekvent forbundet med karakterstyrkerne ved *Vedholdenhed*, *Teamwork*, *Ærlighed*, *Forsigtighed* og *Selvkontrol*. De bemærkede, at følgende spiller en vigtig rolle, når der skal opnås arbejdsresultater: En forventning om, at man afslutter det, man starter; at man gør sin del i et team eller en organisation; at man ikke tager unødige risici og ikke siger eller gør ting, der senere kan fortrydes; at man handler på en oprigtig måde og tager ansvar for sine handlinger.
- At være dedikeret til sine arbejdsopgaver blev konsekvent forbundet med karakterstyrkerne *Vedholdenhed*, *Tapperhed*, *Selvkontrol*, *Nysgerrighed* og *Videbegær*. Selvom det kan forventes, at opgavededikation kan have en vis overlapning med opgaveindholdet, fandt de, at ekstra styrker såsom mod og nysgerrighed spillede en særlig vigtig rolle. Disse styrker gjorde, at personerne ikke holdt sig tilbage fra udfordringer eller vanskeligheder, og at de interesserede sig for løbende at tilegne sig ny viden for deres egen skyld og for at lære nye færdigheder. Forskerne foreslog, at disse

karakterstyrker muliggør en ekstra indsats for at udføre arbejdsopgaver med succes på trods af vanskelige forhold og tilbageslag.

- Interpersonel ledelse blev konsekvent forbundet med karakterstyrkerne *Teamwork, Lederskab, Fairness* og *Venlighed.* At være omsorgsfuld for gruppen, opfordre andre til at få tingene gjort, give alle en retfærdig chance, samt det at hjælpe andre, er alle handlinger, der er med til at motivere andre.
- Organisatorisk støtte var konsekvent relateret til alle karakterstyrker undtagen følgende seks: *Tilgivelse, Ydmyghed, Værdsættelse af skønhed, Taknemmelighed, Humor* og *Åndelighed.* De, der scorede højt på *Vedholdenhed, Venlighed, Teamwork* og *Selvkontrol,* udviste også højere moralsk opførsel som for eksempel at promovere organisationen positivt eller ved at blive i den på trods af hårde tider.

Jobbetydning og tilfredshed

Professorerne Hadassah Littman-Ovadia og Michael Steger har fundet ud af, at anerkendelse og aktiv brug af folks karakterstyrker i deres arbejde, kommer til udtryk i form af større arbejdstilfredshed, større trivsel og en dybere mening i både arbejds- og privatliv. Forskerne forklarer, at 'mening i livet' henviser til din evne til at opfatte dig selv og verden som værdifuld og værdsat, og din evne til at skabe et værdifuldt livsformål. Det hang positivt sammen med trivsel, selvrealisering, jobtilfredshed og positive arbejdsholdninger.

Deres forskning omfattede tre forskellige prøver:

- Unge, der meldte sig til Israelsk Røde Kors. De bestod af 100 2-årsstuderende, junior- og seniorstuderende, og mere end halvdelen var kvinder. De udarbejdede en VIA-undersøgelse og blev spurgt ind til mål for styrker, tilfredshed med frivillige aktiviteter og trivsel.
- Voksne meldte sig frivilligt til en civil patruljeorganisation - Civil Guard i Israel. Dette omfattede 100 voksne; 66 % var mænd og gennemsnitsalderen var 38,7 år. De gennemførte de samme undersøgelser som de unge frivillige.
- Kvinder, der arbejdede for NAAMAT, en israelsk landsdækkende kvindeorganisation, der leverer dagpleje, juridisk rådgivning,

arbejdstagerrettigheder osv. Dette omfattede 102 kvindelige voksne og gennemsnitsalderen var 44,5 år. De afsluttede en kort version af VIA-undersøgelsen og vejledning til brug af styrker, Gallup-undersøgelsen for jobtilfredshed, trivsel og mening i arbejdet.

Da resultaterne kom, fandt de flere ligheder end forskelle mellem forsøgsgrupperne. Fokus på styrker på arbejdet syntes at have nogle forbindelser til tilfredshed med frivillige og betalte aktiviteter blandt unge frivillige, midaldrende frivillige og voksne arbejdende kvinder. Navnlig konkluderede forskerne:

> *"Resultatet af denne undersøgelser viser, at styrker ikke kan stå alene, når det drejer sig om jobbetydning og tilfredshed i menneskers jobudførsel. Det at arbejde for et højre livsformål er mindst lige så vigtigt."*

I en separat undersøgelse undersøgte Harzer og Ruch også, hvordan udviklingen af karakterstyrker kan påvirke folks oplevelse af deres kald eller formål i livet, snarere end blot et middel til økonomisk belønning (et job) eller fremskridt (en karriere). Mennesker, der oplever arbejdet som deres kald, blev fundet i alle slags job, og ser ud til at opleve et stærkere og mere givende forhold til deres arbejde - inklusiv mindre fravær og højere indkomst.

Forbedring af bundlinjen

Ledere observerer ofte, at det største aktiv i deres organisation er deres ansatte, men i virkeligheden er det kun tilfældet for medarbejdere, der er fuldt ud engageret i deres job.

Engagerede medarbejdere skiller sig ud fra ikke-engagerede og ikke-fastansatte kollegaer på grund af den energi, entusiasme og det engagement, de bringer til deres arbejde. Disse medarbejdere er villige til at gøre noget ekstra på grund af deres følelsesmæssige forbindelse til organisationen, og finder nye produkter og tjenester, genererer nye idéer, skaber nye kunder og i sidste ende driver den innovation, vækst og de indtægter, som deres organisationer har brug for - også i vanskelige tider.

Gallups omfattende undersøgelser viser, at engagement er stærkt forbundet med produktivitet, rentabilitet og kundetilfredshed, som er afgørende for en organisations økonomiske succes. Ikke desto mindre antyder deres seneste resultater, at 70 % af amerikanske ansatte og 77 % procent af globale ansatte er "ikke-engagerede" eller "ikke-fastansatte, hvilket gør dem mere tilbøjelige til at tage fra deres virksomheder, påvirke deres kollegaer negativt, gå glip af arbejdsdage og drive kunder væk.

Gallups undersøgelser viser også, at selvom det at holde medarbejdere glade eller tilfredse er et værdigt mål, der kan hjælpe med at opbygge en mere positiv arbejdsplads og forbedre medarbejdernes trivsel, så er generøse gerninger ikke nok til at skabe en bæredygtig forandring. Med andre ord vil bordfoldbold og fredagsbar ikke gavne hverken medarbejdere eller organisation nær så meget som for eksempel styrkearbejde.

I modsætning kan ledere, der fokuserer på deres medarbejders styrker, praktisk talt eliminere frivillig fratrædelse og fordoble det gennemsnitlige antal af engagerede medarbejdere på tværs af organisationen.

Flere studier antyder også, at det ikke kun er godt for dit team at udvikle dine styrker, det påvirker også din organisation positivt. Når ledere fokuserer på medarbejdernes styrker, føler medarbejderne sig ikke bare mere engagerede, men deres produktivitetsniveauer og ydeevne stiger også. Som et resultat opnår styrkeledede teams højere niveauer af succes samt større kundetilfreds.

Opsummering:

- **Folk, der bruger deres styrker mere, er mere engagerede i deres arbejde.** Undersøgelser har vist, at medarbejdere, der har mulighed for regelmæssigt at bruge deres styrker på arbejdet hver dag, er op til seks gange mere engagerede i deres opgaver.
- **Ledere, der fokuserer på medarbejdernes styrker, oplever at forbedre teamets præstation og større succes.** Undersøgelser viser, at ledere, der fokuserer på styrkerne i medarbejderne, har lavere personaleomsætning, højere produktivitetsniveauer, mere tilfredse kunder og større rentabilitet.

Medarbejderengagement

Tom Rath og hans kollegaer i Gallup gennemførte en undersøgelse med en tilfældig stikprøve på godt 1000 amerikanske medarbejdere for at afgøre, hvor meget de var enige om to udsagn:

- Min leder fokuserer på mine styrker eller positive egenskaber.
- Min leder fokuserer på mine svagheder eller negative karaktertræk

Deltagere, der ikke var enige i nogen af de udsagn, blev placeret i en "ignoreret" kategori.

Resultaterne viste, at en fjerdedel af de amerikanske ansatte faldt i den ignorerede kategori og af disse blev 40 % opsagt. Hvorimod ledere, der fokuserede på medarbejdernes svagheder, reducerede frivillig fratrædelse med op til 22 %, hvilket indikerer, at selv negativ opmærksomhed er bedre end ingen opmærksomhed. Hos ledere, der fokuserede på medarbejdernes styrker, var mere end 61 % af de ansatte engagerede og motiverede, dobbelt så meget som det landsdækkende amerikanske gennemsnit.

Det førte forskerne til at konkludere:

> *"Hvis alle organisationer i USA uddannede deres ledere til at fokusere på medarbejdernes styrker, kunne USA fordoble antallet af engagerede medarbejdere på arbejdspladsen."*

Gallup afsluttede også en undersøgelse blandt sundhedsorganisationer, hvor ni hospitaler blev tildelt forskellige styrkebaserede forandringer over en 3-årig periode og blev derefter sammenlignet med en kontrolgruppe bestående af 151 hospitaler. De hospitaler, der identificerede talenter og anvendte styrkeudviklingsmetoder, voksede markant med hensyn til medarbejderinddragelse i løbet af de tre år sammenlignet med kontrolgruppen.

Shane Crabb, en højt respekteret og anerkendt erhvervspsykolog, gennemførte en 3-årig tematisk analyse af medarbejderengagement gennem en omfattende gennemgang af akademiske og kommercielle publikationer, konferencer, præsentationer og fora.

Resultaterne viste, at fokusering på karakterstyrker var blandt de tre mest afgørende drivkræfter for medarbejderengagement, sammen med det at styre følelser og tilpasse formålet.

Specifikt opfordrer Crabbs resultater medarbejderne til at identificere, bruge og vejlede andre om deres signaturstyrker, samt til at tale med ledere om at bruge styrker som drivkraft i organisationen.

Teampræstationer

The Corporate Leadership Council gennemførte en undersøgelse af 19.187 ansatte fra 34 organisationer i 23 lande. Undersøgelsen omfattede lande i Latinamerika, Europa, Sydafrika, Asien, Australien og Nordamerika, og organisationerne spændte over syv forskellige industrier, herunder detailhandel, produktion, teknologi, sundhedssektoren og finanssektoren.

Det blev konstateret, at fremhævelse af styrker havde en dyb indvirkning på ydeevnen. Når ledere specifikt understregede præstationsstyrker i formelle tilbagemeldinger, var medarbejdernes præstation 36,4 % højere, og når de understregede personlighedsstyrker, var præstationen 21,3 % højere.

Som et resultat af positiv feedback var disse medarbejdere villige til at prøve hårdere, var mere engagerede i organisationen og følte sig mere trygge i deres arbejde.

I modsætning så ledere, der understregede præstationssvagheder, en nedgang på 26,8 % i medarbejdernes præstationer, og der blev observeret et fald på 5,5 % for ledere, der understregede deres medarbejders personlige svagheder.

Gallup har også fundet lignende resultater med andre organisationer. I en undersøgelse med 65.672 medarbejdere var omsætningen næsten 15 % højere blandt medarbejdere, der fik feedback om deres styrker.

Mens det i en anden undersøgelse af 530 medarbejdere viste sig, at ansatte med ledere, der gav styrkefeedback - uanset hvilken type job, de udførte - viste over 12 % højere produktivitetsniveauer efter forløbet, i forhold til medarbejdere med ledere, der ikke gav nogen feedback.

I en anden undersøgelse med 1.874 medarbejdere, de fleste af dem i salgsfunktioner, fandt Gallup også, at produktiviteten forbedrede sig med næsten 8 % efter en styrkefeedback.

Men det er ikke kun styrkebaseret feedback, der former præstation. Gallup studerede svarene fra 2.000 ledere på åbne spørgsmål relateret til styring af individuelle talenter og i stedet for svagheder. De fandt ud af, at toppræsterende ledere var bedre til at matche talenter til opgaver og understrege individuelle styrker, i stedet for at lade rang eller hierarki bestemme, hvem der skal løse hvilke opgaver.

Som resultat fordoblede disse styrkebaserede tilgange deres sandsynlighed for succes, og de var 66 % mere tilbøjelige til at overstige det gennemsnitlige præstationsniveau, end ledere der ikke tænkte styrke ind i arbejdsgangen.

I en undersøgelse af 10.855 teams (308.798 ansatte) i 51 virksomheder, hvis team faktisk havde scorede over medianen på udsagnet, "*På arbejdet har jeg mulighed for at gøre, hvad jeg gør bedst hver dag,*" havde 74 % højere sandsynlighed for succes med kundeloyalitet og medarbejdertilfredshed, og 38 % højere sandsynlighed for succes med optimeringer. I dette tilfælde blev succes defineret, som overskridelse af medianpræstationen inden for deres egen virksomhed på tværs af afdelinger. Forskerne observerede, at ledere, der skaber miljøer, hvor medarbejderne har en chance for at bruge deres talenter, er mere produktive, og virksomhederne har en langt lavere medarbejder omsætning.

Mindful investering

På trods af de voksende mængder af resultater der antyder, at styrker kan være gavnlige for individet, teamet og organisationen, fandt Gallup, at kun 3 % af de tusinder medarbejdere, der blev undersøgt for deres styrker, var meget enige i disse fire udsagn:

- Hver uge sætter jeg mål og forventninger baseret på mine styrker.
- Jeg kan nævne styrkerne for fem personer, jeg arbejder med.
- I de sidste tre måneder har min leder og jeg haft en samtale om mine styrker.
- Min organisation er forpligtet til at udvikle styrker hos hver medarbejder.

Dr. Robert Biswas-Diener og hans kollegaer bemærkede, at selvom mange organisationer stadig bliver opmærksomme på værdien af styrkebaseret ledelsestilgange, er der i øjeblikket ringe enighed om, hvordan man bedst kan bruge teori, forskning og vurderingsværktøjer.

De anerkender, at "identificer-og-brug" er en tilgang, der kan være effektiv og en ligetil strategi.

De hævder imidlertid også, at det vil føre til bedre resultater at fokusere mere på, hvordan du anvender den mest passende styrker i rigtige mængder i forskellige situationer, i stedet for at bare at fokusere på at bruge en styrke mere.

Gennem bogen hjælper jeg dig, dit team og din organisation med at levere en mere nuanceret og teoretiskdrevet styrke- og udviklingsmetode.

For forskerne advarer også om, at til trods for de potentielle fordele ved styrkeudvikling, kan folk lejlighedsvis føle sig skuffede, irriteret eller nedtrykte, hvis deres styrkeudviklingsplan ikke går efter planen eller de ikke kommer i mål som forventet.

Fremhævelsen af styrker kan gøre mennesker mere psykisk sårbare over for fiasko, hvilket kan føre til nedsat motivation eller en demotiverende og selvdestruktiv opfattelse af egne evner og identitet.

For at nedjustere den risiko, undersøger vi i kapitel fire vigtigheden af væksttankegange og fokus på styrkeudvikling og læringsmål, snarere end kun slutresultater.

Når det er sagt, skal organisationer og ledere være opmærksomme på, at udviklingen af styrker muligvis ikke er passende til alle medarbejdere. Organisationer og ledere bør vurdere og styre potentielle risici, inden de går i gang med at implementere en styrkeudviklingsstrategi.

Som beviserne i dette kapitel antyder, mærker de fleste mennesker dog fordelene ved at udvikle af styrker. De vil føle sig mere engagerede, energiske og glade på arbejdet, hvilket også forbedrer deres fysiske og mentale sundhed, og deres følelse af tilfredshed med livet.

Selvom det kræver en investering fra organisationer at uddanne deres ledere til at bruge styrkeledelse, vil denne viden til gengæld give Return of Investment i form af højere produktivitet, lavere medarbejderomsætning og mere tilfredse kunder, hvilket vil skabe en kultur med høj præstation og stabil ydeevne.

Den gode nyhed er, at vi alle har styrker i os, som kan bruges hver dag på jobbet, uanset hvad vores jobbeskrivelse er eller hvem vi arbejder for. Det betyder, at særlige talentudviklingsprogrammer ikke er forbeholdt få ansatte, men derimod alle medarbejdere.

Styrkerne gør mere end blot at gøre dig unik, de er din og din organisations største muligheder for fælles vækst og succes.

DEL B:

Sæt dine styrker i spil

I denne del af bogen ser vi nærmere på værktøjer, der hjælper dig med at finde og bruge dine styrker – også i den virkelige verden. Du får øvelser og teknikker til at skabe en styrkefuld fremtid baseret på planer, der faktisk får dig til at handle, så du omdanner dit håb til handling.

Kapitel 3: Sådan finder du dine styrker

Vi har alle sammen styrker, men ved du, hvordan man trækker på disse styrker på arbejdspladsen? Hvis du er som de fleste af os, er du sandsynligvis stadig lidt usikker på, hvad der adskiller dig fra dine kollegaer.

Vores hjerne er nemlig bygget til at være negativ og det er derfor ofte nemmere at få øje på dine svagheder eller ting som du ikke er god til. Som mennesker er vi generelt ikke så godt udstyret, når det gælder om at identificere vores styrker, altså at se det, vi gør godt og som gør os glade.

Det er grunden til, at millioner af mennesker i det seneste årti har henvendt sig til styrkevurderingsværktøjer for at finde et fælles sprog, der beskriver, hvordan vores styrker ser ud. Det er gennem disse værktøjer, at vi alle er blevet bedre til at opdage og finde frem til, hvor og hvornår vi er bedst.

I dette kapitel introducerer jeg dig for de mest populære styrkeevalueringsværktøjer, som mange organisationer bruger i dag. Jeg hjælper dig med at gå på opdagelse i styrkebeskrivelserne, så du på den måde kan blive mere fortrolig og tryg ved at anvende dine styrker i dit job og i din organisation.

Min erfaring med at introducere styrker er, at folk ofte bliver i tvivl eller utilpasse over for nogle styrker, som de forbinder med noget privat og personligt.

Det er blandt andet karakterstyrken *Kærlighed*. Når alt kommer til alt, er jeg sikker på, du ikke ønsker at bruge denne styrke på arbejdet på den forkerte måde. Men bare rolig, styrken kan komme til udtryk på mange måder, der også er passende i arbejdssammenhænge.

Baseret på mine oplevelser og erfaring med at hjælpe rigtig mange mennesker med at finde deres styrker, kan jeg allerede nu godt afsløre, at det ofte bringer rigtig meget god energi med sig. Jeg mener oprigtig, at det er noget af det mest interessante og sjoveste arbejde: At finde ind til kernen af dig selv og dit autentiske potentiale.

Valg af styrkeudviklingsværktøjer

Forskning peger i retning af, at to tredjedele af alle mennesker faktisk ikke kan navngive deres styrker. Alligevel har det vist sig, at den meget enkle handling at opdage dine styrker, giver dig et kortsigtet løft i produktiviteten.

På de næste sider vil jeg introducere dig for de værktøjer eksperterne anbefaler og som jeg selv har haft stor glæde af at bruge.

Nogle forskere går ind for en tilgang, hvor du i en periode er opmærksom på de aktiviteter, som du mest ser frem til at udføre, som efterlader dig fyldt med positiv energi og som du kan se dig selv i på en autentisk og ægte måde. Det er de øjeblikke, hvor du føler dig i live, fuldt engageret og helt væk i en aktivitet. For eksempel flyver tiden for mig, når jeg i mit arbejde har 1:1 forløb eller når jeg underviser og afholder workshops. Det giver mig et boost at dele min viden og se andre mennesker vokse og blomstre.

I mine 1:1 forløb opfordrer jeg altid til at gå på opdagelse i dine styrker hen over en uge, for på den måde at få øje på, hvornår du har opgaver, som giver dig energi og som du glæder dig til at udføre. På den måde bliver du mere bevidst om dig selv og hvad der gør dig glad.

For at opdage, hvornår du er bedst, kan du stille dig selv følgende spørgsmål:

- Hvad er en rigtig god dag for dig? Beskriv i detaljer. Hvad laver du? Hvem er du sammen med?
- Hvornår føler du dig autentisk med det, du laver? Hvilke opgaver er du draget og tiltrukket af at udføre?
- Hvilke opgaver giver dig energi og gør dig glad. Hvad elsker du at lave?
- Hvad glæder du dig mest til i fremtiden?
- Når du tænker på den kommende uge, hvad kan du så selv gøre, for at det bliver den bedste?

Sammen med dine egene observationer, vil jeg gerne anbefale dig at bruge en af disse veltestede værktøjer. De guider dig igennem en række veldokumenterede spørgsmål, som vil hjælpe dig med at kortlægge dine styrker. I alle mine forløb benytter jeg disse værktøjer til at finde ind til det autentiske potentiale.

De to mest populære værktøjer i verden på nuværende tidspunkt er Value in Action (VIA) og Gallup StrengthsFinder.

Du kan vælge at tage dem begge to eller at tage en afgangen for at se, hvad der virker bedst for dig.

Jeg beskriver her værktøjerne enkeltvis, for at give dig indblik i deres forskelligheder, samt hvordan de kan supplere hinanden.

VIA-undersøgelsen

I 1999 spurgte Dr. Neal Mayerson, formand for The Mayerson Foundation, Seligman, hvordan han kunne støtte forskning, der undersøger den positive psykologis håb og formål om at hjælpe mennesker med at realisere deres fulde potentiale og leve det gode liv.

De opdagede hurtigt, at udfordringen med at udtænke en metode for at finde det bedste i mennesker, var at finde en måde at måle, hvad der var "godt" ved en person.

Efter at de i mange år havde udført en del forskning, der handlede om at definere alt det, der går galt med mennesker (hvilket førte til oprettelsen af DSM-III, den tredje revision af den diagnostiske og statistiske manual for mentale lidelser), indså Seligman, at hvis positiv psykologi skulle få succes, var der behov for et tilsvarende klassifikationssystem. Et system som skulle give dem adgang til viden om alt det, der er godt ved mennesker. Med sponsoratet fra Mayersons blev VIA Institute oprettet.

Peterson blev ansvarlig for at undersøge styrker og dyder, og over tre år ledede han 53 samfundsvidenskabsfolk fra hele verden i at indsamle eksempler og indhente materiale, de kunne bruge til at måle og forbedre de resultater og dokumentation, der repræsenterede menneskeheden bedst. Eksemplerne kom fra historie, filosofi, religion, psykologi og moderne kultur.

Eftersom de ikke ønskede nogen form for tvivl, blev alle sten vendt, og til sidst fik de skabt en liste over, hvad der definerer en såkaldt karakterstyrke.

En karakterstyrke defineres som:

- **Allestedsnærværende og genkendelig**. Karakterstyrken værdsættes på tværs af tid og kultur.
- **Opfyldelse.** Karakterstyrken bidrager til individuel opfyldelse af mål, tilfredshed og lykke.
- **Moralsk værdsat**. Karakterstyrken værdsættes i sig selv og ikke for opnåelse af konkrete resultater.
- **Træklignende.** Karakterstyrken er generel og stabil, men kommer til udtryk på forskellig måde hos individer på tværs af tid og kontekst.

- **Reducerer ikke andre.** Karakterstyrken skader ikke andre, men opløfter snarere og inspirerer andre, når den ses i handling.
- **Kan selektivt være fraværende.** Karakterstyrken kan mangle helt hos nogle mennesker.
- **Målbar.** Mønstre af særlige karakterstyrker kan identificeres i folks adfærd, tanker og følelser.

Til det sidste punkt er det værd at bemærke, at metoder der måler, *Ydmyghed* og *Tapperhed* stadig er til vurdering.

Fra denne undersøgelse udsprang VIA-klassificeringen, der indeholder 24 karakterstyrker, der er organiseret under seks kernedyder:

Retfærdighed, Selvbeherskelse, Medmenneskelighed, Mod og tapperhed, Transcendens og Visdom & viden.

Retfærdighed

Samfundssind, pligtfølelse, loyalitet og teamwork
Fairness og rimelighed
Lederskab

Selvbeherskelse

Selvkontrol og selvbeherskelse
Forsigtighed, fornuft og diskretion
Ydmyghed og beskedenhed

Medmenneskelighed

Venlighed og gavmildhed
Kærlighed, evnen til at elske og blive elsket

Mod og tapperhed

Tapperhed og mod
Vedholdenhed, arbejdsomhed og flid
Ærlighed, ægthed og autenticitet

Transcendens

Værdsættelse af skønhed
Taknemmelighed
Håb, optimisme og fremtidsorientering
Åndelighed, oplevelse af formål og tro
Tilgivelse og nåde
Humor og legelyst
Gejst, energi, lidenskab og entusiasme

Visdom og viden

Nysgerrighed og interesse for verden
Videbegær
Dømmekraft, kritisk tænkning og åbenhed
Kreativitet, opfindsomhed og originalitet
Perspektiv
Social, personlig og følelsesmæssig intelligens

Peterson bemærkede ved udgivelsen, at han forventede, at fremtidige grupperinger af karakterstyrker skulle revideres, udvides eller lægges sammen, efterhånden som vi lærer mere om disse begreber. For eksempel har nogle forskere allerede forslået, at de 24 karakterstyrker er mere nøjagtigt klassificeret under tre eller fire kategorier, såsom intellektuelle styrker, interpersonelle styrker og temperamentsstyrker, i modsætning til de seks oprindeligt foreslåede grupperinger af dyder.

Du kan udfylde VIA-undersøgelsen, der er baseret på disse 24 karakterstyrker på www.viainstitute.org, det er gratis og tager cirka ti minutter. Du svarer på 120 udsagn ved hjælp af en fem-punkts skala (fra "meget ligesom mig" til "dette er mindre mig").

For eksempel, vil du møde udsagn som "jeg synes verden er et meget interessant sted," som måler nysgerrighed eller "jeg er begejstreret, når jeg lærer noget nyt" som måler videbegær.

Samlet set indikerer en højere score for bestemte udsagn, at du identificerer dig mere med en bestemt karakterstyrke. Når undersøgelsen er afsluttet, sorteres dine svar og rangeres i en liste fra højest til lavest for at indikere, hvordan de 24 karakterstyrker kommer til udtryk i din adfærd.

Forskerne opfordrer dig til at være særlig opmærksom på dine top fire til seks styrker, de er dine *signaturstyrker*. Undersøgelser viser, at folk, der bruger fire eller flere af deres signaturstyrker, har flere positive arbejdserfaringer end dem, der bruger mindre end fire.

Det er vigtigt at være opmærksom på, at på grund af den måde VIA-undersøgelsen sorterer dine svar, kan der være ligeligt point mellem din femte og sjette styrke, her sorterer de dem alfabetisk.

Hvis din sjette og syvende styrke kører i alfabetisk rækkefølge, anbefaler jeg, at du inkluderer disse i dine signaturstyrker, hvis de føles lige så autentiske og styrkende for dig, som de højere resultater.

Du kan se den nøjagtige score for hver af dine styrker ved at købe en yderligere rapport på VIA-siden. Det vil også hjælpe dig med at kategorisere dine styrker efter de seks grupper af dyder, og du vil kunne bruge rapporten for at få mere indsigt i, hvad hver styrke betyder og hvordan den kan anvendes.

Rapporten findes på dansk, ligesom selve VIA-undersøgelsen. Jeg vil anbefale dig at tage testen nu og efterfølgende læse videre.

Når vi ser på rapporten, kan vi være tilbøjelige til at tro, at de styrker som ikke ligger i top fem, er vores svagheder eller slet ikke findes i os. Men svaret indikerer bare, hvilke karakterstyrker du bruger i mindre grad, sammenlignet med dine top-5 styrker.

Det vigtigste er, hvordan du har det med dine resultater, snarere end hvad dine faktiske resultater er. De fleste mennesker har en af disse tre reaktioner på deres svar:

- "*Ja, det er mig, og jeg er stolt over mine resultater.*" Hvis det er dit svar, bliver udfordringen at finde måder at bruge disse styrker i dit arbejde.
- "*Hvorfor er den styrke dernede?*" Hvis det er dit svar, bliver udfordringen at finde måder at lægge mere energi på de styrker, du værdsætter, men ikke har brugt for nylig. Husk, at hver af dine karakterstyrker kan opbygges og udvikles.
- "*Det ligner ikke mig overhovedet.*" Hvis det er dit svar, så del dine resultater med kollegaer, venner eller familie, der kender dig godt. Spørg dem, hvad de synes, dine største styrker er, og stol derefter på deres vejledning og dine egne oplevelser for at prioritere de styrker, du vil bruge mere på arbejdet.

Som Peterson siger: "*Det er et værktøj, ikke et magisk orakel. Værktøjet minder dig om sider af dig selv, du godt ved eksisterer og helt sikkert også sætter pris på, men til dagligt ikke tænker over eller dyrker.*"

Hos mange skifter top-5 styrkerne plads, alt efter hvilke begivenheder eller udfordringer livet byder på, og derfor er det vigtigt at forstå, at vi som mennesker besidder alle 24 karakterstyrker.

For det meste oplever jeg, at der typisk er to til tre stabile karakterstyrker, der hele tiden ligger jævnt og er stabile.

Derfor opfordrer jeg til, at du tager testen en gang om året eller hvis du oplever store forandringer i dit liv, såsom flytning til en ny by, karriereskifte eller familieforøgelse.

En gruppe mennesker med bopæl i New York afsluttede VIA-undersøgelsen ikke længe før 11. september. I gruppen var modighed den midterste styrker for de fleste deltagere.

Efter den tragiske begivenhed, der fandt sted i New York, blev den samme gruppe bedt om at tage undersøgelse igen, og ikke overraskende situationen taget i betragtning, fandt forskerne modighed som en af de øverste styrker hos næsten alle deltagerne.

VIA-undersøgelsen bruges af et voksende antal arbejdspladser, skoler og teams, og er blevet taget af mere end 2,6 millioner mennesker i 190 forskellige lande til dato.

Mange brugere synes, at det er et godt værktøj til at opbygge en fællesnævner for, hvilke styrker der er i deres organisation og få viden og indblik i de ting, der i sig selv motiverer dem til at handle.

Videnskaben har haft mistillid til VIA-undersøgelsens pålidelighed, da folk kan have en tendens til at se sig selv i et bedre lys. Men selvom der altid vil være bekymringer for, om folk maler et mere gunstigt billede af sig selv i selvrapporterede, subjektive værktøjer, har undersøgelser vist, at resultaterne oftest godkendes af venner og familiemedlemmer.

Min vurdering er, at VIA-undersøgelsen er et meget nyttigt redskab, der kan hjælpe dig med at identificere områder i dit arbejde, som du sætter pris på og kan lide at udføre. Jeg vil klart anbefale at bruge dette værktøj som en del af din analyse omkring dit autentiske potentiale.

Bagerst i bogen finder du en oversigt og beskrivelse af alle 24 karakterstyrker samt forslag til, hvordan du kan arbejde med dem i din hverdag.

StrengthsFinder 2.0

I midten af 1990'erne gik Clifton og hans barnebarn Tom Rath sammen om at skabe en systematisk tilgang og et værktøj, der kunne finde ind til medarbejderes styrker. De arbejdede på daværende tidspunkt begge for Gallup Research organisation.

Med udgangspunkt i Cliftons mange års erfaring med undersøgelser af medarbejdere på tværs af en række erhverv, organisationer og stillinger, begyndte de med 600 spørgsmål, der syntes at have en vis relevans for succes på jobbet.

Langsomt indsnævrede de spørgsmålene til en liste på 187 spørgsmål. Ud fra svarene på hvert enkelte spørgsmål, begyndte de at søge efter klynger af talenter, og fortsatte med at forfine deres liste, indtil hvert talent var tydeligt og kunne navngives med ét ord.

Efter at have testet tidlige versioner af listen over talenter på flere hundrede frivillige, ved hjælp af psykologiprofessorer ved Harvard og UCLA, endte Clifton og Rath med 30 talenter og fire mønstre eller temaer, som de senere kaldte dem.

Selvfølgelig er det umuligt at indsnævre bredden af menneskelig talent på en liste, men de sidste 34 talenter de fandt frem til, var de mest udbredte eksempler på menneskeligt talent. I deres mange kombinationer, syntes de at være den bedste måde at fange det bredeste udvalg på.

Disse 34 talentdiscipliner blev brugt som grundlaget for StrengthsFinders onlinevurdering til at identificere områder, hvor mennesker havde det største potentiale for at bygge videre på deres styrker.

Du kan selv gennemføre testen på Gallups hjemmeside. www.gallup.com. Her kan du købe en test til 390 kr. og derefter svare på 180 parrede udsagn, som f.eks.: "Jeg læser omhyggeligt instruktioner helt igennem" og "Jeg kan godt lide at hoppe lige ind i tingene," ved at vælge det svar, der mest nøjagtigt beskriver dig, inden for tyve sekunder.

Tidsbegrænsningen er designet til at spejle hastigheden i beslutningsprocessen i det virkelige liv, så du har tid nok til at læse og forstå begge udsagn, men ikke nok tid til at tillade din tvivl at påvirke dit valg.

Resultater udregnes på baggrund af dine svar, så dine styrker kan rangeres fra højest til lavest på tværs af de 34 forskellige talenter.

Testen er ikke på dansk, men findes på engelsk og svensk, samt flere andre sprog. Det kan selvfølgelig påvirke svartiden, for dem der ikke er helt fortrolig med sproget, men lad det ikke være en hindring for at tage den, du kan eventuelt få hjælp til at oversætte af en kollega eller en god ven, du stoler på.

Dine endelige resultater forsøger ikke at definere dig fuldstændigt eller markere dig som en type eller som "stærk her" og "svag der". Snarere er resultaterne blevet designet til at afsløre dine fem dominerende talenttræk, kendt som dine signaturstyrker.

Forskere mener, at signaturstyrker repræsenterer dit største potentiale for at udvikle dine styrke. De er den bedste vej til at blive opmærksom på, hvornår du opnår konstante, næsten perfekte resultater, der både er fremragende og givende.

Det er vigtigt at bemærke, at disse talenttræk muligvis ikke er stærke endnu. Hvert tema er et tilbagevendende mønster af tanker, følelser eller opførsel om en styrke, der kan bygges på og udvikles.

Det er også værd at huske, at hvis du ikke kan lide et af dine talenttemaer, mener forskere, at disse temaer vil vise sig modstandsdygtige over for ændringer, uanset hvor meget du måske ønsker at transformere dig selv.

Husk, du kan finde ny viden og få nye færdigheder, der kan forstærke dine talenter. Det kan være starten på en rejse ud i noget nyt og spændende.

Desværre har vi utallige områder, hvor vi mangler dygtighed, men Clifton anbefaler, at vi ignorerer disse svagheder, da de simpelthen ikke er værd at bekymre sig om.

Hvorfor? Fordi han mener, at de eneste svagheder, der betyder noget, er dem, der kommer i vejen for fremragende præstation.

Han antyder, at svagheder simpelthen er styret af hjernes naturlige evne til at se og finde fejl.

For eksempel, hvis du mangler talent inden for skriftlig kommunikation, ville det ikke være synligt, hvis du sad i et job som bogholder. Dine manglende evner ville først gå hen og blive synlige, hvis du besluttede dig for at blive advokatsekretær, da dette job kræver en meget mere korrekt tilgang til skriftlig kommunikation. Hvis det virkelig er en mangel på talent - snarere end kun en mangel på viden eller færdigheder - så kan du finde kreative måder at løse det på.

Det kan eksempel være:

- Design en plan for, hvordan du kan blive dygtigere.
- Søg hjælp ved en med et stærkere talent til at se efter de ting, du synes er svært og søg feedback.
- Samarbejd med en kollega, der har dette talent.

- Find ud af med dig selv, om det i virkeligheden er nødvendigt at kigge på denne svaghed eller om du i stedet skulle kigge på dine styrker og der, hvor du ville kunne gøre den største forskel.

Jeg vil gerne afsløre at Excel aldrig har haft min store interesse. At putte tal i kasser og tænke formler er ikke det, jeg brænder for. Så jeg har besluttet mig for, at det behøver jeg ikke at lære, da det ikke gør den store forskel for mit talent. Jeg finder altid en, der har dette talent.

Til gengæld har jeg igennem de seneste fem år, øvet mig i at blive dygtigere til skriftlig kommunikation og jeg har taget en kommunikationsuddannelse, bygget oven på en ledelsesuddannelse.

I skolen var jeg ikke nogen mester i dansk, nogle mente endda jeg var ordblind. Da jeg skulle i gang med min uddannelse, ville jeg gerne have vurderet, om jeg var ordblind eller ej, da jeg vidste, at der var hjælp at hente.

Jeg blev derfor testet og tilbagemeldingen var, at jeg ikke var ordblind. Til gengæld kunne det se ud som om, jeg faktisk havde trænet mig ud af det, da mit resultat lå lige over grænsen. Min egen teori er, at min indlæringsevne ikke har været optimal i folkeskolen, på grund af de hårde vilkår jeg er vokset op i.

Efter jeg fik genopfrisket min viden og færdiggjort min uddannelse, nyder jeg i dag at skrive og bruger rigtig meget tid på skriftlig kommunikation.

Et stærkt ledelsesteam

I 2009 udførte Gallup yderligere undersøgelser med tusinder af teams og opdagede, at de 34 temaer også kunne samles under fire forskellige personlighedstræk i forbindelse med lederskab: Udførelse, påvirkning, relationsopbygning og strategisk tænkning.

Forskning antyder, at de stærkeste hold har en mangfoldighed af talenter på tværs af hver af disse personlighedstræk. En person kan ikke repræsentere alle træk, men i et stærkt ledelsesteam bør alle disse styrker/talenter være repræsenteret.

- Eksekverende talenter hjælper dig med at få tingene gjort.
- Influerende talenter hjælper dig med at tage teten og ordet, og sørge for andre bliver hørt
- Relationsopbyggende talenter hjælper dig med at skabe relationer og et stærkt team.

- Strategiske talenter hjælper dig med at analysere information og træffe bedre valg.

Under de fire kategorier finder du følgende talenter:

EKSEKVERENDE talenter hjælper dig med at få tingene gjort.	INFLUERENDE talenter hjælper dig med at tage teten og ordet, og sørge for andre bliver hørt.	RELATIONS-OPBYGGENDE talenter hjælper dig med at skabe relationer og et stærkt team.	STRATEGISKE talenter hjælper dig med at analysere information og træffe bedre valg.
Ansvarlig	Beslutningstager	Empatisk	Idérig
Disciplineret	Betydningsfuld	Forbundethed	Kultivator
Fokuseret	Igangsætter	Harmoni	Intelligent
Knokler	Kommunikerende	Her-og-nu orienteret	Videbegærlig
Organiserende	Konkurrence-menneske	Inkluderende	Strategisk
Problemløser	Maksimerer	Personkender	
Retfærdig regelmæssighed	Skabe personlige forbindelser	Personudvikler	
Stærke værdier	Tiltro til sig selv	Positiv	
Veloverveiet		Relationer	

StrengthsFinder bruges af et voksende antal arbejdspladser og er blevet afprøvet af mere end ni millioner mennesker til dato. Mange brugere synes, det er et nyttigt værktøj til at introducere en fælles forståelse om styrker i organisationen, og til opdagelse af medarbejdernes talenter.

Nogle forskere er dog fortsat skeptiske over for effektiviteten af vurderingen, da Gallup kun bruger egne researchere til at evaluere de data, deres teori er bygget op om.

Min erfaring har vist mig, at det er et nyttigt værktøj at bruge, da du får et kort og præcist indblik i dine top-5 talenter.

Jo større indblik du har i dig selv, des nemmere er det at rekruttere dig ind til opgaver, du på forhånd ved, du har et særligt talent for at løse. Dog mener jeg ikke, at dette værktøj kan stå alene, men at det kan bruges på rejsen til at få indblik i og overblik over dit autentiske potentiale.

Mine egne top-5 talenter er:

1. Kultivator
2. Videbegærlig
3. Skabe personlige forbindelser
4. Empatisk
5. Intellektuel

Case af Dorte Alex Lensfelt

Styrkeudvikling i organisationer

Når jeg i mit arbejde skal hjælpe mennesker, hvad enten det er ude i organisationerne eller i 1:1 forløb, er spørgsmålet næsten altid det samme: *"Hvordan kommer vi i gang med at finde vores styrker?"*

Det er her jeg finder det unikke værktøj nødvendigt, da vi har brug for et godt vurderings- og analyseværktøj, som passer præcist og er designet til den opgave, der skal udføres. Derfor er det også vigtigt, at du finder frem til, hvad det er du ønsker at finde ud af om dig selv, samt hvad du drømmer om at opnå.

I min egen rejse handlede det om, at jeg slet ikke var bekendt med, hvad jeg var bedst til. Jeg kendte ikke mig selv på den måde, og ønskede at finde ind til kernen af mit autentiske potentiale for at finde frem til, hvilken retning jeg skulle vælge for mit fremtidige arbejdsliv.

Derfor er denne del af analysen den samme, hvad enten det handler om din egen udvikling eller udvikling i organisationen.

Når jeg arbejder i en organisation, hvor jeg sammen med lederen skal i gang med at finde deres og medarbejderens styrker, er det vigtigt for mig, at jeg har defineret opgaven med lederen og fundet frem til, hvordan de ønsker at arbejde med styrkerne, så resultatet kan bruges til at levere de ønskede forretningsrelaterede resultater. Hvad enten jeg arbejder med 1:1 forløb eller i organisationer som revision, salg, entreprenør, advokat eller i det offentlige, har jeg fundet VIA-undersøgelsen kombineret med en gennemgang og analyse af, hvordan de allerede arbejder med deres styrker, som den bedste måde at komme i gang på.

VIA-værktøjet er gratis, men der er fem vigtige årsager, der gør det til manges foretrukne værktøj.

- **Nye opdagelser skaber indre motivation for forandringer.** Det er almindeligt, at mennesker der har taget styrketesten, får en ahaoplevelse, da nogle bliver klar over, at deres job ikke passer til deres styrker og anerkender, hvad det koster dem professionelt og personligt. Men hvad sker der derefter? Ved at fokusere på, hvordan vi kan blive glade for vores arbejde og bliver bekendt med, hvilken forskel og betydning vores arbejde gør for os, er VIA-undersøgelsen et super værktøj til at åbne op for vores motivation og tanker om, hvad vi vil have ud af vores job. Jeg er kommet frem til, at det er en yndefuld måde at skabe evolution/langsomme og gradvis ændringer snarere end revolutioner/pludselige og omfattende ændringer i folks karriere. Nye opdagelser har på magisk vis en tendens til at drive mennesker til at handle, ganske enkelt fordi det giver mening.
- **Muligheden for forandring skaber håb**. At reducere folks identitet til et tal, en række bogstaver eller et fast sæt talenter går imod den dynamiske kompleksitet, der udgør menneskeliv. Når forskere fortsat afslører hjernens mysterier, forekommer det for banalt at tro, at summen af hvem vi er, kan lægges i en kasse og mærkes for evigt. Ved at erkende, at vores styrker kan bygges og kan ændres i forskellige sammenhænge, giver VIA-undersøgelsen et øjebliksbillede af hvem vi er, uden at begrænse vores evne til forandring og vækst. Jeg har erfaret, at det sætter gang i en indre gejst i håbet om, at vi kan blive det menneske vi i virkeligheden ønsker at være.
- **At forstå motivation vil forbedre succesen for engagement**. Faldende medarbejderengagement bliver dagligt diskuteret i ledelsesrummet. Ledere kæmper dagligt for at finde nøglen til deres medarbejders motivation. Ved at få indblik i vores indre motivationsknap og italesætte den, gør VIA-undersøgelsen det let for os at finde ind til kernen af, hvad vi anerkender og sætter pris på som mennesker, uden vi nødvendigvis får betaling for det. Jeg har fundet frem til, at det hurtigt skaber overblik og indsigt i menneskers uudnyttede potentiale.

- **Enkelhed gør deling let**. For de fleste mennesker er det svært at identificere deres styrker. Noget af årsagen er, at det kan være svært at finde et fælles ordforråd, der beskriver hvad styrkerne indeholder. Ved hjælp af de 24 universelle styrker hjælper VIA-undersøgelsen med at skabe et fælles sprog, der let at forstå. Min erfaring har vist mig, at mennesker er meget mere tilbøjelige til at huske, værdsætte og anerkende disse styrker, når de kommer til udtryk i en handling, både når det vedrører én selv og når en styrke genkendes hos en kollega. For eksempel er det super fedt, med en kollega, der altid kan bringe smil frem på ens læber – og det er let at sætte ord på, fordi vi ved at humor ligger i deres top-5 styrker.
- **Anvendelse af dyder kræver ikke kompleksitet**. Når vi bliver bekendt med vores styrker, er det helt normalt, at vi tænker over hvad næste skridt er. Ved at trække på dine karakterstyrker og tænke dem ind i dine ønsker for fremtiden, er det lettere at lave udviklingsplaner, der kan brydes ned til handlinger, som foregår i små baby-step og passer ind i de daglige vaner. Også her giver VIA-undersøgelsen et godt indblik i, hvordan du kan strukturere din hverdag og nye vaner, og mærke dig selv på en autentisk og nærværende måde, der giver dig glæde, tilfredshed og overskud.

Min erfaring har vist mig, at VIA-undersøgelsen skaber meningsfulde og robuste udviklingsplaner, der passer til den enkelte. Hvis du arbejder i en større organisation og du har brug for et værktøj at supplere med for at udarbejde en styrkeudviklingsstrategi, kan jeg anbefale at supplere med StrengthsFinder.

Ved at bruge dette værktøj i kombination med VIA-undersøgelsen, kan jeres strategiplanlægning løftes til et højere niveau og give indsigt for dem, der trives med en mere detaljeret tilgang.

For de fleste mennesker og organisationer synes jeg VIA-undersøgelsen er mere end nok til at imødekomme deres behov, både når de skal rekruttere og udvikle.

Mange organisationer bruger mange penge på licenser og uddannelse til diverse testværktøjer, og ser derfor ikke efter gratis alternativer, hvilket er ærgerligt.

Jeg er selv certificeret til at benytte flere af dem og må indrømme, at de ikke gav mig det, jeg i mange år har efterspurgt, nemlig indblik i det menneskelige autentiske talentbelæg. At opdage sine styrker er blot en begyndelse på en længere rejse.

Det virkelige arbejde begynder, når vi skal hægte styrkerne på vores arbejdsopgaver og samtidig begynde at mærke, hvordan vi har det, når vi udfører opgaver, der ligger indenfor vores top-5 styrker.

At finde dine styrker i den virkelige verden

Uanset hvilket vurderingsværktøj du vælger at bruge, er en generisk liste over dine styrker af begrænset værdi, medmindre du også kan identificere, hvordan de effektivt kan anvendes i din rolle og i din organisation.

Anvendelse af et talent som empati (din evne til at sætte dig ind, i andres situation), en karakterstyrke som *Kærlighed* (dit ønske om at udvikle og fremme stærke forhold til andre) eller en realiseret styrke som problemløser (din glæde ved at løse problemer) kan se meget forskellig ud afhængigt af, hvem du arbejder for og hvad der forventes af dig i din jobudførelse.

Den seneste forskning har hjulpet os med at forstå, at den virkelige gevinst ved at opdage dine styrker kommer fra at omdanne teori til praksis ved at finde det, som forskere kalder "gyldne øjeblikke" af dine styrker. Ikke for lidt, ikke for meget, men mere den rigtige følelse på rette tid og sted.

Ved at hjælpe dig med at forstå det komplekse system af situationsbestemte, sociale og psykologiske faktorer, giver denne tilgang dig mulighed for at kigge på din adfærd i forskellige situationer og gå på opdagelse i dit urealiserede potentiale og derpå skabe vedvarende resultater, der løfter dig mentalt og menneskeligt.

Når du skal gå på opdagelse i dine daglige arbejdsopgaver og finde dine gyldne øjeblikke, skal du lægge mærke til følgende:

Hvornår er du bedst? Det er gyldne øjeblikke, hvor du føler, at dine styrke bliver brugt på den helt rigtige måde. Måske kender du følelsen "det er lige mig!". Den følelse og tanke kommer, når du er engageret, tændt og nyder det, du laver på arbejdet. Det er højdepunkter fra din karriere. Du husker dem som noget særligt, fordi det gav dig en følelse af at være tiltrukket eller forbundet med opgaven og teamet du arbejdede sammen med.

Det kan lyde skørt for de fleste mennesker, men mange af os har oplevet, at tiden flyver afsted, og du har måske prøvet at komme for sent til et møde, fordi du simpelthen ikke kunne løsrive dig fra en opgave. Eller du sad oppe til langt ud på aftenen og glemte alt om aftensmad og søvn. Følelsen af at være stolt og tilfreds med egen indsats er en fantastik følelse af, at du har udført et stykke arbejde, der ligger inden for dine top-5 styrker.

Når du undertrykker dine styrker. Det opstår, når du mangler tillid til dig selv eller når du underspiller eller tilbageholder det, du rent faktisk er dygtig til. Tilbageholdelse kan handle om frygt for latterliggørelse eller fiasko. Selv om du måske er bekendt med dine styrker, føler mange, at de ikke kan bruge dem på arbejdspladsen, fordi de ikke står skrevet i vores jobbeskrivelse, eller af frygt for, at kollegaerne eller lederen ikke værdsætter den side af deres personlighed.

Jeg hører ofte kvinder fortælle, at det er svært at bruge karakterstyrken *Kærlighed* på arbejdspladsen, af frygt for at være for pæne eller for bløde. Kendetegnet for disse typer kvinder er, at de oftest er ansat i mandsdominerede miljøer.

Jeg har oplevet mange dygtige kvinder undertrykke deres bløde styrker så meget, at de til møderne opførte sig temmelig maskulint og meget langt fra, hvem de i virkeligheden var. Konsekvensen for de fleste var, at denne undertrykkelse i sidste ende ente med en sygemelding med stress. I mit arbejde træner jeg disse kvinder i at være i stand til at udtrykke, hvem de er og stoppe med at underspille deres styrker, bare fordi de synes de skal passe ind. Derfor mener jeg, at det er vigtigt, du tør stole på dig selv og fremstå autentisk ved at være tro mod dig selv og værdsætte den du er. Også selvom du er omringet af mennesker, der selv underspiller deres styrker, fordi de har en position, hvor de har besluttet, det ikke er tilladt at vise følelser.

Når du giver for meget af dine styrker. Der er tidspunkter i dit arbejde, hvor du i perioder har mulighed for at gøre det, du gør bedst. I begyndelsen er du glad, men over tid er det som om forventningerne til dig selv, bliver højere og højere og du stiller konstant krav til din egen præstation. Du kender måske følelsen af "den kan jeg godt lige nå, den fikser jeg til i morgen." Det er her, hvor du giver for meget af dig selv og til sidst kan ende med at brænde ud. Her ender det med at styrken dræner dig i stedet for at fylde dig med energi. Det er her nyttigt for dig at vide, at enhver styrker har det, der kaldes en 'skyggeside'.

En skyggeside er bagsiden af medaljen for en styrke. For eksempel kan mennesker med karakterstyrken *Gejst* komme til at igangsætte så mange projekter, at de aldrig får afsluttet deres opgaver. Eller med mennesker med karakterstyrken *Humor*, kan komme til at lave jokes på de forkerte tidspunkter. Og mennesker med karakterstyrkerne *Venlighed* eller *Kærlighed* har en tendens til at give og give til alle andre, indtil der ikke er noget tilbage til dem selv.

På baggrund af min erfaring ved jeg, at under overfladen på det meste feedback, der har handlet om dine "svagheder" på arbejdspladsen, har det i virkeligheden handlet om styrker, du har overspillet. Efter at have læst denne bog vil du vide, at det ikke handler om dine svagheder, men om hvordan du skal finjustere og tilpasse dine styrker for at bringe dem i balance.

I appendikset bagerst i bogen finder du eksempler på skyggesider og forslag til, hvordan du kan blive opmærksom på, om du overpræsterer en styrke og hvordan du igen kan skabe balance. De fleste synes, det er meget lettere og mere tiltalende at gå til opgaven ud fra denne tilgang.

Jeg er sikker på, at du med denne viden nu kan dykke lidt længere ned i dine egne oplevelser og se tilbage i dit arbejdsliv, hvor og hvornår du har oplevet dine gyldne øjeblikke og hvornår du har overleveret eller overspillet dine styrker.

Brug gerne lidt tid på at reflektere og genskab dine erindringer, notér gerne undervejs i din notesbog.

Sådan gør du:

Hvis din styrke er *Ærlighed*, så husk på de situationer, hvor du har haft mulighed for at bruge denne styrke i dit job. Hvad gjorde det ved dig? Tænk så over, om der er situationer, hvor du har underspillet eller overspillet styrken. Hvordan føles det? Hvad var årsagen og hvordan kunne du med den viden du har i dag, have tacklet situationen anderledes?

I næste kapitel hjælper jeg dig med at finde eksempler på, hvordan du kan sætte dine styrker i spil i dit nuværende arbejde, samt i det arbejde du ønsker at udføre i fremtiden.

Min første styrketest

Første gang jeg blev bevidst om mine VIA-karakterstyrker, var, da jeg ivrigt læste Martin Seligmans bog *At lykkes*. Det var i den periode af mit liv, hvor jeg havde sagt mit lederjob op og for alvor skulle i gang med at kigge indad. Jeg vidste, at mit fremtidige job skulle bygges op omkring det at få mennesker til at vokse og på alle de erfaringer jeg havde fået som konsulent i HR-branchen.

På det tidspunkt læste jeg HR og ledelse og var samtidig meget nysgerrig efter at få mere viden indenfor feltet positiv psykologi. Det gav så meget mening for mig, at det handlede om se på alt det gode i mennesker, frem for fejl og mangler.

Da jeg havde taget min styrketest, kan jeg huske, at jeg så på mine resultater og blev meget overrasket over at *Kærlighed, Videbegær, Gejst, Lederskab* og *Taknemmelighed* var det, der kendetegnede mine top-5 styrker. Jeg havde aldrig kigget på mig selv med de briller, men da jeg begyndte at reflektere over, hvornår jeg havde præsteret bedst i mine jobs, gav det hele så god mening for mig. Min kærlighed til mennesker, gik rigtig godt i spil med, at jeg sad som HR-konsulent. Jeg følte mig oprigtig forbundet med det at være tæt på mennesker og skabe de bedste rammer og betingelser for at få folk omkring mig til at lykkes.

Her kunne jeg hænge alle mine styrker sammen, som perler på en snor, også omkring mine tidligere jobs. Nu var jeg endnu mere bevidst om, at jeg dagligt havde brugt alle mine styrker. Der var også styrker, som kom helt bag på mig, såsom *Lederskab* og *Videbegær*.

Da jeg reflekterede over mine gyldne øjeblikke i mine jobs, blev det tydeligt for mig at *Gejst* og *Videbegær* havde fulgt mig overalt. Jeg havde tilbragt det meste af min karriere fuldstændig blind for, at det var en del af mine styrke, men da jeg fik øjnene op for det, blev jeg oprigtig taknemmelig. Nu blev jeg klar over, at jeg kunne sætte disse styrker i spil i forskellige situationer og samtidig opnå de resultater, jeg havde sat mig for.

Da jeg reflekterede over nogle af de muligheder, som jeg havde gået glip af på arbejdet, fordi jeg havde tøvet eller holdt mig tilbage, stod det helt klart for mig, at *Lederskab* og *Videbegær* var styrker, jeg havde underspillet. Selvom jeg altid har været en flittig læser og har læst faglitteratur om mennesker, historie og psykologi dagligt, holdt jeg min viden tilbage af frygt for at fejle.

Den kultur jeg arbejdede i, var stærkt hierarkiopdelt og temmelig mandsdomineret, og jeg ved i dag, at mit selvværd ikke var i top. Jeg stolede ganske enkelt ikke nok på mig selv og min intuition. Med min nye viden om mig selv, kunne jeg nu begynde at eksperimentere med mine styrker og skrue op og ned for dem.

For tre år siden sagde jeg ja til at være HR-direktør og partner i en organisation, hvor vi var to kvindelige direktører ud af otte. Kulturen jeg befandt mig i, var mandsdomineret og præstationsdrevet og med arbejdsopgaver, der var bygget op omkring faste traditioner og rutiner.

De fleste ansatte var specialister med mere en 10 års anciennitet, ja, der var endda ansatte, der havde 50-års jubilæum. Fælles for de fleste var, at de var introverte.

Jeg var klar over, at jeg skulle nedtone mine styrker som *Gejst* og *Videbegær*, da jeg havde et ønske om at vinde deres tillid og respekt uden at virke bedrevidende. I stedet skulle jeg skrue op for min styrke *Taknemlighed*, da jeg gerne ville vise dem, at jeg var oprigtig taknemmelig over, de havde lukket mig ind i deres univers og tilbudt mig denne mulighed.

Derudover trak jeg på styrker som *Selvkontrol* og *Dømmekraft*, for at sætte mig ind i deres verden, hvor alt blev gjort med stor grundighed og flid. En fejl i deres verden kunne have store økonomiske konsekvenser for dem selv og deres kunder.

Inden for tre måneder havde jeg vundet organisationens tillid og begyndte langsomt at skrue op for min styrke *Gejst*. Jeg fik igangsat flere projekter, der havde til fordel at løfte den menneskelige kapital på tværs af de forskellige forretningsområder og samtidig fremelske stordriftsfordele i en paraplyorganisation.

Derud over blev Growing Talents-strategien foldet ud og søsat. Dette forløb var inddelt i fire forbundne trin, delt op på fire kvartaler. Succesen kunne måles positivt på flere parameter, da medarbejderne for første gang fik mulighed for at påvirke deres eget udviklingsforløb, bygget op omkring deres karakterstyrker. Mange ansatte fik øget deres engagement og arbejdsglæde adskillige niveauer opad, og virksomhedens top og bundlinje steg med 20 % det først år.

Det var virkelig sjovt og meget givende, og mange ansatte viste deres taknemmelighed over denne mulighed.

Med min viden om mig selv kunne jeg nu spille på mine styrker på en måde, der gjorde, at jeg fik mennesker med mig. I mit tidligere job fik jeg ofte besked på at geare lidt ned, fordi de havde svært ved at følge med eller at jeg skulle holde fokus på et projekt af gangen. De kunne ikke følge med i mit tempo.

Det frustrerede mig i den grad, for jeg forstod ikke, hvad de mente. For at være ærlig kæmpede jeg virkelig med at forstå de råd, for jeg var netop ansat til at igangsatte initiativer, der kunne opfylde direktørens ønske om omsætningsmål på ti millioner inden for et år. Og så gav de udtryk for, at det gik for stærkt?

Det var hele tiden et skridt frem og to skridt tilbage, og alligevel slog de mig i hovedet for at gå for hurtigt frem. Det var meget frustrerende, for jeg vidste ikke, hvordan jeg kunne bremse mig selv.

Da jeg opdagede at *Gejst*, *Lederskab* og *Videbegær* var i mine top-5 styrker, gav det hele rigtig god mening for mig. Jeg forstod nu, at det lå i mit DNA at løbe forrest og igangsætte nye projekter, tage ejerskab for projekterne og få dem ført ud i livet - for først bagefter at finde ud af, jeg ikke havde mit team med mig.

Samtidig havde jeg en evne til hele tiden at evaluere mig selv og dygtiggøre mig, her trak jeg på styrken *Videbegær*, hvilket gjorde, at jeg hele tiden søgte viden for at blive skarp på næste skridt.

Som da jeg fik ansvaret for kontraktforhandling med virksomhedens største kunder og jeg ærlig talt ikke anede noget om forhandling på det niveau. Jeg søgte viden fra netværk og bøger for at blive dygtig, og vupti, så gik det stærkt og vi fik den ene store kunde hjem efter den anden.

At finde den gyldne middelvej er stadig en igangværende proces for mig, og i dag er jeg meget bevidst om at fortælle om mine styrker, så mennesker omkring mig, forstår hvem jeg er. Det giver klarhed og forståelse, samt indblik i de kræfter jeg har.

I mit job som HR-direktør blev jeg ansat på grund af mine styrker, da koncernchefen vidste, at det var det hans organisation havde brug for. Vi kunne tale frit om det og lave sjov, hvis jeg i perioder var for hurtig. Denne ærlighed gjorde, at vores samarbejde var nærværende og autentisk på en måde, som jeg ellers aldrig havde prøvet i mine tidligere ansættelser.

Fortrolighed og ærlighed bar os igennem hele denne transformation som organisationen gennemgik, og denne gang havde jeg mit team og ledelsen med mig. Det var en fantastisk oplevelse for alle parter.

Som selvstændig erhvervsdrivende bliver jeg i dag hyret til at igangsætte projekter, da *Growing Talents* er min mest solgte ydelse. Her bruger jeg flittigt alle mine styrker og er meget bevidst om, hvornår jeg skal skrue op og ned for at tilpasse mig det enkelte menneske og organisation.

En transformation kan virke uoverskuelig for én person og nem for en anden, ikke to mennesker er ens. I alle mine forløb bliver der taget hensyn, så de lykkes i deres udviklingsarbejde og får løftet deres selvværd og selvtillid i en positiv og autentisk retning.

På de næste sider i kapitlet giver jeg dig opskriften på, hvordan du kommer i gang med at finde dine styrker. Det er et sjovt arbejde, det er spændende at gå på opdagelse i én selv og finde frem til, hvad der fungerer og derfra arbejde videre på at udvikle det, du allerede gør godt. Jeg har endnu ikke mødt et menneske, der ikke finder det interessant, sjovt og spændende.

I kapitel fire bliver du introducerede til, hvordan du kan skabe den styrkefulde fremtid du drømmer om. Rigtig god fornøjelse.

Arbejdsark: Find dine styrker

ADIT-modellen består at fire trin. I dette afsnit bliver du introduceret for det første. Her skal du analysere dit autentiske potentiale og finde dine styrker.

1. Vælg det værktøj, der passer bedst til dine behov. Jeg anbefaler du starter med den gratis VIA-undersøgelse (www.viainstitute.org) og finder frem til, hvordan du bedst kan lide at arbejde. Hvis du gerne vil gå lidt mere i dybden og finde dine top-5 talenter, som du kan hægte sammen med din styrker, og er du villig til at betale et mindre beløb, så prøv StrengthsFinder (www.strengthstest.com).
2. Når du gennemgår dine resultater, skal finde ud af, hvordan du har det med dem.
    - Føler du dig tilfreds med de svar dine resultater viser? Hvis ja, så er din opgave at finde måder, hvorpå du kan anvende dine styrker i dit daglige arbejde.
    - Er resultatet ikke som forventet og undrer du dig over deres rangering? Hvis ja, vil din udfordring være at finde måder, hvorpå du kan bruge de styrker, du værdsætter, men måske ikke bruger regelmæssigt på arbejdet.
    - Føles resultatet af dine styrker slet ikke som dig? Hvis du har det sådan, kan du alliere dig med kollegaer, venner eller familie, der kender dig godt, og spørge dem, hvordan de ser dig og vurderer dine styrker. Brug deres feedback til at finde frem til den rangering, du mener passer bedst til dig.
3. Sæt dine resultater i en kontekst ved at tænke tilbage på, hvordan du har brugt eller ikke brugt disse styrker på arbejdet for at forstå, hvordan de viser sig i din stillingsbeskrivelse og i din organisation. Det kan være de

store øjeblikke, hvor du skulle spille en bestemt rolle eller være projektleder for et større udviklingsprojekt, eller har skulle udføre en opgave for en bestem leder. Det kan også være meget mindre øjeblikke, som en samtale med en klient, et møde med dit team, som virkelig var givende eller et spændende øjeblik, hvor du fik en ahaoplevelse og lærte noget nyt. Det kan være øjeblikke, du har oplevet for ganske nyligt eller som er sket for noget tid siden.

4. Bevidsthedsøvelse om glæden ved at sætte dine styrker i spil:

Tænk tilbage på et af dine valgte højdepunkter i dit arbejdsliv. De valgte episoder skal minde dig om tidspunkter, hvor du følte, du gjorde en forskel og var dybt engageret og tændt. Stil dig selv følgende spørgsmål:

- Hvad skete der nøjagtigt i det øjeblik?
- Hvad fik dig til at føle dig så forbundet med opgaven?
- Hvad gør det øjeblik så mindeværdigt?
- Hvordan brugte du dine styrker? Og vigtigst af alt, hvilke af dine øverste styrker brugte du (og var der mere end en styrke i spil)?

Hvis du synes det er svært at få øje på dine styrker, kan du prøve at dele resultaterne med en kollega eller god ven. Spørg dem, hvilke af dine styrker, de tror, blev brugt.

Bevidsthedsøvelse om underspilning af dine styrker.

Tænk tilbage på et tidspunkt, hvor du gik glip af en mulighed på arbejdspladsen, fordi du manglede selvtillid, frygtede fiasko eller du ikke ville skille dig ud fra dine kollegaer.

- Hvad skete der nøjagtigt i det øjeblik?
- Hvad arbejdede du med?
- Hvem var din leder?
- Hvordan føltes det at holde dig tilbage?
- Hvad kan det have kostet dig eller dit team, at du ikke stolede på dig selv?
- Og vigtigst af alt, hvilke af dine top-5 karakterstyrker eller talenter kunne have hjulpet dig at brænde igennem?

Hvis du har svært ved for at finde de styrker, du har underspillet, anbefaler jeg, at du deler dine undersøgelsesresultater med én god kollega, der kender dig og dine arbejdsrutiner godt.

Det er en god idé at alliere dig med en Styrke-Buddy. Én du føler dig tryg ved og har tillid til. Spørg ham eller hende, om der er særlige styrker, de mener, ville have været nyttige for dig at fremkalde.

Til sidst, skal du prøve at tænke tilbage på en situation, hvor du havde følelsen af at være forkert til trods for, du gjorde dit bedste. Hvor folk ikke værdsatte, hvad du gjorde og du var måske lige ved at udbrænde af fortvivlelse over ikke at blive set og accepteret.

- Hvad skete der nøjagtigt i det øjeblik?
- Hvordan føltes det at arbejde så hårdt og alligevel ikke være i stand til at levere de resultater, du gerne ville eller blive værdsat for din indsats?
- Hvad kostede det dig personligt og professionelt?
- Hvilke af dine styrker gav du for meget af?
- Hvilke af dine styrker kunne du have fremelsket og dyrket, som kunne have hjulpet dig gennem denne situation?

Hvis du finder det svært at finde frem til de styrker, du muligvis har overspillet, er det en god idé at bede én, der kender dig godt kigge på dine undersøgelsesresultater og sammen tale om den udviklingsfeedback, du hidtil har fået fra dine ledere, for at se om der måske er en tendens til, at du overspiller dine styrker i bestemte situationer.

Prøv at finde et par eksempler til hvert af disse punkter, hvis du kan. Find frem til, om dine styrker blev overspillet eller underspillet i situationen. Øvelsen må gerne strække sig over et par dage, da det kan tage tid at finde eksempler frem, der er gemt i hukommelsen. Tag gerne en kollega med på råd, én du har arbejdet tæt sammen med og som kender dig godt. Spørg om de kan hjælpe dig med at finde eksempler på, at dine styrker var underspillet eller overspillet i situationen.

Brug den kommende uge på at kigge på, hvordan du har det i din arbejdsdag. Find gerne en dagbog frem og kig på arbejdssituationer med nysgerrighed. Hvor du er bedst og nyder dit arbejde? Prøv for hver gang du noterer at bemærke, hvad du laver, beskriv hvordan du har det, og om du føler du overspiller eller underspiller dine styrker.

Se også på, om der er tidspunkter med ahaoplevelser, hvor du har følelsen af, at den her opgaver er lige mig! Jo flere eksempler du kan samle, jo lettere vil det være at tage det næste trin med at forestille dig, hvordan en styrkefuld fremtid kan se ud på dit arbejde. Nyd denne uge og kig indad, jeg lover dig, det bliver sjovt og lærerigt.

Kapitel 4: Sådan kan du drømme om en styrkefuld fremtid

Nu hvor du har opdaget dine styrker og været på opdagelse i dine tidligere og nuværende job, er du måske blevet mere bevidst om den forskel, styrkerne har gjort for dig følelsesmæssigt og mentalt. Nu skal vi til at kigge på din fremtid og hvordan du med din forestillingsevne og fantasi, kan skabe et indre billede af, hvordan dit drømmejob skal se ud.

Du skal om lidt forestille dig, hvordan dit arbejde kunne se ud i den perfekte verden, hvis du fandt dit kald i livet og du kunne sætte dine styrker i spil hver dag i dit arbejde, så de skabte positiv værdi for dig.

Opgaven virker måske lidt for stor lige nu, og for mange er det næsten umuligt at sætte ord på, hvordan det de længes efter, kan blive en realitet i fremtiden.

Så fortvivl ikke, hvis det er sådan du har det. Jeg vil introducere dig for den evidens, der netop beskriver, hvordan positive billeder af fremtiden, kan skabe nye forbindelser i din hjerne og hjælpe dig på vej til at se dine drømme for dig i dit indre landkort.

Som altid er det mit mål at udnytte den måde, hvorpå vores hjerne er naturligt forbundet, for at gøre det lettere, mere engagerende og sjovt for dig at opnå de resultater, du ønsker dig i fremtiden.

I dette kapitel deler jeg den videnskabelige opskrift på, hvordan du kan skabe flere ahaoplevelser via dine styrker, samt hvordan du finder dit formål, det såkaldte *why*.

Der kan være steder, hvor dette kapitel kan føles lidt udfordrende, især hvis du ikke tidligere har brugt så meget tid på at tænke over, hvad du vil med dit arbejde og dit liv. Jeg vil opfordre dig til at holde ud og gå det hele igennem stille og roligt, og udfylde udviklingsspørgsmålene undervejs. Trinene vil et efter et give dig mulighed for at gøre noget ved de udfordringer, du har, og skabe de varige ændringer, du ønsker.

Udvikling af dine gyldne øjeblikke

Psykologer kalder de gyldne øjeblikke for flow. Flow er den følelse, du har, når tiden stopper, og du mister al selvbevidsthed, fordi du er fuldstændig opslugt af det, du laver. Bevidsthed og handling smelter sammen, så du måske ikke tænker eller føler noget, men alligevel lærer, vokser og forbedrer dig, så du bagefter føler dig mere dygtig, selvsikker og tilfreds. Det er engagement i den fulde forstand, som giver dig stor glæde ved det, du laver, og mulighed for at yde dit bedste.

Vi oplever alle flow i vores liv ind i mellem. Du kan beskrive det som "at være i zonen" eller "smelte sammen med musikken".

Desværre er de fleste af os helt uvidende om, hvad der skal til for at skabe disse magiske øjeblikke, hvilket gør det vanskeligt at dyrke dem og tilbringe mere tid i dem.

Professor Mihaly Csikszentmihalyi er manden, der opdagede og navngav begrebet flow. Han forklarer, at tilstanden opstår, når du har et klart mål, hvor dine styrker sættes i spil sammen med kompleksiteten og sværhedsgraden af den aktuelle opgave, når du modtager regelmæssig feedback om, hvordan det går og samtidig oplever en følelse af forbundethed.

Forestil dig, at du fik til opgave af din leder at indsamle al den viden du kunne om et nyt system, der havde til formål at lette jeres administrative og tunge arbejdsgange. Dit mål var at finde så meget viden og så mange detaljer som muligt samtidig med, at du fandt opgavens sværhedsgrad spændende. Du havde sagt ja tak til at udføre opgaven, fordi du vidste, at *Nysgerrighed* lå i dine top-5 styrker. Din leder havde ikke stillet krav til, hvordan du skulle finde frem til det bedste system, det skulle du selv finde ud af, og I havde aftalt faste møder, hvor du ville få løbende feedback på den indsigt og viden, du indsamlede. Sandsynligheden for at du ville føle dig "høj" i dette projekt er stor.

De gyldne øjeblikke opstår i situationer, hvor du bruger den rette styrke, på det rigtige tidspunkt, med den rette sværhedsgrad og kan skabe det rigtige resultat. Vupti, så opstår det perfekte match mellem sværhedsgrad og indsigt.

Men hvis dit mål var at finde et detaljeret system og du til at starte med fandt opgavens sværhedsgrad for let og simpel i forhold til din styrke *Nysgerrighed*, vil der være stor sandsynlighed for, at du ville opleve kedsomhed i opgaven.

Det vil efter min erfaring være en god idé at give din leder besked om, at indholdet i denne opgave ikke udfordrer dig tilstrækkeligt og at sværhedsgraden er for let for dig, hvilket betyder, at du underspiller din styrke *Nysgerrighed*.

For at sikre, at det ikke bliver misforstået, kan du i stedet give eksempler på opgaver, du finder mere interessant. Og I kan sammen tale om, at du i fremtiden ønsker opgaver, der ligger inden for 80/20-reglen. Det vil sige, at du så vidt muligt bruger 80 % af din arbejdstid med opgaver, der stimulerer dig og bringer dig i flow, og 20 % af din tid på opgaver, der keder dig eller dræner dig for energi.

Hvis du alligevel bliver bedt om at udføre opgaven, kan du prøve at udfordre dig selv undervejs og balancere mellem opgaver, der fylder dig med energi. Måske har du sideløbende et andet passionsprojekt, der stimulerer dig mentalt og hvor du gør bedre brug af dine styrker, som kan tanke dit energidepot op. Det handler om at finde balancen, så du ikke bliver total drænet for energi ved at udføre opgaven.

Det kan også være du finder opgaven langt vanskeligere og mere kompleks, end du lige havde forstillet dig og din styrker *Nysgerrighed* beriger dig ikke med flowtilstand. I stedet oplever du angst og frygten for at fejle begynder at styre dine tanker. Denne type situation kan få dig til at miste troen på dig selv, på grund af manglende selvtillid.

I stedet for at udskyde opgaven eller udføre opgaven med frygt, kan du prøve at finde en god kollega, som kan give dig gode idéer til, hvordan du kan udføre opgaven på bedste vis.

Bed din leder om ekstra støtte i denne situation i form af coaching eller feedback, der kan hjælpe dig til at udvikle styrken, så du i stedet får følelsen af at vokse med opgaven. Døm ikke dig selv i denne situation, skift hellere dine indre dialoger ud med troen på, at du gør dit bedste og at du samtidig lærer en hel del.

De situationer, hvor du føler dig involveret i dine opgaver og tager ansvar for din læring, snarere end at isolere dig fra dem, er langt bedre for dig, end at sidde med rutineopgaver, der keder dig. Når du tager ansvar for din egen læringsproces og får kontrol over den, i stedet for at miste troen på dig selv, kan opgaven være med til at opbygge din selvtillid.

Desværre er vores overbevisninger og indstilling til vores arbejdsliv ofte mere kompliceret, hvilket kan gøre det vanskeligt for os at opnå flow.

For det første tror 61 % af os stadigvæk på, at vi udvikler os mest inden for områder, vi anser som vores svagheder. Studier viser, at for at omdanne dine svagheder til styrker, skal du påregne mindst 10.000 timers træning.

Det er grunden til, at forskere mener, at for at kunne lære mest, vokse mest og udvikle dig mest, skal du i stedet fokusere på områder, hvor du bruger dine top-5 styrker. Det vil gøre det mere sandsynligt at opnå en flowtilstand. Du er nødt til tro på værdien i at udvikle dine styrker og give dem opmærksomhed dagligt i dit arbejde, hvis du har et ønske om at opnå daglige flowtilstande og en konstant følelse af arbejdsglæde.

For det andet antyder forskning, at 91 % af os mener, at et godt teammedlem gør, hvad der kræves for at hjælpe teamet. Men sandheden bag præstationsprægede teams ligger i at identificere og italesætte hvert af teammedlemmernes styrker, og organisere deres roller og indsats, så det passer med opgavens sværhedsgrad, og at deres styrker sættes i spil, så de hver især løbende opnår flowtilstande. I velfungerende teams er alle bevidst om, at ingen vil kunne håndtere opgaven alene.

Naturligvis betyder det ikke, at vi ikke skal italesætte en svaghed i teamet for at sikre, at opgaven ikke komme i fare for økonomisk tab eller menneskelig udbrændthed, og vi er også enige om, at vi fra tid til anden "tager en for holdet" for at komme i mål.

Et godt teammedlem vil hjælpe andre med at forstå deres styrker, snarere end deres svagheder, og derved sikre, at teamet regelmæssigt kan få adgang til flowtilstande, hvor de har mulighed for at yde deres bedste.

Den gode nyhed er, at undersøgelser peger på, at 70 % af os bruger mindst en af vores styrker en gang om ugen. Så selvom dine øjeblikke af flow på arbejdet føles korte og sjældne, vil det være muligt at finde måder, hvor du kan bygge videre på dine styrker og finde opgaver i dine arbejdsrutiner, hvor du allerede er motiveret til at gøre mere af det, du nyder ved dit arbejde.

Husk, de neurale forbindelser i hjernen er der og vil støtte og opmuntre dig. Når du bygger videre på dine styrker, handler det om at finde det, der allerede fungerer, og du skal derfor kigge efter måder, hvor du kan bygge videre på det.

Den nemmeste måde at finde ud af, hvad der fungerer, er ved at gennemføre bevidsthedsøvelser og finde dine øjeblikke af flow på arbejdet.

Til denne øvelse har jeg vedlagt et bevidsthedsark i bogen, som gør denne del af opgaven nem for dig.

Kast dig ud i det og stol på mig, det vil tage langt mindre tid at lave denne øvelse end at omskrive dit CV og være på udkig efter et nyt job.

Efter at have hjulpet hundredvis af mennesker med at udvikle deres styrker, oplever jeg ofte, at når vi kradser lidt i overfladen på den oprindelige utilfredshed, udmattelse og frustration, som nogle gange fører med vores job, findes der også øjeblikke af flow, og ofte mange flere end folk lige ligger mærke til. Derfor ved jeg, du har mulighed for at skabe endnu flere af disse øjeblikke, også flere end du måske havde forstillet dig.

Case af Dorte Alex Lensfelt

Jobsøgningen endte, hvor den begyndte

Da Linda opsøgte mig for at blive coachet, sad hun som HR-partner i et farmaceutisk firma. Hun leverede det forventede og havde et godt job, men hun kedede sig i stillingen, og havde brugt mere end et år på at søge stillinger som HR-direktør i andre virksomheder.

Det var en hård proces at skulle søge nyt job ved siden af hendes fuldtidsstilling, når hun samtidig havde to små børn og en mand hun også gerne ville være noget for.

Linda kontaktede mig for råd, for hun forstod ikke, hvorfor hun gang på gang fik afslag på sine ansøgninger. Hun havde flere gange prøvet at være tæt på at komme i mål, og været blandt de top-3 udvalgte kandidater, men alligevel var det ikke lykkedes hende og hun var derfor godt frustreret over situationen.

I forløbet besluttede jeg mig for, at jeg gerne ville grave lidt dybere i hendes nuværende arbejde for at finde ud af, hvad det var hun ikke kunne få til at fungere og gerne ville væk fra. Mest af alt fordi Linda havde haft to jobspring indenfor en kort periode og jeg ikke ønskede for hende, at hun skulle stille sig selv i samme situation en gang til.

Da Linda gennemførte VIA-undersøgelsen, opdagede vi, at hendes top-5 styrker var *Ærlighed*, *Kærlighed*, *Dømmekraft*, *Venlighed* og *Perspektiv*. Da vi reflekterede over hendes bedste øjeblikke på arbejdet - de tidspunkter, hvor hun virkelig var i flow og oplevede gyldne øjeblikke - var det tydeligt, at hendes styrker af *Ærlighed, Kærlighed* og *Dømmekraft* var i spil i de situationer, hvor hun nød sit arbejde allermest.

Hun sad med ansvaret for virksomhedens rekrutteringsprocesser og onboarding-forløb af nye medarbejdere samtidig med, at hun var fortrolig sparringspartner for et par af virksomhedens ledere. Hun elskede den del af jobbet, hvor hun var med til at gøre en forskel i menneskers arbejdsliv. Hun elskede den del, hvor hun sad med lederen 1:1 og rådførte dem i deres ledelsesudfordringer, fandt idéer til hvordan deres problemer kunne løses og se dem blive udlevet til gavn for lederen selv og deres medarbejdere.

Her var Linda rigtig god og fortalte, hvordan hendes rådgivning havde sikret organisationen mod flere opsigelser og trælse medarbejdersager, der let kunne have kostet adskillige millioner. Straks tænkte jeg på, om det mon var muligt at skabe flere af disse øjeblikke i Lindas nuværende stilling.

Udfordringen var, at disse gyldne øjeblikke kun fyldte 20 % af Lindas arbejdstid, og hendes leder så helst, at hun forsatte med at tage ansvaret for rekruttering og onboarding-processerne.

Grundet økonomi havde organisationen ikke råd til at ansætte en HR-assistent, der kunne hjælpe Linda med rekruttering og onboarding. Linda så det som spild af sine ressourcer og følte sig fastlåst i sin stilling, hun kedede sig, og var efterhånden ved at miste troen på sig selv. Hun følte sig udbrændt og drænet for energi, hvilket efterhånden fyldte mere og mere af hendes hverdag og påvirkede hendes arbejde og familie negativt.

Selvom jeg forstod hendes ønske om nyt job, havde jeg brug for at spørge hende, om det i virkeligheden var det, hun ønskede. Et job som HR-direktør og to små børn er også en hård prøvelse og det ville kræve endnu flere af hendes ressourcer, hvilket ville betyde, at hun ville have endnu mindre tid sammen med sin familie. I mit stille sind kunne jeg ikke lade være med at tænke, om der mon var andre måder, hvorpå vi kunne tilføre hendes nuværende arbejde mere værdi, så hun igen kunne finde engagement og arbejdsglæde.

I stedet for at bruge så mange ressourcer på at søge nye stillinger, kunne vi i stedet arbejde på at skabe synlighed for den økonomiske forskel, hun hidtil havde tilført organisationen. Vi kunne give hendes leder indblik i, hvad det fremadrettet ville give organisationen, hvis Linda fik en HR-assistent til at hjælpe sig og dermed fik mere tid til at gøre det, hun virkelig brændte for og var dygtig til.

Linda besluttede sig for at give det et forsøg og ville gerne bruge mere tid på det, hun virkelig elskede ved sit arbejde. Og samtidig ville hun også gerne kortlægge, hvad det var, der drænede hende og blive opmærksom de styrker, der var i spil i de situationer. Derudover var hun lettet over at sætte jobsøgningen på standby, da det havde været en hård og ressourcetung proces for hende.

Ved næste session var hun kommet frem til, at hun muligvis underspillede sine styrker *Venlighed* og *Perspektiv* overfor sin leder og ved de mange ansættelsessamtaler hun dagligt afholdt.

For at tackle det havde hun besluttet sig for at være mere venlig og imødekommende, og give både kandidater og sin leder mere plads til at ytre deres ønsker.

At observere sig selv på den måde, havde gjort hendes arbejde mere interessant, og medførte, at hun nu var i stand til at sætte tingene mere i perspektiv, både i forhold til sig selv, men også over for det team, hun var en del af. Det havde fået hendes uge til at flyve afsted og hun havde følt sig meget mere glad, end hun havde gjort længe.

Blandt hendes refleksioner var der mange ahaoplevelser og hun kunne nu se muligheder for hende og teamet, i stedet for kun at se begrænsninger. Derudover indså Linda også, at hun muligvis havde overspillet sin styrke *Kærlighed* ved at give for meget af sig selv i samtlige af sine roller, hvilket havde medført, at hun var total drænet for energi. Hun besluttede sig for ikke at tage alle teamets problemer på sig, men i stedet give sine kollegaer og leder regelmæssig feedback på deres udfordringer.

Ved at bruge sine styrker på en ny måde, fandt hun ressourcer til, hvordan hun kunne lette de administrative og tidskrævende arbejdsgange, der lå i hendes stilling. Ved at spille på sine styrker *Ærlighed, Dømmekraft* og *Perspektiv*, fandt hun idéer og løsninger til et styrkeinnovationsprojekt, der havde til formål at lette både hende og kollegaernes administrative arbejdsprocesser.

Hun besluttede sig straks for at lave beregninger på, hvad det ville give organisationen på den menneskelige og økonomiske bundlinje, hvis projektet blev ført ud i livet, og præsenterede idéen for sin leder.

Innovationsprojektet blev kort tid efter godkendt af den øverste ledelse og Lindas stilling udviklede sig, som hun havde ønsket. Pludselig så ledelsen den værdi, hun kunne skabe for organisationen, og var derfor åbne overfor at ansætte en HR-assistent, der kunne aflaste hende, og i stedet benytte Lindas ressourcer der, hvor hun virkelig brændte igennem.

I dag bruger både Linda og hendes kollegaer 80 % af deres arbejdstid på opgaver, der giver dem energi og bringer dem i flow, og 20 % på såkaldte skal-opgaver. Det har resulteret i, at virksomheden er i stærk vækst. Og at hele organisationen på mere end 500 ansatte, nu har fået kortlagt samtlige af deres medarbejders styrker, og samtidig fået optimeret deres arbejdsgange, så opgaverne passer til medarbejdernes top-5 styrker ud fra et 80/20-perspektiv.

For få måneder siden fik jeg denne mail fra Linda.

Kære Dorte,

Jeg har ikke ord for, hvor taknemmelig jeg er for dine input og gode råd til, hvordan jeg kunne genfinde mit engagement og arbejdsglæde. At arbejde med egne og andres styrker var og er virkelig en øjenåbner. Jeg bruger alle dine gode råd og værktøjer dagligt. Dette har klart givet mig mere energi og overskud og jeg bruger ikke længere tankeenergi på at være negativ, frustreret og ked af mit arbejdsliv.

Mine børn og mand fortæller mig dagligt, hvor glade det gør dem at se mig så glad og fuld af overskud – Tak for alt, du har virkelig gjort en forskel i mit liv.

De kærligste hilsner

Linda

Arbejdsark: Styrke-flowøvelse

Brug denne øvelse til at få en fornemmelse af, hvad der virkelig er muligt at opnå, hvis du dagligt kunne få flere øjeblikke af styrke-flow.

Selvom du allerede har opdaget dine styrker og hvordan de kommer til udtryk i den virkelige verden, er mit formål med denne øvelse at udvide din horisont og undersøge, hvornår dine styrker er i spil og du opnår flowtilstand i dine arbejdsopgaver.

Vi skal finde frem til dine gyldne øjeblikke. Bagefter kigger vi på, hvordan vi kan forankre dem i dit nuværende job.

Prøv at gennemføre denne øvelse ved at brainstorme. Vurder ikke dine svar endnu, lad det hellere være en bevidsthedsstrøm, hvor du skriver de ord ned, der kommer til dig, uden du forholder dig til, om de er rigtige eller forkerte. Kig i stedet på dig selv fra et helikopterperspektiv.

Første del af styrke-flow-øvelsen:

Du skal sætte en timer på denne øvelse på 20 minutter.

1. Skriv dine top-5 karakterstyrker (eller talenter, hvis du bruger Gallup StrengthsFinder) i din notesbog og brainstorm på de følgende spørgsmål for én styrke ad gangen.
2. Hvordan og hvor bruger du denne styrke og opnår flowtilstand? Se efter tidspunkter i din nuværende stilling. Hvornår opnår du flow og bliver ét med opgaven?
3. Sørg for, at du trækker på dine erfaringer fra tidligere situationer og prøv, om du kan beskrive disse øjeblikke.
4. Hvor ofte har du brugt denne styrke og opnået flowtilstande? Det er vigtigt, at du i din hukommelse ser efter dine gyldne øjeblikke, de situationer, hvor du hverken har underspillet eller overspillet denne styrke.
5. Hvordan kan du skabe flere øjeblikke af flow i dit job? Hvordan kan du skabe flere gyldne øjeblikke ved at bruge denne styrke oftere?
6. Hvilke ændringer skal du foretage for at sikre, at du bruger denne styrke mere? Planlæg denne styrkeintegration i god tid, og søg evt. støtte hos en god kollega eller leder for at undgå, at du overspiller eller underspiller styrken. Bevar fokus på denne del af opgaven og hold ud. Involvér din leder, hvis du har brug for lidt mere tid i denne periode.
7. Hvilke resultater kan du opnå, hvis disse ændringer bliver foretaget, og du begynder at bruge denne styrke oftere?

Anden del af styrke-flowøvelse

1. Fuldfør første del med hver af dine top-5 styrker. Husk, at det er en brainstorming og der derfor ikke er et endeligt resultat. Juster undervejs, ændr og tilfør, så du får alle dine refleksioner og følelser ned på skrift. Stop ikke øvelsen før, du har et overblik, der giver mening for dig. Denne del af opgaven er vigtig for de næste trin vi skal igennem. På de næste sider bliver du introduceret for øvelser, der handler om, hvordan du kan skabe en styrkefuld fremtid.

Forbind dine styrker til dine fremtidige jobprofil

Når det kommer til at designe en styrkefuld fremtid, er det relativt nemt at tænke på måder at anvende dine styrker i den perfekte verden.

Men inden du gør det, vil jeg gerne trykke på pauseknappen et øjeblik og give dig plads til virkelig at tænke over, hvad det er du ønsker at opnå med dit liv?

Det er nemlig ikke helt ligegyldigt, hvilke mål vi sætter os. Ser du, studier viser, at når vi sætter livsmål, der handler om penge, magt og popularitet eller det som forskere kalder, profitmål, kan disse målsætninger fremkalde negative indikatorer, der er med til at gøre os mindre tilfredse i livet og mere angste.

Det er ikke ligefrem med til at øge vores selvværd og selvtillid, og kan medføre depression. Ofte er det, fordi vi forfølger disse mål i ønsket om at leve op til en andens forventning til os. Disse "nødt-til-mål" drives af vores ydre motivation, der handler om belønning og anerkendelse.

Måske husker du min historie om, da jeg ønskede at indfri min tidligere direktørs ønske om *'10 X 10'*. Her var årsagen til, at jeg gik så langt, min iver efter at opnå status og anerkendelse, hvilket fik mig til at brænde ud og nedtone min følelse af ægte livskvalitet.

Forskerne mener, at vi i stedet skal sætte livsmål, der handler om at skabe forbindelse og formål med noget, der er større end os selv. Når vi sætter livsmål, der handler om vækst, forbindelser og det at gøre en forskel, opnår vi større tilfredshed og bliver følelsesmæssigt mere forbundet med vores ønsker for fremtiden og den forskel vi ønsker at gøre i livet. Det er forbundet med det, jeg kalder for indre motivation og det, der driver dig, hvad enten du får penge for det eller ej.

Misforstå mig ikke, det er ikke, fordi der er noget galt med penge, magt eller popularitet, hvis du forfølger disse drømme af de "rigtige" årsager. Når alt kommer til alt, vil en nonne, der er i sit job af de forkerte grunde, sandsynligvis have lavere livskvalitet end en investeringsmand, der har sagt ja til sit job af de rigtige grunde.

Det er er vigtigt for mig at fortælle dig, inden du går i gang med at designe en styrkefuld fremtid, at det lønner sig at finde frem til, hvad du i virkeligheden ønsker at opnå og hvorfor.

Denne forståelse vil gøre det lettere at bevare din motivation på rejsen og det vil hjælpe dig med at bevæge dig mod den karriere og det liv, du virkelig ønsker at leve.

Som John F. Kennedy engang sagde: "*Indsats og mod er ikke nok uden formål og retning.*" Så hvad inspirerer dit arbejde, ud over dit behov for bare at tjene penge? Hvad giver dig livskvalitet og følelsen af formål med dit liv? Hvad får dig til at springe ud af sengen om morgen? Hvilke grundlæggende livsværdier kan guide dig til at skabe den karriere du virkelig drømmer om?

Find livsformål, der er større end dig selv

Dit formål behøver ikke at være verdensforandrende, selvom der selvfølgelig ikke er noget galt med det. Det vigtigste er, at det giver dig en følelse af mening.

Der er mere end hundrede forskellige måder, du kan tjene penge på, så hvorfor har du valgt netop denne vej? Og hvis du lige nu sidder med tanken om, at en funktionærkontrakt er den eneste vej, og at arbejde for et større formål, lyder spændende, men ikke er noget, du har råd til lige nu, så vil jeg gerne dele min yndlingshistorie med dig.

En rejsende kom forbi et stenbrud, hvor han så tre mænd, der arbejdede. Han spurgte hver af mændene, hvad de lavede. Hver mands svar afslørede en forskellig indstilling til samme arbejde. "Jeg hugger sten," svarede den første mand. Den anden svarede: "Jeg tjener penge, så jeg kan brødføde min familie." Den tredje mand smilede og sagde: "Jeg er med til at bygge en katedral."

Ofte, når vi forbinder en følelse af formål med vores arbejde, antager vi, at vi er nødt til at være meget engagerede i visionen og det vi ønsker at opnå, altså vores slutmål.

Iveren efter at komme frem til resultatet, gør os ofte blinde over for de små forskelle, vi gør i hverdagen. Hvilket er ærgerligt, da de fleste mennesker ikke nyder og værdsætter vejen og handlingerne, der fører til opnåelse af et større mål. Det er derfor vigtigt for mig at pointere, at uanset hvad du laver, kan du finde frem til det, der giver mening for dig og samtidig hvile i, at de skridt du gør i hverdagen, er med til at føre dig til målet. Du skal bare finde meningen med de små skridt, du gør i hverdagen.

Lad mig give dig følgende eksempel fra en undersøgelse fortaget på Yale af psykolog Amy Wrzesniewski. Hospitalets vagtmænd, som deltog i denne undersøgelse, havde alle til ansvar at feje gulve, støve af og tømme skraldespande. De beskrev enten deres arbejde som et job, der betalte deres regninger, eller som en karriere, der ville føre dem til andre muligheder. Men en tredjedel så i stedet deres job som et kald, der hjalp mennesker med at komme sig efter sygdom ved at sørge for, at hospitalets mange farlige bakterier blev tilintetgjort og udslettet.

Denne indstilling gjorde ikke kun deres arbejde mere udholdeligt, men også mere engagerende og underholdende.

Lederforsker og forfatter Simon Sinek har i sine undersøgelser opdaget, at de fleste af os er temmelig klare på, *hvad* vi gør hver dag og *hvordan* vi gør det, men kun ganske få af os kan formulere, *hvorfor* vi gør de ting, vi gør.

Der er mange forskellige måder, hvorpå du kan finde dit *why*. Ud fra mine erfaringer er det bedst at gå på opdagelse i os selv og begynde at udforske via selvtræning.

Professor Laura King vurderer, at den mest effektive måde og de bedste værktøjer findes i at arbejde med styrkeudvikling. Styrkeudviklingsøvelser hjælper os med at klarlægge mål og mening, øger vores niveau af optimisme og er samtidig med til at styrke vores selvværd og selvtillid. Mange af hendes klienter beskriver, hvor givende det er for dem at opleve en tilstand af styrkeflow.

Denne tilstand giver dem overblik og overskud til at designe klare og overbevisende visioner for dem selv i deres arbejde, der er meningsfulde og overskuelige at opnå.

Måske er du ekstra motiveret for at gå i gang med styrkeflowøvelsen efter at have læst dette kapitel, eller også tænker du "ej, jeg venter lige lidt", fordi du er nysgerrig efter, hvad næste kapitel byder på.

Men lige meget, hvad du tænker, vil jeg anbefale, at du stopper op og laver øvelserne. For i de næste kapitler giver jeg dig værktøjer til, hvordan du kan opretholde din motivation og holde fast i din målsætning.

At blive tiltrukket af fremtiden

Positive indre billeder fremmer positive handlinger. Da professor Cooperrider, en af verdens førende forskere i at skabe positive forandringer, lærte os at bruge positive billeder til at se muligheder og skabe grobund for forandringer, lærte han os samtidig, at vi selv har magten til at få ting til at ske.

Hvordan det kan lade sig gøre og hvad der sker i vores hjerner, vil jeg fortælle dig nu. Bare det, at vi forestiller os, at en drøm vil blive ført ud i livet, sætter gang i vores belønningssystem og kroppens produktion af dopamin. Vores forestillingsevne giver besked til hjernes belønningssystem, der straks går i gang med at træde nye stier i hjernen og giver os lysten til at bevæge os fra gode intentioner til handling.

Der findes mange eksempler på atleter og andre sportsudøvere, der har vundet adskillige medaljer ved at bruge denne metode. Derudover har jeg selv benyttet mig af denne metode for at opnå personlige målsætninger, og især én historie har inspireret mig.

Det er historien om den engelske atlet Roger Bannister, der satte sig det umulige mål, at han ville løbe 1,6 km på under fire minutter. Som medicinstuderende valgte Bannister at træne ekstra meget i ønsket om at nå sin målsætning. Han brød derfor sit mål ned til delmål og forestillede sig, hvordan han vandt.

I sin frokostpause løb han ned til atletikbanen. Her trænede han 10 gange 400 meter på omkring 60 sekunder i gennemsnit, med 2 minutters pause mellem hver 400 meter. Derefter løb han tilbage til arbejdet. Det hele tog sammenlagt 46 minutter, hvilket efterlod ham 14 minutter til at spise sin mad.

I 1954 vandt han løbet Oxford Track og var den første englænder i verden, der løb den såkaldte drømmemil. På tre minutter og 59,4 sekunder løb han en engelsk mil, hvilket svarer til cirka 1,6 kilometer.

Undersøgelser af placebo-fænomenet inden for medicin antyder, at 1/3 til 2/3 af medicinske forsøgspatienter viser markante fysiologiske og følelsesmæssige forbedringer i deres symptomer ved simpelthen at tro, at de fik en effektiv behandling - selv når behandlingen kun var en sukkerpille eller et andet ufarligt stof.

Sindets evner er unikke og meget komplekse, og mysteriet om, hvordan kroppen er i stand til at skabe disse resultater, er langt fra løst. Men forskerne ved, at det har en positiv indvirkning på vores helbred, når tro bliver bragt i spil. Denne unikke menneskelig evne spiller en rolle i alle placebosvar.

Positive tanker bringer os frem til positive handlinger. Det kan være grunden til, at Seligmann for nylig har rettet sin forskning mod vores evne til at skabe mentale simuleringer om fremtiden og gøre dem til handlinger, der motiverer os til at gå frem mod vores mål. Han mener, at du er i stand til at bruge din fantasi til at forestille dig ønsker for fremtiden og handle på dine forudsigelser. Han siger, at intelligens ikke er statisk, men kan udvikles hele livet, og at det er dette, der giver os mennesker store fordele. I stedet for at tænke mennesker som statiske arter, der er fastlåst i bestemte roller, ser han nu i nye studier, at vi ved at bruge vores fantasi, bliver vi bedre til at designe og udvikle os, så vi passer ind i den fremtid, der venter os.

Hvis du føler dig lidt nervøs over at læse om alt dette, og det virker lidt uoverskueligt for dig at skulle designe din fremtid på et stykke papir, så fortvivl ikke. Det er helt naturligt at føle sig bange og usikker, når vi giver vores inderste ønsker om fremtiden energi.

Jeg oplever, at mange har tilsidesat deres drømme og ønsker det meste af deres liv, fordi frygten har overtalt deres sind til ikke at handle på deres tanker og ønsker.

For mange handler det om frygten for ikke at være gode nok, frygten for, at de ikke har fortjent at lykkes. Frygt for, hvad der sker, hvis de ikke lykkes, frygten for at sige farvel til den faste indtægt, der betaler deres udgifter, men ikke giver deres liv mening og substans. Frygt for det hele vil falde til jorden og de vil lide et stort økonomisk tab.

Frygt gør os små, usikre og sårbare, og derfor bliver mange siddende i stillinger, der ikke opfylder deres ønske, men gør dem trygge. Men helt ærligt, er der virkelig noget trygt ved at leve et liv, hvor du dagligt gør, hvad der forventes af dig og derfor oplever manglende livsglæde, energi og gejst, alt imens du i dit sind drømmer om at lave noget helt andet? Vil du virkelig bruge dette ene liv på at leve i skyggen af dig selv?

Her er svaret: Der er stor forskel på at være velstillet og at have velvære. Vi vildleder ofte os selv til at tro, at hvis vi bare havde den succes, vi ønskede, ville det være let at udvikle os til næste niveau og lave det, vi virkelig drømmer om og som betyder noget for os. Men ved du hvad? Det fungerer faktisk omvendt.

Mine mange års erfaringer med at arbejde med mennesker viser mig gang på gang, at når du finder dit formål med livet og det, der virkelig betyder noget for dig, vil du løbende udvikle dine styrker og se dem udvikle sig og blive stærkere. Styrkerne vil hjælpe dig igennem de perioder, hvor du finder det svært og uoverskueligt. Hen over en periode, der typisk tager 9 – 12 måneder, vil du komme til at stråle af selvsikkerhed og overskud, og opnå succes med det, du værdsætter allermest her i livet.

Det hele starter med, at du tør være ærlig overfor dig selv, for hvis du vil leve det liv, du ønsker, skal du finde modet i dig selv. Du kommer ikke i mål, hvis du ikke tør investere i dig selv og tage chancen. Når alt kommer til alt, kræver enhver værdifuld indsats, at vi risikerer noget.

Marianne Williamson, der er amerikansk forfatter, politiker og aktivist, har skrevet 13 bøger, heraf fire New York Times bestsellere, giver her en indsigt i, hvad frygt handler om:

> *"Vores dybeste frygt er ikke, at vi er utilstrækkelige. Vores dybeste frygt er, at vi er magtfulde over for de mål, vi ønsker at opnå. Det er vores lys, ikke vores mørke, der mest skræmmer os. Vi spørger os selv, hvem skal jeg være? Skal jeg være strålende, smuk, talentfuld og fabelagtig? Faktisk handler det om, hvem skal du ikke være?"*

Glæd dig til øvelsen på næste side. Her går vi på opdagelse i dine styrkers brændstof og finder frem til, hvordan du kan sætte dem i spil, for at opnå det, du drømmer om.

I det efterfølgende kapitel vil du få værktøjer til, hvordan du kan forvandle dine svar fra øvelsen til handlinger, der vil bringe dig tættere på det, du i virkeligheden ønsker at arbejde med.

Case af Dorte Alex Lensfelt

Da jeg satte mine styrker i førersædet

Da jeg gik på opdagelse i mine styrker og begyndte at tænke over, hvad jeg i virkeligheden ønskede for min fremtid, var jeg i en rolle, hvor mit største formål var, at jeg skulle tjene penge, så jeg kunne brødføde min familie og betale husleje.

Efterhånden som jeg arbejdede med mig selv, kunne jeg se, at dette livsformål var temmelig tyndt.

Derudover arbejdede jeg i en virksomhed, hvis vision var at skabe vindere i dansk erhvervsliv. I min afdeling arbejdede vi med fleksible bemandingsydelser og rekrutteringer, og sørgede for, at kunderne fik leveret de bedst mulige kandidater til løsning af forskellige opgaver. Vi løb stærkt for at indfri ledelsens ønsker om at blive Danmarks største konsulenthus.

Efterhånden som vi skulle løbe stærkere og stærkere, følte jeg det sværere og sværere at komme ud af sengen for at efterleve disse krav. Jeg havde i årevis tilsidesat min egen trivsel og udvikling, og kun haft ét fokus for øje, nemlig at indfri de uopnåelige KPI'er.

For at forsøge at forbedre mit engagement, var jeg nødt til at finde ud af, hvordan jeg kunne finde flere styrkefulde øjeblikke i mit arbejde, der kunne motivere mig til at springe ud af sengen om morgenen.

Selvom jeg prøvede at gøre mit bedste og det periodevis lykkedes mig at genfinde min motivation, kunne jeg stadig ikke genfinde min gejst og livsglæde. Jeg havde brug for et formål, der var større end mig selv, jeg havde brug for at finde noget, der gav mit liv mening og substans. På daværende tidspunkt havde jeg et valg; jeg kunne vælge at blive i jobbet og trygheden i en fast indtægt, eller jeg kunne vælge at sige min stilling op.

Da jeg gennemgik mit styrkeflow, fandt jeg frem til, at årsagen til mit manglende engagement var, fordi jeg sjældent var i flow.

Så fik jeg en idé til, hvordan jeg kunne bruge et værktøj, som Dr. Tal Ben Shahar, Harvards første lektor i positiv psykologi, havde udviklet. Jeg havde læst adskille af hans bøger om, hvordan flowtilstanden var i stand til at gøre vores liv mere meningsfyldt. Derfor tog jeg mit skema frem og stillede mig selv følgende spørgsmål, efterhånden som jeg gennemgik mine daglige aktiviteter i mit arbejde:

Hvad er formålet med denne opgave? Hvilke formål tjener den? Hvorfor udførte du denne opgave? Hvis jeg ikke kunne finde et meningsfyldt svar, spurgte jeg mig selv igen: Hvilke formål tjener det? Hvorfor udførte du denne opgave?

Det jeg ønskede at opnå, var den varme følelse i maven, følelsen af mening, en ahaoplevelse. Jeg blev ved med at spørger mig selv *hvorfor*, indtil jeg opnåede det svar, der fik mig til at bryde ud i glædestårer over endelig at finde frem til det, der gav mit liv mening.

For eksempel oplevede jeg øjeblikke af flow, når jeg brugte min lederskabsstyrke til at træne mit team i at forbedre deres præstationer, så de lykkedes med det, de virkelig gerne ville opnå. Det handlede ikke om at forbedre deres tekniske kompetencer, men i stedet styrke deres selvværd i troen på dem selv. Det handlede om, hvordan de kunne være meres autentiske og nærværende over for sig selv og andre.

Det var i disse øjeblikke, jeg opdagede, hvad der gav mit liv mening. Det jeg ville opnå med mit liv, var at få mennesker til at lykkes. Min lederskabsstyrke skulle udvikles, og jeg havde et ønske om at blive en endnu dygtigere leder.

Derfor satte jeg mig ned og begyndte at lave handlingsplaner for hver af mine medarbejdere, og var virkelig motiveret til at udvikle mine lederevner. Jeg trak på mine styrker *Gejst* og *Nysgerrighed*, og slap min fantasi fri. Jeg var ikke fordømmende overfor det, der kom til mig, jeg brainstormede og brugte min dagbog til at notere alle mine idéer ned. Nu kunne jeg se mig selv i en trænerrolle som coach, frem for i den uddelegerende rolle, jeg havde påtaget mig.

Godt forberedt gik jeg til ledelsen med mine ønsker for fremtiden, jeg havde lavet mit forarbejde og en businesscase, der ikke var til at tage fejl af. Hvis virksomheden skulle have succes med deres strategi, havde jeg fundet flere dokumentationer og augmentationer på, at vi ville tjene flere penge på den menneskelig og økonomiske bundlinje, hvis vores medarbejdere fik mulighed for at udføre opgaver der, hvor de var bedst og hvor de dagligt opnåede styrkeflow. Jeg præsenterede dem for 80/20-strategien, der skulle sikre virksomheden, at der ikke sad medarbejdere og udførte opgaver, der kedede dem og ikke gav mening. Kort sagt, der skulle ikke sidde skjult potentiale i virksomheden, der ikke blev benyttet og udviklet.

Desværre faldt denne strategi ikke ind i ledelsens ønsker for medarbejderne, de ville fortsætte den nuværende strategi, ud fra en top down-filosofi, også selvom mange dygtige medarbejdere havde forladt virksomheden eller var gået ned med stress.

Da jeg ikke kunne finde mening i deres strategi, blev jeg enig med mig selv om at sige min stilling op. Jeg havde ikke et andet job i baghånden, men jeg havde fundet et formål med mit arbejdsliv.

Hvis jeg skal være ærlig, var det ikke var den nemmeste tid i mit liv. Vi havde lige købt hus, ejede også et sommerhus og havde to biler. Derudover havde vi tre børn, der var vant til, at vi havde penge til oplevelser og rejser og så videre. Men de havde ikke oplevet deres mor rigtig glad i årevis og var blevet vant til at se mig fraværende og altid med hovedet foran computeren.

Mit formål var klart og jeg præsenterede nyheden for min mand. Jeg ville opsige mine stilling og udleve min drøm. Jeg lovede ham, at han ikke ville komme til at fortryde, at jeg havde taget denne beslutning.

Hvis virksomheden ikke stolede på min strategi, ville jeg ikke opgive den og lade mit arbejde gå til spilde. Et halvt år efter lånte jeg 50.000 kr. i banken, oprettede et CVR-nummer og stiftede House of Talents, making people grow. Mit koncept skulle bruges og ud til de ledere, der kunne se mening med mit budskab.

I dag har rigtig mange virksomheder implementeret Growing Talents og arbejder ud fra en 80/20-regel. Flere hundrede medarbejdere oplever dagligt styrkeflow, hvilket har forbedret deres mentale helbred, øget produktiviteten og nedbragt sygefraværet.

Men den største gevinst for mig er, at jeg dagligt får tilbagemeldinger fra mennesker, der har haft lyst til at dele styrkeværktøjerne med deres familie og venner. Det giver så stor værdi for mig, at jeg ved, der nu er familier, der dyrker deres styrker og i fællesskab bliver bevidste om det, de hver især er dygtige til.

Udover succesen med Growing Talents har jeg i dag skabt et arbejdsliv, hvor jeg dagligt oplever styrkeflow 80 % af min tid. Jeg er meget bevidst om, at der er opgaver, jeg ikke er bedst til og derfor uddelegerer. Jeg har aldrig haft det bedre, jeg er i mit livs bedste form både mentalt og fysisk, og jeg er 100 % nærværende over for dem jeg elsker.

På de næste sider vil du finde øvelser om, hvordan en styrkefuld fremtid kan se ud.

Prøv at besvare spørgsmålene et for et og giv dig god tid. Tag din dagbog og skriv, hvad der falder dig ind og brug gerne et par dage til at reflektere over det. Hvis svarene ikke kommer til dig, så gå en tur i naturen. Ofte finder vores hjerne forbindelser og danner nye veje, når vi er ude under åben himmel.

Glæd dig over dit arbejde med dig selv, giv ikke op, heller ikke selv om det er svært eller skræmmende. Det, du giver dig selv i disse øvelser, er egenomsorg og nærvær. Lyt derfor til det, der kommer og vær ikke kritisk eller fordømmende.

Arbejdsark: Skab en styrkefuld fremtid

Hvordan vil en styrkedrevet fremtid se ud?

1. Vælg et tidspunkt i din fremtidige karriere, der er langt nok fremme i tiden til, at du har plads til at skabe nogle varige ændringer. Det skal ikke være så langt væk, at det føles som om det, du gør nu, ikke betyder noget, fordi der er masser af tid at løbe på. Vær realistisk. Spørg dig selv, hvor er du om et halvt år? Hvor er du om et år?
2. Derefter (efter at have læst dette), luk øjnene, tag et par dybe, langsomme vejrtrækninger, og forestil dig, at alt er gået så godt, som det overhovedet kunne. Du bruger dine styrker mere og mere på dit arbejde, og du skaber flere og flere oplevelser af styrkeflow. Hvis du finder det svært, så tænk på de øjeblikke, du identificerede i din styrkeflow-analyse.
    - Når du forestiller dig dette, skal du tænke over, hvorfor du springer ud af sengen for at komme på arbejde hver morgen? Hvad er det for en forskel, du ønsker at gøre? Hvilke handlinger bringer dig tættere mod dit mål? Hvordan følelse det at have brugt din tid og energi på opgaver, der virkelig giver mening for dig?
    - Hvordan bruger du dine styrker hver dag til at gøre dit *why* til en realitet? Hvordan føles det at nå flere og flere af dine gyldne øjeblikke hver dag? Hvad siger dine kollegaer om at arbejde sammen med dig nu?
    - Hvad prioriterer du at gøre hver dag på arbejdet? Hvilke opgaver ser du virkelig frem til at udføre? Hvem arbejder du sammen med? Hvad siger din leder, kunder, patienter, klienter om kvaliteten af dit arbejde?

- Prøv at forstille dig, at denne beskrivelse af din fremtid er en realitet. Prøv at forstille dig denne virkelighed. Hvad tænker du, ser, hører, gør og føler du i denne nye hverdag? Hvad lægger mennesker omkring dig virkelig mærke til nu? Hvilken positiv feedback du får?
- Jo mere detaljeret og specifik du kan beskrive dette, jo mere vil din hjerne tro, det er virkelighed og hjælpe dig med at arbejde hen mod det, du drømmer om at opnå. Din hjerne kan nemlig ikke skelne mellem fantasi og virkelighed, derfor er det vigtigt, du finder ind til det, der føles rigtigt.

3. Når du har et ret klart billede i dit sind om, hvordan dine ønsker kan blive en realitet, skal du bruge cirka 20 minutter på at skrive detaljerne ned. Bare skriv og skriv, alt hvad der falder dig ind. Rediger ikke. Gæt dig ikke til dine svar. Tænk ikke på, hvad andre mener eller vil sige, hvis de læste dine ord. Døm ikke dine ord. Bare lad dem flyde ud.
4. De næste to dage skal du gentage processen. Med de gentagende øvelser bliver du endnu mere skarp på, hvad der er dit kald her i livet. Din indre motivation og følelsen af, at det er det rigtige for dig, vil sætte gang i din lyst til at handle. Det er en fantastisk måde at finde frem til dine skjulte og undertrykte behov, og til at sparke din kreativitet i gang på nye måder. Denne øvelse vil i sidste ende give dig inspiration og mod til at skabe en målstyret og styrket fremtid i dit arbejdsliv.

Kapitel 5: Sådan designer du en plan for din fremtid, der får dig til at handle

Når du har et klart billede af, hvad du ønsker for din fremtid, vil du automatisk begynde at kigge efter muligheder, der får dig til at gå i den ønskede retning. Det er min erfaring, at dit klare billede af din vision, får dig til at handle. Følelsen af begejstring og nysgerrighed for, hvad næste skridt er, frigiver positiv energi, der får dig til at handle og komme igennem de små udfordringer, du ikke kan undgå at møde undervejs.

Når du arbejder med dig selv på denne måde, vil du begynde at opdage nye veje. Disse nye muligheder vil hjælpe dig med at realisere dig selv på måder, du aldrig havde tænkt ville kunne lade sig gøre, og bringe dig tættere mod det arbejdsliv, du drømmer om.

Vær opmærksom på, at dine ønsker for fremtiden vil begynde at konkurrere med en indre stemme af frygt, manglende selvtillid og selvværd - denne indre stemme har i mange år, fået dig til at holde dig tilbage. Ved at vise tillid til dig selv og have gode og støttende indre dialoger, er du med til at øge niveauet af motivation. Husk, du har hele tiden friheden til at tænke og handle, som du har lyst til, så sørg for at holde fast i de ting, der har en positiv effekt på dine indre dialoger. Sørg for at have ressourcer omkring dig, der støtter dig i denne proces, og lov mig aldrig at lytte til alle dem, der hen ad vejen vil fortælle dig, at dine drømme ikke kan gå i opfyldelse.

Når disse grundlæggende psykologiske behov er opfyldt, antyder forskning, at det vil forbedre din kreativitet, ydeevne, velvære og gøre dine drømme mere tilgængelige.

I dette kapitel vil jeg introducere dig for de tre enkle trin, du kan tage for at gøre dine drømme til virkelighed, ved at sætte klare mål og finde flere strategier, der vil hjælpe dig med at overvinde forhindringer og bevare din viljestyrke gennem hele rejsen.

Jeg lover, at dette er en testet, enkel og smertefri måde at udvikle sig på og metoden har virket for hundredvis af mennesker.

Dyrk håb

89 % af os tror på, at i morgen vil være bedre end i dag, men kun 50 % af os tror, at vi kan skabe den forbedring, der skal til. Det er, hvad forskerne er nået frem til, og det er forskellen mellem ønsker og håb.

Når vi blot ønsker, at morgendagen skal være bedre end i dag, tager vi en passiv rolle. Det vil sige, mange af os tror på, at vi ikke har mulighed for at påvirke dagen i morgen, vi tror ganske enkelt, at det er ude af vores kontrol. Men når håbet er dybt forankreret i os og vi ved, at vi faktisk kan påvirke morgendagen, bliver vi automatisk motiveret til at handle, da drømmen om en bedre fremtid, har sat sig så dybt i os, at vi ikke længere lader frygten forhindre os i at handle og gå fremad.

Håbefulde mennesker forstår, at vejen fra nutiden til fremtiden sjældent er en lige linje og næsten aldrig en enkelt linje. De mener, at der er mange stier til deres mål og forstår, at det er usandsynligt, at nogen af dem er fri forhindringer. Derfor eksperimenterer de med flere strategier og forbereder sig på vanskeligheder, tilbageslag og skuffelser for at sikre, at de er modstandsdygtige nok til at nå deres mål.

Håb opstår, når dit rationelle selv møder dit følelsesmæssige selv i en tredelt proces, der leder dig frem mod ønsket om bedre fremtid:

- **"Jeg ønsker mig" begynder altid med et håb:**
  Håb starter med at identificere, hvor du vil hen, hvad du vil udrette og hvem du vil være. Med andre ord bygges håb ud fra de mål, der betyder noget for dig, fordi det giver dig billeder i dit sind om en bedre fremtid.
- **"Alle veje fører til Rom". Vær åben for, at der er flere veje til målet:**
  Håb involverer muligheder, og i mulighederne finder du flere veje og måder, der fører dig til målet. Læg gerne flere planer, der hjælper dig med at komme fremad. Med flere muligheder på hånden, vil det være nemmere for dig at navigere i de forhindringer, der vil opstå.
- **Rettigheden og magten til at opnå dine drømme:**
  Håb indebærer også, at du har magten over dit eget liv og friheden til at se muligheder. Det kan tænde op for dit drive og få ting til at ske. Det er en undervurderet evne, som alle mennesker har og som er med til at forme dit liv og din historie. Det er din vilje til at tage ansvar for dit eget liv og til

at opnå det, du drømmer om. Det beskrives ofte som "viljestyrke", da denne evne bygger på dine evner af vedholdenhed, der får dig til at blive ved, også når der kræves en ekstra indsats af dig og du skal tage det lange seje træk.

Feedback loop

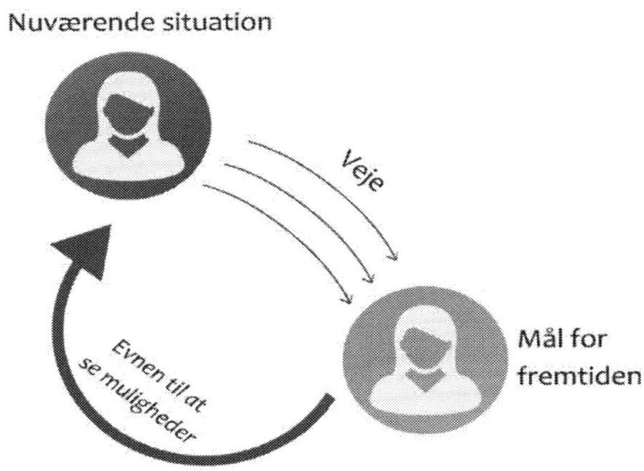

Hver af disse punkter fungerer som en kontinuerlig feedbackcyklus, der øger håbet og hele tiden sætter det næste punkt i bevægelse.

I denne cyklus skal du lytte til dine ønsker og drømme, fordi de fortæller dig, hvem du i virkeligheden er, og du vil finde de styrker frem i dig selv, som både du og andre har savnet. Du tror på din evne til at gøre fremtiden bedre end nutiden, samtidig med at du anerkender, at dine grænser for, hvor langt du vil gå, ligger inden for din egen kontrol. Du bruger tid og kræfter på de styrker, du har brug for at udvikle og du forstår forskellen mellem frygt og negativitet, da disse følelser skaber tvivl og tapper dig for energi.

Shane Lopez, verdens førende forsker i håb, beskriver det således:

> *"Håb skabes øjeblik for øjeblik gennem vores bevidste valg. Det sker, når vi bruger vores tanker og følelser til at temperere vores modvilje mod tab og aktivt forfølge, hvad der er muligt. Når vi vælger håb til i vores liv, vælger vi det til, der betyder mest for os."*

Undersøgelser, der har kigget nærmere på håb, har fundet frem til, at hvordan vi tænker om fremtiden har en afgørende betydning for, hvorvidt vi opnår succes i skole, arbejde og i vores liv. Forskerne fandt frem til, at når vi bruger håb i vores hverdag, har vi mulighed for at forbedre vores arbejdsresultater med 14 % og forøge vores lykkefølelse med 10 %.

Håb giver os mulighed for at være mere produktive samtidig med, at det øger vores velbefindende, giver vores liv mere mening og styrker vores mentale helbred. Håb hjælper os med at regulere vores følelser og temperament. Det bedste af det hele er, at når det drejer sig om at gøre vores drømme til virkelighed, giver følelsen af håb os energi til at handle og få ting til at ske.

At udfordre din egen tro på håb

Det viser sig, at håb hverken er en psykologisk sølvske eller et biprodukt af vores IQ. Tværtimod har Shane Lopez og hans kollegaer konkluderet, at håb kommer fra vores energi og evne til at tænke ud af boksen og på, hvad næste skridt er. Stanford-psykolog, professor Carol Dweck, har fundet frem til, at i stedet for at tro på at dine evner er statiske og medfødte, er det vigtigt, at du har troen på, at du altid kan forbedre dine evner.

Dwecks forskning antyder, at der er to mulige måder, to tankegange, hvorpå vi kan tænke på fremtiden, hvilket kan forudsige vores sandsynlighed for succes. For at se, hvilket tankesæt du har, og hvordan dette kan påvirke dine evner til at bruge håb, skal du notere, hvis du har oplevet nogle af disse følelser omkring dit arbejde:

- Angst for at sige ja til nye udfordringer eller roller af frygt for, at folk vil opdage, at du ikke er så god, som de troede.
- Smerter, følelsesmæssigt eller fysisk, når du hører negativ feedback om dig selv, fordi du virkelig var sikker på, at du kunne udføre opgaven godt.
- Frygt for, at fejl du har begået, vil blive opdaget, og du bekymrer dig om, at disse fejl kan skade din karriere og fremtid.
- Ønsket om at kontrollere så meget som muligt omkring dig, så du sikrer dig, at dit arbejde bliver leveret uden fejl.
- En tvangsmæssig drivkraft for at opnå de ønskede resultater og bevise, at du kan få succes.

Disse følelser antyder en underliggende tro på, at dit talent og intelligens stort set er fast, og at der ikke er meget, du kan gøre for at forbedre det. Din grundlæggende holdning er, at folk er født kloge, tonedøve, uden rytme, mindre begavede, almindelige, vindere, tabere osv., men du siger det aldrig højt og deler ikke disse tanker med andre. Denne tankegang og tendens ligger i din underbevidsthed og dine grundholdninger. Du måler mennesker ud fra deres resultat og ikke ud fra deres indsats. Dweck kalder denne tankeform for et fastlåst mindset.

Når du læser dette, betyder det ikke, at du ikke kan eller ikke har opnået fantastiske resultater i dit liv. Det som Dwecks teori peger i retning af er, at denne type personligheder oftest gerne vil opfattes som eksperter. De har over tid tillært sig denne tankegang for at bevare deres ego og status. Problemet, som ligger til grund for denne tankegang, har Dweck fundet i, at disse personligheder over en årelang periode har levet et liv med konstant stress og angst for både at opnå succes og fiasko i deres liv. Mennesker med en fastlåst tankegang sidder ofte fast i en rolle eller et mønstre, hvilket gør, at de undgår at udfordre sig selv og derved ikke udlever deres fulde potentiale.

Hvordan det tænker du måske? Lad mig forklare. Hvis du har en fastlåst tankegang, er følelser som håb oftest ikke din drivkraft. Du har en indstilling til, at du er, som du er og er der ikke noget, du kan gøre for at ændre det, så hvorfor prøve? Du har en tendens til at give op, når tingene bliver for svære og vælger derfor at lade tingene stå til. Med denne tankegang forhindrer du dine evner i at udvikle sig og du går derfor glip af at opleve, hvordan dine styrker kommer i spil og hjælper dig med at komme videre.

I stedet opgiver du, når du rammer en mur af forhindringer og når tingene bliver for uoverskuelige. Du får en følelse af magtesløshed og hjælpeløshed og tror derfor ikke, du har de nødvendige ressourcer til at komme videre, så i stedet giver du op.

Nu er det heldigvis ikke sort og hvidt det hele, de fleste mennesker har oplevet ovennævnte i deres liv op til flere gange, men mange af os har også oplevet andre følelser omkring vores arbejde. Nu er det tid til du igen skal bruge din kuglepen og notere dig, hvilke udsagn der passer bedst til dig. Du skal ikke føle dig forkert, hvis du kan se mere af dig selv i den forrige test end i denne.

Jeg oplever følelsen af:

- Håb og spænding, når jeg får nye udfordringer på mit arbejde, fordi det giver mulighed for vækst og udvikling.
- Nysgerrighed, når jeg får feedback på mine opgaver, fordi jeg ønsker at finde frem til, hvad jeg kan gøre for at forbedre resultatet og blive bedre.
- Vilje til at tage ansvar for mine fejl. Jeg accepterer, at hvor der er mennesker, vil der altid opstå fejl og at dette er en naturlig del af livet og en læringsproces.
- Mod og lyst til at fortsætte med at prøve, fordi jeg ved at dette er den eneste vej til at komme i mål og opnå succes.

Disse følelser antyder en underliggende tro på, at ting som dit talent og intelligens kan udvikles og dine evner kan forbedres hele livet. Det er noget som neurovidenskaben i disse dage bakker op om. Uden du måske lægger mærke til det, er dit fokus mere på indsats og læring i udviklingsprocessen. Tænk på Thomas Edison og hans berømte citat om endelig at opfinde lyspæren: *"Jeg fejler ikke, jeg fandt lige 10.000 måder, hvorpå det ikke virkede."* Dweck kalder dette en væksttankegang. Dwecks forskning antyder, at denne tankegang har indflydelse på vores evne til at sætte mål, til at søge hjælp og til at være motiveret til at nå det, der betyder allermest mest for os.

Case af Dorte Alex Lensfelt

Sådan lærte jeg at være taknemmelig for mine fejl

Jeg må ærligt tilstå, at jeg har tilbragt det meste af mit liv med en fastlåst tankegang. Hver gang jeg blev præsenteret for nye udfordringer og muligheder på arbejdspladsen, kunne jeg konstant høre den lille stemme i mit hoved, "du er ikke dygtig nok til at løse denne opgave og alle vil opdage det før eller siden. Det er kun held, der har gjort, at du har skabt så gode resultater".

Min frygt for fiasko og mine antagelser var som gift for mig. Det var tydeligt, at jeg troede, at resultaterne var beviset for om mennesker var dygtige. Jeg dømte folk, inklusiv mig selv, efter jobtitler, uddannelse, og hvor mange penge de tjente, hvor de havde arbejdet og hvilke særlige præstationer de havde udført og de anerkendelser de havde fået.

Alle disse fastlåste tanker resulterede i, at jeg følte, jeg var nødt til at holde en stram kontrol med mig selv og med så mange ting som muligt. Hvorfor uddelegere opgaver til andre, når jeg selv kunne løse dem hurtigt og bedre? Hvorfor ikke arbejde så mange timer som menneskeligt muligt, hvis dette gav mig det resultat, jeg ønskede? Hvad var der galt med at stræbe efter perfektion, uanset omkostningerne, hvis det resulteret i, at jeg opnåede det, jeg havde sat mig for?

De fleste af mine kollegaer og kunder vidste ikke, at alt den stress boblede lige under overfladen. Omverden syntes jeg var rolig, selvsikker og fuld af gåpåmod. Lidt som ænder, der i fred og ro svømmer i dammen og hvor alt syner fredfyldt på overfladen. Men under overfladen, padlede jeg for ikke at drukne i mit eget destruktive tankemønster.

De få gange folk har opdaget min frygt, og så hvordan jeg i virkeligheden havde det, var, når jeg fik negativt feedback eller hvis det jeg havde sat mig for, ikke lykkedes. Skammen over, at de havde opdaget, jeg ikke var god nok, fik mig til at tro, at der var intet jeg kunne gøre for at ændre det. Hvilket betød, at jeg gik med troen på, at jeg aldrig kunne lykkes med det, jeg ønskede. Disse tanker efterlod mig hjælpeløs og gjorde mig trist og udmattet.

Til sidst var jeg så fuld af frygt, at jeg frygtede, at jeg aldrig ville kunne gøre noget godt for nogen. Jeg oplevede simpelthen feedback som personlig kritik og ikke som en konstruktiv mulighed for, at jeg kunne udvikle mig og komme stærkt igen.

Da jeg fik mit første lederjob som salgs- og afdelingschef, levede jeg i en konstant frygt for både at opnå succes og fiasko, og det efterlod mig totalt drænet og modløs. Det var som om, jeg levede i et vakuum. Jeg kunne ikke forestille mig ikke at være leder, for jeg brændte virkelig for at få mennesker til at lykkes og skabe resultater med dem. Jeg ønskede ikke at gå tilbage og jeg var samtidig skræmt over at skulle bevæge mig fremad, for jeg følte ikke, jeg havde de nødvendige værktøjer. I mit sind var jeg nysgerrig efter at finde viden og tænkte, der måtte være en bedre måde at leve på.

Da jeg opdagede Dwecks forskning om det fastlåste mindset, var det som om at kigge ind i et spejl. Jeg kan huske, jeg tænkte, åh gud, det er jo mig! Nu forstår jeg bedre, at jeg har det sådan her. Jeg vidste simpelthen ikke, der også var en anden måde at tænke på.

Det var en stor øjenåbner for mig, hvor jeg pludselig kunne se, at mine tanker havde begrænset mig i at se mulighederne for, hvordan jeg kunne udvikle mit potentiale gennem hele livet. Jeg skulle blot lære at tænke anderledes og ikke lade frygt være en fjende, men i stedet acceptere den som en mulighed for at kigge på udfordringer fra flere vinkler.

Når frygten bankede på og begyndte at sætte spørgsmålstegn ved mine færdigheder, stillede jeg i stedet spørgsmål som, hvad er du bange for? Hvorfor er du bange? Hvad kan du gøre for at vende din frygt til mod og mod til handling?

Hvis jeg f.eks. var bange for at begå fejl, huskede jeg mig selv på, at det var menneskeligt at fejle og det var en del af læringsprocessen. Jeg lovede aldrig at være fordømmende overfor mig selv, men i stedet stole på, at jeg med tiden kunne blive dygtigere, hvis jeg var åben for læring. Efter jeg havde besluttet mig for at sætte pris på indsats og læring i stedet for resultatet, blev det lettere og lettere at se de muligheder, et åbent mindset kunne give mig.

Efterhånden som jeg opbyggede denne færdighed, blev det nemmere for mig at håndtere mine indre dialoger og derpå også at kommunikere positivt og konstruktivt overfor andre, hvilket hele tiden løftede dem til næste niveau. Jeg blev stolt og glad på deres vegne, og blev samtidigt også mere tilfreds med mig selv. Mit stressniveau faldt dramatisk og min energi vendte tilbage.

Min selvtillid voksede samtidig med, at jeg begyndte at sætte meget mere pris på, hvad læring kunne give mig og mine medarbejdere. Jeg ønskede stadig at levere gode resultater, men var ikke længere bange for at uddelegere opgaver til andre. Jeg vidste nu, hvordan jeg skulle håndtere min egen angst og kunne nu på bedste vis være med til at skabe en læringskultur, hvor vi alle kunne trives og skabe resultater.

De medarbejdere jeg havde ansvaret for vidste, at når vi var i proces, var det tilladt at fejle, så længe vi lærte undervejs. Det gjorde, at negative følelser ikke fyldte vores sind og drænede os. Vores resultater blev bemærket flere steder, hvilket var helt fantastisk.

Da jeg forlod mit job, var jeg klar over, hvad denne viden kunne gøre for andre. På min rejse og i mit ønske om at blive selvstændig, vidste jeg, at jeg var på vej ud i en branche med stærk konkurrence og hvor det krævede benhårdt arbejde at bryde igennem, men jeg er blevet ved og har ikke ladet frygt styre mine valg.

I skrivende stund er det fire år siden jeg oprettede mit CVR-nummer. Lige nu i dette sekund, har Covid19 indtaget verden og medbragt mange konkurser og opsigelser. Jeg har klaret mig godt, også selv om det til tider har været udfordrende og hårdt. Jeg deler ikke dette for at prale af mine resultater, det er slet ikke mig, men for vise dig, at selvom det kan føles uoverskueligt og svært at vælge at have et åbent mindset frem for at have et lukket mindset, åbner denne tankeform psykologiske, intellektuelle, sociale og fysiske friheder for dig. En helt ny verden af muligheder vil åbne sig, både i dit arbejde og i dit privatliv.

Sådan sætter du målsætninger ud fra et åbent mindset

Ligegyldigt hvordan du vender og drejer det, starter alle forandringer med, at du drømmer om noget andet. Det kaldes en væksttankegang og den evne besidder vi alle. Det er dog ikke alle, der har vedligeholdt dette tankemønster og derfor er det for nogle mennesker lidt angstprovokerende og svært at kaste sig ud i noget nyt.

Når vi skal i gang med at skabe en forandring og sætte nye mål for din fremtid, er styrker et enestående redskab, når det handler om at opnå succes med dine målsætninger. Vi ved jo fra de tidligere øvelser, at når du arbejder med dine styrker, er du naturligt engageret og motiveret til at løse opgaver. Så når vi skal i gang med at sætte målsætninger, er det derfor vigtigt, at vi lægger mål og udviklingsplaner, så du kan trække på dine styrker.

Denne øvelser starter derfor med, at du prøver at stille dig mentalt ind på de følelser og indre dialoger du har, når du tænker på, om du har evner til at opnå det, du drømmer om.

Lad mig give dig et eksempel. Jeg hører tit fra folk, at de gerne vil noget andet, at de savner udfordringer, men er usikre på, om de er dygtige nok eller om de nogensinde kan lære det, der skal til. Denne usikkerhed sætter sig som angst og frygten for at fejle og ikke være dygtig nok. Har du tilsvarende frygt, når du tænker på fremtiden og på de ønsker, du har?

Eller tænker du, at selvom du ikke kan det hele nu, har du tiltro til, at du kan tilføre dig viden og værktøjer, som understøtter dine styrker og talent, og derfor får dig til at rykke fremad? Er du åben for læring, som kan give dig den viden, du har brug for for at nå dine målsætninger? Denne slags indre dialoger er understøttende og får dig til at undersøge muligheder, der kan give dig den viden, du har brug for. Det er et åbent tankemønster.

Hvis du sidder med førstnævnte tankemønster og frygten for at fejle fylder dit sind og forhindrer dig i at gå fremad, så er det vigtigt, at du lige stopper op og trykker på pauseknappen til dine tanker. Stil nu dig selv følgende spørgsmål: "Er mine tanker virkelig den eneste sandhed? Eller er der andre sandheder?".

Faktisk er der andre sandheder. Din hjerne er nemlig en sansemaskine og den har det bedst, når alle brikkerne til puslespillet passer og danner rammen for et færdigt og genkendeligt billede. Det er trygt og rart og den skal ikke bruge så meget energi på at skabe nye forbindelser. Men når du møder frygt, er det vigtigt, at du begynder at stille dig selv spørgsmål som "hvad er det værste, der kan ske?" og begynder at skabe indre dialoger som "hvis jeg fejler, så lærer jeg" eller "jeg kan lykkes med det, jeg sætter mig for" eller "jeg ved, mit team vil hjælpe mig".

Forstil dig, at dit sind er som et lille barn, der skal til at lære og gå, og erstat frygten med opløftende og motiverende indre dialoger på samme måde, som du ville støtte et lille barn, der skal til at tage de første spæde skridt. Disse opløftende og støttende dialoger, gør dig tryg og åbner dit sind og din kreativitet, og hjælper dig med at finde nye metoder og værktøjer, der understøtter din udvikling. Din hjerne kan ikke skelne mellem fiktion og virkelighed, den tror på det, du fortæller den. Så når du ikke længere begrænser dig selv, men i stedet åbner dit sind, udvider du din horisont, så du kan se både skoven og træerne.

Lad dig ikke begrænse af din frygt, men lad dig i stedet motivere af, at du kan lære noget om dig selv, og tillad dig selv at gå på opdagelse i, hvad du i virkeligheden kan udrette. Selv om du kan være angst for ikke levere det forventede resultat, så kan du altid vælge at nyde processen og vejen derhen.

Når du udfordrer dine indre dialoger, finder du styrken til at gå efter de ønskede mål.

Positive indre dialoger:

- Hjælper dig med at tænde op for din motivation og gå på opdagelse i, hvor og hvornår du er bedst i forhold til de resultater, du ønsker at opnå.
- Giver dig blod på tanden og får dig til at nyde processen og vejen derhen i lige så stor grad som resultatet.

- Udvider din horisont og dine muligheder for vækst og udvikling. Det giver dig mulighed for at gå på opdagelse i at finde dit kald i livet og hvad der er bedst for dig. Du behøver ikke din leders tilladelse til det, du har friheden til at se dig selv fra nye vinkler.

Når du sætter mål for dig selv, hjælper det at være specifikt. Det nytter ikke at sige, jeg vil bare gerne være gladere og mere engageret. Du bliver nødt til at gå et spadestik bydere og finde ud af, hvordan du kan blive gladere og mere motiveret i dit arbejde.

Begynd at stille dig selv følgende spørgsmål: Hvad kan jeg selv gøre for at understøtte vækst, der både vil tjene mig selv, mine kollegaer og organisationen? Hvordan kan jeg levere værdi, der tjener alles formål?

Når du begynder at tænke på denne måde, åbner du dit sind og styrker dine positive følelser. Disse positive følelser giver dig blod på tanden og dit sind begynder at arbejde videre helt automatisk. Måske tænker du: "Jeg vil skabe og forbinde et netværk af troværdige og inspirerende mennesker, der sammen med mig, har lyst til at udforske nye måder vi kan indtage markedet på". Når du tænker på denne måde, sætter du et udviklingsmål for dig selv, der fylder dig med positive følelser og gør det sjovere for dig at gå på arbejde.

Når du skal sætte gode mål for dig selv, så er det ligesom at kigge gennem en kikkert. Desto mere specifik og målrettet du kan være, des bedre er det. Ja, jeg ved det kan være lidt abstrakt, så her får du lidt hjælp.

Forestil dig en stige med trin nummereret fra nul i bunden til ti øverst. Toppen af stigen repræsenterer dit ønskede mål, altså det du ønsker dig. Nederste trin på stigen repræsenterer det værst mulige liv for dig. Nå du tænker over dit liv, som det er lige nu, på hvilke trin står du så? Tænk så på, hvis der ingen begrænsninger var og hvis alt var muligt for dig, hvor på stigen vil du så gerne stå om et år? Hvilke specifikke mål vil du sætte, for at opnå det, du ønsker?

Arbejdsark: Sådan forvandler du håb til handling

Når det kommer til at flytte dig fra, hvor du er i dag, til hvor du vil være i morgen, anbefaler forskning at have en plan A, B og endda C. På den måde kan du trække på forskellige planer, når og hvis du møder udfordringer. Selv hvis du skulle møde helt uoverskuelige forhindringer, viser undersøgelser, at du har langt større succes med at komme i mål, hvis du på forhånd har lavet strategier og tænkt worst case scenarier igennem.

Når du på forhånd gør dig disse overvejelser, bliver du ikke så let distraheret af de udfordringer du møder. I stedet forbliver du målrettet og trækker på din viljestyrke til at forsætte med at handle og gå efter det langsigtede mål.

Det er helt naturligt, at vi møder udfordringer i en transformationsproces. Det kan være alt fra mentale barrierer til udefrakommende forhindringer som sygdom, nedskæringer på jobbet eller som i skrivende stund, hvor Covid19 har indtaget verden og både har taget liv fra mennesker og virksomheder.

Men der er også gode nyheder her, for vores hjerne opretter og skaber hele tiden nye forbindelser, ligesom hvis du forstiller dig en GPS, hvor vejen er lukket, der er trafikprop eller vejarbejde, bliver du automatisk guidet til at køre en anden vej. Det samme gælder for denne øvelse, hvor du skal forudse tre forhindringer, for så bagefter at finde på tre løsninger.

Øvelsen starter med, at du tegner en rund cirkel på et stykke papir og skriver inden i midten "jeg er her" (status quo). Ud fra cirklen tegner du streger, lidt lige som en sols stråler, og antallet af streger afhænger af kompleksiteten af de problemstillinger, du forestiller dig. De bedste problemstillinger kommer, når vi giver os selv lov til at tænke worst case scenarier igennem og lege djævlens advokat.

Lige nu leger vi, og ja det kan lyde helt fjollet, at vi leger med din stillingsbeskrivelse og dine fremtidige jobønsker, men det er vigtigt for denne øvelse, at du giver dig selv lov til at eksperimentere med nye måder, hvor du kan tænke dine styrker ind.

Tænk på denne øvelse, som om det er en livsglædestimulator, der viser, hvad skal der til for at gøre dit arbejdsliv fuldendt og hvilke forhindringer kan opstå.

Når du tænker dine barriere helt ud på forhånd, vil hjernen automatisk hjælpe dig med at finde løsninger og ofte kommer der de mest fantastiske løsninger. Prøv dig frem, jeg lover dig, du vil blive overrasket over dig selv og dine evner. Der er så meget skjult visdom i vores underbevidsthed, som vi aldrig rigtig har lært at lytte til og kigge på.

Hvis du kæmper lidt med denne øvelse, så jeg vil nu vise dig en teknik, der har hjulpet mange mennesker med at komme videre i processen.

Prøv at skive seks problemstillinger eller forhindringer ned, eller bare så mange du kan. Bare skriv det ned, der kommer til dig, og lad dig ikke distrahere af tanker, der modstrider processen. I denne øvelse er der ingen rigtige eller forkerte svar. Så længe de grammatisk afslutter sætningen. Det er også helt okay, hvis dine svar er i modstrid med de andre svar, der kommer til dig.

Find din notesbog frem og prøv at fuldføre disse sætninger så hurtigt og med så mange afslutninger som muligt.

Hvis jeg de næste seks måneder oppede mig og var 5 % mere målrettet på arbejdet, vil jeg opnå ...

Hvis jeg de næste seks måneder brugte mine styrker 5 % mere på mit arbejde kunne jeg opnå ...

Hvis jeg de næste seks måneder kunne komme 5 % tættere på det mål jeg har sat mig, vil jeg opnå ...

I løbet af de næste seks måneder kan jeg gøre mit arbejde 5 % mere spændende og sjovt, hvis jeg ...

Med denne øvelse, vil du opdage, at når du tør tænke ud af boksen og tage chancer og ikke lade frygten dæmpe din kreativitet og mod, så åbner og udvider du din horisont for, hvad der i virkeligheden er muligt.

Uanset hvilken tilgang vi bruger, når vi lægger strategier, er målet, at vi få dem brudt ned til bittesmå, håndterbare handlinger. Ligesom hvis du forestiller dig legoklodser og hvor hver lille klods bringer dig tættere på det endelige resultat, og hver klods hjælper dig med at udvikle dine styrker og opbygge din selvtillid indefra og ud.

Vær derfor så specifik som muligt, stil dig selv hv-spørgsmål, hvor, hvornår og hvordan er altid nyttige spørgsmål, når du skal bryde tingende ned.

For eksempel: "Jeg vil trække på min styrke *Nysgerrighed* den næste måned til at udarbejde en liste over troværdige og inspirerende samarbejdspartnere og derefter invitere dem til at deltage i mit netværk".

Selvfølgelig er det vigtigt at være opmærksom på, at der er aspekter af dine mål du har kontrol over og andre, hvor du ikke har kontrol. Men giv ikke op, nogle mål kræver lidt held og god timing, imens andre kræver god støtte fra netværk og familie.

Sørg for, at du lægger din energi og indsats der, hvor du har størst indflydelse og lov mig at give slip på resten, altså alt det, du ikke kan forandre. Jeg lover dig, at du vil finde det nyttigt at arbejde med dit åbne mindset i denne øvelse, for det kræver, du tager det fulde overblik og ikke lader dig forhindre af de små bump på vejen.

Når du skal lave en plan B, kræver det, at du igen tør udfordre dine tanker og tro på din intuition. Plan B bliver stærkere, hvis du i forvejen har gjort dig nogle tanker, om de mulige udfordringer du kan møde.

Så tænk nu på de mål, du har sat dig for. Hvilke småændringer vil udvikle dine styrker i den ønskede retning? Er det indenfor din kontrol og bevæger det dig tættere mod dit mål? Dette er plan A. Hvad er din plan B? Og din plan C? Er det de bedste planer, du kan forestille dig? Får du fuld valuta fra dine styrker i alle tre mulige planer?

Træn din viljestyrke

I det store og hele ønsker vi alle at forfølge de mål vi har sat os for, men selv når vi føler os virkelig engagerede i at foretage positive ændringer, kan det til tider være udfordrende og svært at ændre vaner og fortsætte med alle vores gode intentioner.

Vi bliver distraherede, livet afbryder os, vi bliver for travle og vi vil til tider føle os energiforladte. Før vi ved af det, er de planer vi har sat os for på vej til at glide ud i sandet. Vi håber, at vores viljestyrke og selvkontrol vil overtage og hjælpe os med at bevæge os fremad. Men selv med de bedste intentioner, vil vi opleve, at vi bliver drænet og løber tør for energi.

Sandheden er, at det at gøre dine håb til virkelighed, kræver en engageret og dedikeret indsats af dig.

Vi ved alle, at selvom vi spiser et stykke broccoli et par gange om ugen, bliver vi ikke ligefrem sundere, eller hvis vi indimellem tager os en lille løbetur, kommer vi heller ikke i bedre form.

De mål vi har sat os for, kræver vedligeholdelse og regelmæssige ugentlige og daglige handlinger. Dine nye vaner skal trænes regelmæssigt ellers opnår du ikke de resultater, du har sat dig for, og den effekt det har at udleve dine styrker og fulde potentiale.

Når du i en forandringsproces trækker på dine styrker, vil det være lettere for dig at opretholde motivationen og gejsten, fordi stierne i din hjerne er skabt på forhånd, men alle mål og forandringer kræver din fulde opmærksomhed og regelmæssig træning. Når du udvikler dig indenfor dine top-5 styrker, vil du hurtigere opnå de mål, du har sat dig for, og det meste af tiden vil du være engageret og føle glæde, hvilket vil motivere dig til at fortsætte din fremdrift og rejse.

Indimellem er det vigtigt at stoppe op og se på, om dine mål skal tilpasses og forbedres for at opnå endnu bedre resultater. Nogle gange bliver vi også nødt til at vælge en helt ny vej, hvis vi er på vej ud ad en tangent, der ikke gavner vores proces og mål. Lyt til din intuition og giv dig selv tid til refleksion. Oftest finder vi svarene, ved blot at lytte til vores maveformemmelse.

Personligt benytter jeg mig af daglige meditationer og en dagbog. Her skriver jeg hver dag de mål, jeg har for dagen. Og bagefter benytter jeg meditationerne og mentaltræning til at forestille mig, at jeg kommer i mål med det, jeg har sat mig for. Jeg fejrer altså mine succeser for dagen på forhånd. Denne øvelse kalder jeg "en lykkelig slutning".

Er du mere til de digitale løsninger i form af apps, er der et større udvalg på markedet, som kan hjælpe dig med at måle dine fremskridt. F.eks. Goals on track eller Strides ved jeg er gavnlige værktøjer for mange.

Samtidig er det vigtigt, at du har opbakning fra dit netværk. Undersøgelser viser, at mennesker der laver nytårsforsæt, er mere tilbøjelige til at bevare motivationen i mere end to år efter deres målsætninger, hvis de har fået opbakning fra deres nærmeste.

Dine kollegaer, leder, venner og familie motiverer dig, tilbyder positiv feedback og værdsætter den indsats, du har gjort.

Stil gerne krav til din omgangskreds og find de mennesker, der kan være med til at følge din udvikling og som har tid og lyst til at være der for dig. Hvis du ikke har nogen i din omgangskreds, så alliér dig i stedet med en coach eller mentor, en person der følger dig i tykt og tyndt gennem din rejse. Ved at committe dig med et andet mennesker, der tør udfordre dig og ikke nødvendigvis er følelsesmæssigt involveret med dig, har du større chance for at opnå dine mål.

Du kan også lave en commitments-kontrakt – altså skriv ned på et stykke papir eller optag en lille video til dig selv, hvor du fortæller højt hvad du committer dig til. Lav et væddemål, sæt noget på spil, hvad vinder du, når du er i mål? Et spaophold, god middag med dine venner? Hvis du ikke kommer i mål, hvad vil du så tabe? Gør det konkret, det kan være penge i form af en lille donation til en fond eller forening, der betyder noget for dig. Gør det sammen med din coach eller dine gode kollager. Det gør det hele meget sjovere. Sæt noget på spil.

Alternativ er der også apps, der kan hjælpe dig. Den jeg henviser til, er udviklet af Yale-økonomer og hedder *stickK*. Download appen og opret en profil og din målsætning. Gør, hvad der følelse rigtig for dig. Personligt har jeg selv altid brugt en mentor eller en coach, fordi jeg har brug for den personlige sparring og det nærvær et andet menneske kan give mig til at komme videre.

At tage ansvar for egen udvikling er ligesom at være forfatter i dit eget liv. Du kan få ting til at ske eller du kan forhindre dem i at ske. Du skriver selv din livshistorie, så hvorfor ikke skrive en bestseller?

Så hvad er din drøm? Hvad håber du på at opnå med dit arbejdsliv, hvem kan hjælpe dig og hvem kan støtte dig på din rejse? Kan disse personer opmuntre dig og hjælpe dig med at bevare din motivation?

Case af Dorte Alex Lensfelt

Sådan designede Helle en styrkefuld fremtid for sig selv og sine medarbejdere

For nogle år siden, til en af mine styrkeworkshops, var jeg så heldig at have Helle med som deltager. Helle var på det tidspunkt lige blevet udnævnt til CEO for en dansk salgsorganisation.

Hun havde i mange år været en del af virksomheden og havde været højre hånd for den daværende CEO samtidig med, at hun var ansvarlig for kundeservice/salgsback-up. Hun havde i en del år kæmpet lidt med at finde energien og gejsten til både at kunne levere på jobbet og passe på sig selv og sin familie.

Hendes tidligere chef, der nu var fratrådt, havde sat dybe aftryk i organisationen, da han i en del år havde drevet virksomheden ud fra et fastlåst mindset, der handlede om, at medarbejderne skulle udvikles via deres svagheder og hvor fejl blev straffet med verbale eller skriftlige skideballer.

Selv om Helle var glad for, hun havde sagt ja til at overtage ansvaret og havde mange gode hensigter med, hvordan kun ønskede at ændre og udvikle forretningen, var hun stadig påvirket af den kultur, som hun og medarbejderne havde arbejdet i i årevis. I hendes sind var hun bange for at fejle og ikke lykkes med opgaven.

Da Helle afsluttede VIA-undersøgelsen og mindsetundersøgelsen opdagede hun, at hendes styrker var *Ærlighed*, *Nysgerrighed*, *Social Intelligens*, *Fairness* og *Håb*. Derudover havde hun som grundlæggende tankemønster et åbent mindset. Hun var lidt overrasket over, at *Lederskab*, *Mod* og *Humor* ikke var højere på hendes liste, da disse styrker altid havde været en væsentlig del af hendes liv. Hun havde altid mødt livets udfordringer med et åbent og nysgerrigt sind, og blev rigtig glad for at få bekræftet, at hun grundlæggende havde et åbent mindset.

Efter Helle havde reflekteret over det, kom hun frem til, at *Humor* og *Lederskab* ikke havde været velset og værdsat af hendes leder, og at det måtte være derfor, hun havde undertrykt disse sider af sig selv. Det til tider anstrengende arbejdsmiljø havde sat sine spor og nu hun var endnu mere opsat på, at hendes nuværende opgave var at skabe langt bedre vilkår og arbejdsmiljø for medarbejderne.

Efter at have undersøgt, hvordan Helle brugte sine styrker på arbejdet, begyndte hun at forstå, hvordan hendes gyldne øjeblikke og styrkeflow kom til udtryk i hendes arbejde. Hun nød virkelig at coache, udvikle og guide salgsteamet og se, hvor den enkelte medarbejder kunne få succes sammen med deres samarbejdspartnere og kunder. Hun havde også lagt mærke til, at når hun benyttede styrken *Mod* i bestyrelseslokalet, blev hendes stemme hørt på lige fod med alle andres.

Derudover ville Helle gerne have mere fokus på *Humor* og arbejdede på at fremhæve og bruge denne styrke meget mere i hendes og medarbejderens hverdag. Hun ville gerne fra en nulfejlskultur til læringskultur, hvor humor var en del medarbejdernes måde at lære på og komme videre efter fejl.

For at komme videre i processen bad jeg Helle om at skrive ned, hvor hun ønskede at være om et år. Hvis alt var muligt og det skulle være det bedste år, både arbejdsmæssigt og personligt, og hvis økonomi ikke var en hindring for at nå målet.

Helle havde sagt ja til jobbet, forbi hun mente hun ville kunne gøre en forskel både på den menneskelige og økonomiske bundlinje. Hun havde et stort ønske om, at den enkelte medarbejder skulle føle sig som en succes samtidig med, de skulle have det sjovt. Derudover ønskede hun også at få mere energi til at passe på sig selv, få en stærk krop og komme i god form. Hun havde i årevis tilsidesat sig selv og følt sig drænet efter arbejde.

Nu hvor vi havde skabt en klarhed omkring Helles fremtid, skulle vi lægge en plan, der kunne hjælpe Helle med at flytte sig fra, hvor hun var i dag til der, hun ville være om et år.

Helle besluttede, at hendes ønske var at forløse sælgernes potentiale og bringe deres indsats og arbejdsglæde op på et endnu højere niveau, imens hun selv ville have fokus på sit helbred og sin livsglæde de næste tolv måneder. Målet var klart, det var specifikt og det var målbart.

Først skulle hun bruge sin styrke *Håb* og trække på den undertrykte styrke *Mod* for at få bestyrelsen til at godkende at ansætte en sælger mere. I mange år havde hun hørt, at sælgerne havde haft for travlt, hvilket gjorde, at de ofte var stressede og vrissede af hinanden.

Efter gennemgang af kunder og økonomi fandt Helle ud af, at dette var sandt. Hvis de skulle vækste på den menneskelige og økonomiske bundlinje, var hun nødt til at ansætte en kollega mere. Som tallet så ud nu, hindrede de selv deres økonomiske vækst, da der simpelthen ikke var hænder og timer nok i døgnet til at servicere kunderne optimal.

For det andet måtte Helle bruge sine styrker *Social Intelligens* og *Ærlighed* for at få medarbejderne til at føle sig trygge i lederskiftet, så hun kunne vinde deres tillid og få dem overbevist om, at hun havde bedre ønsker for deres fremtid end den tidligere leder. Hun ville have dem til at forstå, at hun oprigtigt ville dem og at hendes hensigt og ønske for at udføre lederskab handlede om at skabe resultater gennem mennesker og ikke at udnytte mennesker til at opnå egen succes og anerkendelse fra bestyrelsen.

For at bevare de gode intentioner og hensigter måtte Helle sikre, at hun fik nok søvn, sund kost og mulighed for regelmæssig træning og minde sig selv om at finde masser af lejligheder og grunde til at dyrke sin styrke *Humor*.

Disse tre konkrete målsætninger ville alle trække på hendes top-5 styrker og styrker, der lå lige under. Styrker som Helle kunne trække på og få gavn af for at komme i mål. Næsten alle tre målsætninger var inden for hendes kontrol. For at hjælpe Helle med at navigere i de forhindringer, der kunne opstå eller komme i vejen, fandt vi frem til, at bestyrelsen altid kunne vælge at sige nej til ansættelse af en sælger. Ligesom der var risiko for, at hun ikke vandt medarbejderens tillid. Og arbejdsdagene kunne godt gå hen og blive så lange, at det ville gå udover hendes gode intentioner om at ændre livsstil og dårlige vaner.

Til sidst fandt Helle idéer til, hvordan hun kunne opretholde sin viljestyrke. Hun oprettede et Excel-ark og lavede et diagram over sine målsætninger for sig selv og sine medarbejdere. Hun gav sig god tid til at finde ud af, hvilken profil hun ønskede, skulle ind i teamet. Hun bad mig om at være hendes mentor og hjælpe hende med at bevare overblikket og holde hende til ilden, både på hendes lederskab og på sit fysiske og mentale helbred.

Sammen satte vi nu konkrete mål for hendes hverdag, der skulle måle hendes glæde og energiniveau for dagen på en skala fra 1-10, hvor 1 var det laveste og 10 den højeste score. Hver fredag lavede hun en kaffeaftale med sig selv på en halv time, for at reflektere og fejre de tiltag, hun havde foretaget sig i ugens løb, som havde bragt hende tættere mod de mål, hun havde sat sig for.

Disse små daglige skridt gjorde, at Helle nu kunne anerkende sin egen indsats ved at se sine fremskridt samtidig med, at hun følte sig tryg og havde god støtte under hele transformationen.

Dette år vækstede organisationen omsætning med mere end 20 %, de fik et par ekstra hænder og medarbejdernes trivsel var stærkt opadgående. Derudover tabte hun sig 10 kilo og hendes mentale og fysiske helbred kom i topform. Hun fandt nærvær og balancen, hun transformerede sine drømme til håb og nedbrød dem til konkrete og overskuelige handlinger, der gjorde, at hun udlevede dem.

Arbejdsark: Kortlægning og design af din fremtid

Forskning af Shane Lopez, der er verdens førende forsker inden for håb, viser, at ved at investere i håb og bruge denne evne til at designe sin fremtid, vil vi mennesker opnå øjeblikkelige fordele. Brug derfor denne øvelse til at kortlægge dit håb for fremtiden. Husk, håb er ikke det samme som ønsker. Et ønske er passivt, imens håb er aktivt.

Når du kortlægger dine håb for fremtiden, anbefaler Shane Lopez at du tænker dine styrker ind. Altså designer en styrkefuld fremtid, hvor du 80 % af din tid arbejder med ting, der interesserer og optager dig, og som du kan se mening med.

Dette arbejdsark guider dig gennem øvelsen og hjælper med at sammensætte alle de ting, du lige har lært fra de forrige kapitler. Brug dit åbne mindset og lad ikke bekymringer eller frygt styre dine valg og beslutninger. Hold i stedet dit fokus på alt det, du håber fremtiden vil byde på, og se dig selv med lyse, venlige og positive briller. Bare giv dig selv plads til at give den gas. Sørg for at have dit ark tæt på dig, så du kan skrive alt det ned, der kommer til dig.

Øvelse

1. Forestil dig en stige med trin nummereret fra nul i bunden til ti øverst. Toppen af stigen repræsenterer den bedst mulige fremtid. Bunden af stigen repræsenterer det værst mulige liv for dig.
   På hvilket trin på stigen vil du sige, at du i øjeblikket står? Hvilket trin på stigen ville du være begejstret og stolt af at stå på om tolv måneder fra nu? Vær nu helt specifik og klar i din målsætning, hvis dette år skulle være dit bedste og du ikke skulle bekymre dig om økonomi, helbred eller hvad andre siger, hvilket mål vil du så sætte for dig selv? Skriv dette ned under overskriften Mål.
2. Tænk nu på de små, håndterbare og konkrete skridt du kan tage, for at udvikle dine styrker, som er inden for din kontrol og som vil bevæge dig nærmere dit mål.
   Hvis du synes, det er svært, vil jeg anbefale dig at kigge tilbage på øvelsen, du lavede i afsnittet, der handlede om at gøre dine håb til handlinger på. Husk, at du som minimum skal have en plan A, plan B og plan C. Sørg for, at du i hver plan trækker på dine oplevelser af styrkeflow og sæt dine top-5 styrker i spil eller træk på styrker, du ønsker at fremhæve for at komme i mål.
3. Notér nu ud fra hver plan de forhindringer, du forestiller dig, kan dukke op og som kan bremse dig og komme i vejen for dit mål. Disse forhindringer kan være relateret til tid, ressourcer, netværk, omgangskreds eller andre elementer, enten inden for eller uden for din kontrol. Vær så ærlig som mulig over for dig selv. Husk, undersøgelser antyder, at det er mere sandsynligt, at vi når vores mål, når vi på forhånd har forudset og fundet løsninger på de udfordringer, vi kan møde på vejen.

4. Rundt om kanterne på siden kan du skrive, hvad du kan gøre for at opretholde din viljestyrke. Find frem til, hvordan du vil måle dine fremskridt. Hvem vil du bede om støtte? Hvornår og hvordan vil du fejre din indsats? Sæt gerne masser af delmål, da det hjælper dig med at se fremskridt og være vedholdende.
5. Læg dit arbejdsark et sted, hvor du kan se det hver dag. Det vil hjælpe dig med at give dig den energi og selvtillid, du har brug for, for at skabe en opadgående spiral af lykke, succes og tilfredsstillelse. Disse følelser er din drivkraft og giver dig lysten til at fortsætte og komme i mål med din styrkefulde fremtid.

Tegn et skema som dette på et stykke papir, som du kan have med dig.

3 VEJE	UDFORDRINGER PÅ DE 3 VEJE	MÅL

Kapitel 6: Hvordan du kan bibeholde motivationen og levere stabile og langvarige resultater via dine styrker

Nu hvor du har fundet dine styrker, lavet en plan for din fremtid, er motiveret og glæder dig til at komme i gang, er det tid til at handle.

Men hvordan får du det til at passe ind i din hverdag? Din arbejdskalender er i forvejen godt fyldt op med gøremål, så måske har du svært ved at se, hvordan du finder tiden til at prioritere og udvikle dine styrker i en forvejen travl hverdag.

Her har jeg gode nyheder til dig. For når det kommer til at ændre adfærd, viser undersøgelser, at små, regelmæssige handling er den bedste måde at skabe varige ændringer på. Årsagen er, at når du bryder dine nye vaner ned til små handlinger, eller babysteps om du vil, der er overskuelige for dig, bliver du ikke så udmattet.

I stedet begynder du at glæde dig over de små succeser og fremskridt du gør. Når du flytter fokus fra frygten for at fejle over på glæden og tilfredsstillelsen ved at vinde, bliver du positivt overrasket over dine fremskridt, og du er nu i gang med en opadgående og positiv spiral, der løfter dit sind.

Måske føler du dig lidt overvældet og tænker, hvordan kan små ændringer skabe så store forandringer. Men der er ingen grund til at fortvivle helt, for i dette kapitel viser jeg, hvordan du kan udvikle dine styrker på bare 11 minutter om dagen, hver dag, og skabe de varige ændringer, du har drømt om og sat dig for. Jeg lover dig, at gevinsten ved at udvikle dine styrker er stor. Denne lille styrkerutine, vil føles som en daglig gave, du vil se frem til. Hvem elsker ikke at bruge deres tid der, hvor de er bedst? Denne øvelse vil fylde dig med selvtillid og glæde, og sikre dig langvarig motivation.

Afsæt tid til at dyrke dine styrker

Forskere fra MIT University antager, at op til 40 % af dine handlinger ikke er bevidste valg, men blot vaner. Det svarer til, at du bruger ca. seks timer om dagen på handlinger, der nødvendigvis ikke gør dig glad og fylder dig med energi. Ikke underligt, at William James, psykolog, filosof og ophavsmand til moderne psykologi, advarede os for næsten 100 år siden om, at:

"Hele vores liv er bygget op omkring et mønster af vaner, der mønter sig på praktisk, følelsesmæssig og intellektuel-systematisk, organiserede handlinger, der enten kan føre os til større velbefindende eller større sorg, der i sidste ende er med til at afgøre vores skæbne og livshistorie, uanset hvad sidstnævnte måtte være."

Med andre ord, du har selv stor indflydelse på din skæbne, dit liv og din historie, dine handlinger bringer dig enten tættere på det, du drømmer om eller længere væk.

Men jeg er helt med på, det er lettere sagt end gjort. At ændre vaner er for mange rigtig svært og jeg vil her forklare dig hvorfor, denne viden var desuden en stor øjenåbner for mig.

Undersøgelser viser, at 80 % af nytårsløfter går i vasken hvert år, fordi det at bygge positive livsvaner kan være hårdt arbejde. Hvorfor? Fordi vi tror, det at bygge nye livsvaner er nemt, vi tror vi kan gå fra nul til 100 på et øjeblik ved kun at trække på vores viljestyrke, der vil hjælpe os til at opnå det ønskede resultat. Psykologer har opdaget, at problemet med denne tilgang er, at jo mere vi bruger vores viljestyrke i løbet af en dag, jo mere slidt bliver den, hvilket gør nye vaner vanskelige at opretholde. Med andre ord er vores viljestyrke som en muskel, den kan blive træt og udkørt.

Heldigvis har forskere ved MIT University fundet frem til, at der er en simpel neurologisk lykke i kernen af enhver vane. Lykken er delt op i tre simple trin: Skab signal, udfør rutine og få belønning.

Over tid bliver denne lykke-vane, baseret på signal, rutine, belønning, mere og mere automatisk, indtil vanen er indgroet som en daglig ny vane.

Ved at bruge denne model til at opdele en vane i disse tre delelementer, bliver det muligt at skrue på tandhjulene, hvilket vil gøre dine styrkevaner lettere, mere underholdende og varige.

Det gør det muligt at realisere William James' råd om *"at gøre dit nervesystem til din allierede livspartner og bedst betroede ven"*.

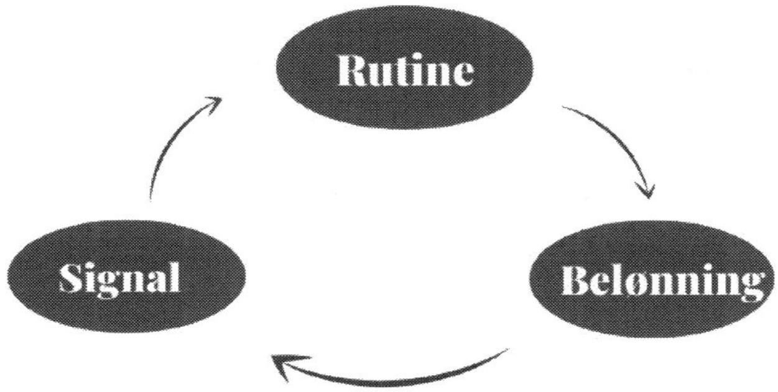

Beskrivelse af øvelse:

Skab et signal. Studier viser fundet, at et signal kan skabes, hvor som helst. Det kan være alt fra en visuel trigger, som et stykke chokolade eller en tv-reklame, et bestemt sted og tidspunkt på dagen, en følelse du fremkalder, en bestem række tanker eller at være sammen med et bestemt selskab af mennesker. Signalet du laver, skal bare være så enkelt og klart som muligt.

Når du skal ændre vaner, er der et par forskellige tricks, som jeg nu vil fortælle dig om. Jeg giver her tre forskellige måder, hvorpå du kan erstatte og ændre vaner. Prøv dem af at se, hvad der virker for dig. Nogle mennesker, synes det en god ide at erstatte en eksisterende vane med en ny. På den måde laver du ikke om i dine rytmer, men blot dine eksisterende vaner. De fleste mennesker har deres morgenrutiner, stå op og gøre sig klar til arbejde; når de kommer på job, tænder de for computeren; spiser frokost, ofte sammen med de samme kollegaer; på et bestemt tidspunkt forlader de kontoret og tager hjem, henter børn, handler, laver mad, ser tv, osv.

Du kan også forberede et signal, som minder dig om den nye vane. Du kan forberede det, jeg kalder for et "wakeup call". På den måde "falder" du nærmest over din nye vane. Lad mig give dig et eksempel: Forestil dig at lægge dit vækkeur oven på dit løbetøj, så det ligger klar til, du står op, eller lægge den artikel, du vil læse på tværs af dit computertastatur, eller vedhæfte en Post-It-note på dit bilrat, der skal minde dig om, at du vil takke en kollega for deres indsats hver dag, inden du går hjem.

En tredje måde, du også kan oprette et signal, er ved at forberede din hjerne på at udføre en bestemt adfærd i en bestemt situation. F.eks.: Når jeg ankommer til restauranten, så bestiller jeg den sunde salat, eller når jeg kommer på arbejde, så bruger jeg ti minutter på at tjekke ind med en kollega, eller når jeg spiser min frokost, så undersøger jeg en ny idé.

Du kan kombinere alle disse fremgangsmåder alt efter, hvad der passer dig bedst, blot du husker dig selv på at udføre det, du har sat dig for. Det, der er vigtigt, er rækkefølgen: Opret et signal, udfør den ønskede handling og beløn dig selv.

Ser du, når din hjerne begynder at forbinde handlinger med belønninger, dukker der en ubevidst trang og lyst op, der giver den lyst til at forsætte. Når du føler trang til at implementere endnu en vane, er denne følelse en trigger, der driver vanen og gør det lettere at danne et nyt signal. Husk på, når signalet udløser den ønskede handling, så giv dig selv et øjeblik, til at nyde den belønning, der vil følge med, og som er med til at automatisere din nye vane.

At opbygge en ny vane og rutine

Forskere har fundet på gode måder og idéer til, hvordan du kan forbedre din hjerne og ændre dine rutiner og vaner via de 24 signaturstyrker. For eksempel kan styrken *Kreativitet* forbedres ved at udfordre dig selv til at tænke på et nyt produkt eller en ny måde at løse en opgave på; *Tapperhed* kan øges ved ofte at gå ud af din comfortzone, som at køre en anden vej til arbejdet eller stille dig op og holde en tale i en forsamling; og *Taknemmelighed* kan løftes ved at tælle alle de ting, du er særligt taknemmelig for i dit liv, hver aften inden du skal sove. Derudover vil jeg gerne dele mine erfaringer fra mit arbejde med dig, hvor jeg har hjulpet hundredvis af mennesker med at udvikle deres styrker på arbejdet. Jeg har samlet nogle af de mest effektive måder til, hvordan du også kan tilføre disse vaner. Forslagene finder du i appendikset sidst i bogen.

Når du har udført din rutine, så sørg for, du også husker at belønne dig selv og giv dig tid til det. I en travl hverdag, hvor alle vores gøremål nærmest er skemalagt og hvor vi suser afsted til næste opgave, kan denne del let overses og glemmes. Men det er faktisk det vigtigste trin, for at opretholde motivationen og viljestyrken. Belønninger er hemmeligheden bag enhver indgroet vane, fordi de udløser en kaskade af dopamin som "føles godt", det er et neurologisk belønningskemikalie, der gør dig sulten efter mere. Det hjælper også med at fremskynde oprettelsen af de neurale forbindelser, du har opbygget, altså de nye stier du træder i din hjerne.

Når du giver en belønning, kan de variere fra oplevelser, der giver behagelige fysiske fornemmelser - såsom mad eller afslapning - til følelsesmæssige gevinster, som følelser af stolthed, der ledsages af ros eller et selvsagt tillykke. For eksempel kan du forkæle dig selv med en grøn smoothie, en afslappende massage eller en ny bog, du kan læse. Eller du kan markere din vane fra din to do-liste ved at sætte et flueben, bruge sociale medier til at dele dine resultater med venner eller dele dine nye tiltag med en coach eller mentor.

Det vigtigste er, at du husker at belønne dig selv, så din hjerne sætter gang i produktionen af dopamin og lysten til at forsætte. Det er vigtigt, du ikke belønner dig selv med chokolade eller alkohol hver gang, det ville være ærgerligt at du tager 10 kilo på eller pludselig får indtaget for meget alkohol, imens du ændrer vaner. Prøv at eksperimentere med forskellige belønninger, og se hvad der fungerer bedst for dig.

Skab styrkebaserede vaner

Mine erfaringer viser, at de bedste resultater opnås ved at starte med at skabe en daglig 11 minutters styrkevane. Det har vist sig at være den mest effektive måde at tilføre og ændre menneskers vaner og opretholde viljestyrken og lysten til at fortsætte. Men hvorfor lige 11 minutter tænker du måske?

Vores liv er så fortravlet i dag. Din chef presser dig til at nå mere, dine projekter kræver din fulde opmærksomhed, din familie og venner ønsker din opmærksomhed og nærvær. Det er som om, vi aldrig har tid nok til at få puslespillet til at gå op. Men selv på din travleste dag, vil jeg mene, du kan finde ti minutter til dig selv.

Måske pendler du til og fra arbejde, venter på et møde starter, eller måske er du et par gange om dagen ude efter kaffe eller bruger en del tid på at tale med dine kollegaer om fejl og mangler ved jeres arbejdsplads.

Så hvis du i stedet kunne erstatte disse vaner, med vaner, hvor du hver dag i ti minutter får mulighed for at gøre det, du er bedst til, ville det så ikke være værd at investerer i?

Da jeg var ansat, syntes jeg aldrig, at jeg havde tid nok og det ofte var en stor frustration for mig, for jeg havde alverdens gode intentioner, om alle de ting jeg gerne ville forbedre og gøre anderledes i min hverdag.

Jeg startede altid godtroende op på mine nye vaner en mandag eller efter en ferie og ligegyldigt, hvor meget jeg prøvede at udvikle mine styrker, gik der ikke længe, før jeg faldt tilbage til de gamle indgroede rutiner. Efterhånden som jeg prøvede mig frem, fandt jeg frem til, at ti minutter om dagen, var realistisk og muligt for mig at finde. Uanset hvad der skete i min hverdag, kunne jeg altid med god samvittighed afse ti minutter.

Jeg fandt tid ved at rejse mig tidligere fra frokost, stå ti minutter før op eller ved at udføre min styrkerutine inden jeg skulle sove. Efter jeg havde tilført mig viden om vores neurologiske forbindelser og ændring af vaner, vidste jeg, at jeg var nødt til at sende signal til min nye vaner og tilføre det en belønning. Derfor tilførte jeg et ekstra minut og døbte den til *'11 Minutters Styrkeudviklingsvane'*.

Uanset, hvor hektisk din hverdag er og hvor mange udfordringer du møder, ved jeg, gevinsten ved at udføre denne styrke udviklingsvane vil gavne og glæde dig så meget, at du simpelthen ikke kan lade være med at prioritere det. Brug denne 11 minutters formel til at forvandle dine håb til handlinger og til at træde nye stier i hjerne.

Case af Dorte Alex Lensfelt
Sådan satte jeg mine styrker i spil

Som særligt sensitiv og med en stor evne til at se i helheder og på tværs, samt en stærk medfødt intuition for forandringer, har jeg altid været hurtig til at skabe resultater og ofte fået lidt større ansvar, end jeg egentlig var mentalt klar til at påtage mig.

Når jeg skulle bygge teams op, var jeg meget bevidst om, at jeg skulle have nogen med mig, hvis styrker lå andre steder end mine egne, for at skabe en vis form for balance i teamet, hvilket gjorde, at vi blev langt mere effektive som team og havde større succes for fælles resultatskabelse.

For nogle år siden, da jeg fik jobbet som HR-direktør i et økonomisk rådgivningshus, havde jeg i stigende grad brug for at investere i mine arbejdsrelationer, da jeg var stærkt afhængig af mit teams indsats og kompetencer, for at lykkes med at implementere en ny talentstrategi. Jeg vidste, det ikke var nok blot at være den uddelegerende leder, jeg var nødt til at investere mere, hvis vi skulle knytte de nødvendige bånd, der skulle til for at løfte i fællesskab.

Taknemlighed var en af mine top-5 styrker, og selvom jeg var ret god til at bruge den til at værdsætte de gode ting i mit liv, indså jeg, at jeg kunne bruge denne styrke til at knytte bånd til andre og forbedre mine relation til dem.

For at udvikle denne styrke besluttede jeg at skabe en daglig taknemmelighedsvane. For at huske det, besluttede jeg mig for at tilføre vanen til den rutine jeg havde, når jeg pakkede sammen og gjorde mig klar til at køre hjem. For at huske mig selv på det, placerede jeg en gul Post-It på mine bilnøgler, hvor jeg havde skrevet "tak en kollega for indsats", blot for at minde mig selv om det. For at tilføre denne vane til mine rutiner, havde jeg skrevet min lille lykkepower rutine ned på min to do-liste, som jeg havde lavet om morgen, for at sikre at den blev husket.

I denne ti minutters rutine besluttede jeg mig for hver dag at identificere en person, der havde været med til at gøre mit arbejde lettere og sjovere. Jeg ville helst prøve at takke personen face to face, men hvis det ikke var muligt, ville jeg give dem et telefonopkald eller en SMS. Uanset udfaldet var det mit mål at gennemtænke en så personlig og specifik tak for deres indsats som muligt. Samtidig var det vigtigt for mig at fremhæve, hvordan deres indsats havde påvirket mit arbejde til at blive et meget bedre resultat og hvor meget jeg værdsatte deres indsats.

For at belønne mig selv indenfor 30 sekunder noterede jeg, hvem jeg takkede, hvorfor jeg takkede dem og deres reaktion på min feedback. På den måde kunne jeg se de forhold, jeg investerede i vokse, jeg kunne nyde de gode ting, der skete, og jeg kunne se virkningen, den lille vane havde på andre ud over mig selv. Når jeg oplevede folks ansigtsudtryk og glæde ved min påskønnelse af deres indsats, føltes det som en ekstra bonus for mig. Begge handlinger udløste motiveringshormonet dopamin, der gav mig lysten til at forsætte med at udføre denne vane og gøre det igen og igen.

Jeg fortalte ikke nogen, hvad jeg gjorde, heller ikke selvom folk nogle gange blev overrasket over, at de blev takket på denne særlige måde. Denne form for feedback var nemlig ikke normen i vores kontorkultur, så selv om jeg gjorde noget, der var anderledes, erstattede dette hurtigt min nervøsitet i takt med, jeg oplevede mine kollegaers positive reaktioner over min oprigtige påskønnelse af deres indsats.

Allerede efter en uge bemærkede jeg, hvordan jeg blev gladere og lettere, når jeg forlod arbejdet. Efterfølgende blev jeg totalt overrasket over den tidevandsbølge af taknemmelighed, der strømmede ind over mig og som pludselig fik mig til at indse, at denne handlig bar mere positivt med sig, end jeg lige havde forudset. Jeg fik ikke kun positiv medvind fra de mennesker, jeg havde anerkendt, men også fra mennesker, jeg ikke rigtig kendte eller havde samarbejdet med.

Jeg oplevede at blive stoppet i elevatoren på vej hjem, der kom e-mails med små noter om min indsats og telefonopkald fra mennesker, jeg ikke kendte, som værdsatte de ændringer, jeg havde igangsat. Min tillid, energi og sociale kapital steg i takt med al den feedback, jeg fik tilbage.

Hvad jeg ikke vidste, da jeg ønskede at ændre denne taknemmelighedsvane var, at det har en automatisk gensidig refleks, hvilket vil sige, at hvis nogen viser os påskønnelse, vil vi naturligt svare venligt igen, også selv om vi ikke handler lige med det samme. Resultatet af denne forholdsvise lille indsats var altså stort, da vores relationer i teamet blev bygget op gennem nærvær og tillid, hvilket viste sig at være den stærke lim, det bandt os sammen.

Ved at sætte denne ene styrke i spil og sætte tid af til at gøre det, jeg gør bedst 11 minutter om dagen, skabte jeg altså så store resultater, at jeg valgte at kalde det for min lykkepower styrkeøvelse.

Arbejdsark: 11 minutters lykkepower styrkeudviklingsøvelse

Brug dette øvelsesark til at skabe en daglig 11 minutters lykkepower styrkeudviklingsvane. Denne øvelse hjælper dig med at realisere de veje, du har beskrevet på dit håbskort.

Start med en vane og når den fungerer godt og bliver en automatisk del af det, du gør hver dag, kan du tilføje den næste vane, og sådan kan du fortsætte med at tilføje nye vaner. Du kan forsætte med at tilføre dig nye vaner, så længe de støtter dig og ikke styrer dig. Husk, at hver lykkepower-øvelse er en gave på 11 minutter, som giver dig mulighed for at gøre mere af det, du allerede gør bedst.

Mængden af tid, det tager for en rutine at blive til en vane, varierer, afhængigt af den type person du er og de ændringer du prøver at foretage. På trods af den ellers populære myte om, at det tager 21 dage at opbygge en vane, antyder nye undersøgelser, at det kan tage mellem 18 og op til 254 dage. Så sørg for at være ekstra opmærksom på at kigge efter, hvor begejstret, effektiv og glad du bliver af din nye vane.

Min pointe er, at du skal komme dertil, hvor du helst ikke vil gå glip af det kick, du får, når du har udført dine lykkepower styrkeøvelser.

Husk, at hvis din vane ikke hægter sig på én af dine rutiner, skal du kikke lidt på, hvad du hægter den nye rutine op på og kigge på belønningen for at sikre, at du får et tilstrækkeligt stort kick af dopamin.

Prøv at starte denne vaneøvelse indenfor de næste 24 til 48 timer, på den måde mister du ikke motivation for den ændring, du ønsker at skabe.

1. **Identificér de styrker, du vil udvikle**. Bestem til hvilken styrke eller klynge af styrker du vil udvikle dine gyldne øjeblikke og styrkeflow. Oplevelserne af styrkeflow er beskrevet på en af dine stier på dit håbskort. Du kan vælge, om du vil tilføre mere energi til en styrke du har underspillet, en du har overspillet eller give mere energi til en styrke du er rigtig glad for at bruge og som du ved, giver dig god energi.
2. **Opsæt et signal på 30 sekunder**. Start med at vælge det signal, der skal signalere til din hjerne, at du skal udføre din nye vane. Gør det nemt ved at forankre den til en vane du allerede har (som at komme ud af sengen hver morgen, turen til arbejde eller når du tænder for din computer), indlejr den i dit miljø (f.eks. at placere dit vækkeur oven på dit løbetøj eller vedhæfte en Post-It-note på dine bilnøgler), eller brug en når/så-erklæring til at forberede din hjerne til at handle i specifikke situationer (som "**Når** jeg kommer på arbejde, **så** bruger jeg ti minutter på at tjekke ind med en kollega").
   Brug en af disse strategier til at starte signalet til den ønskede rutine og brug et øjeblik på at se frem til den belønning, der venter ved afslutningen af din rutine.
3. **Udfør din styrkeudviklingsrutine i ti minutter**. Fordyb dig i en rutine, der giver dig mulighed for at udvikle dine øjeblikke af styrkeflow. For at hjælpe dig med at tænke på rutiner, som du kan oprette for at udvikle dine styrker, kan du kigge i appendikset, hvor alle styrker er beskrevet og hvor jeg kommer med idéer til, hvordan du kan udvikle dem.
4. **Beløn din indsats i 30 sekunder**. Tænk på noget fysisk (såsom en grøn smoothie, en afslappende massage eller en lur) eller noget, der kan tilfredsstille dig (som at sætte et flueben på din to do-liste, brug de sociale medier til at dele dine resultater med venner eller fortæl din coach om din indsats og hvad det har givet dig). Disse nævnte belønninger vil udløse den naturlige strøm af dopamin til hjernen. Jeg

anbefaler, at du gør denne del af øvelsen uden chokolade eller alkohol. Vi er ofte ikke opmærksomme på, hvad der giver os dårlige vaner, så derfor vil jeg være meget opmærksom på ikke at vælge dette til. Prøv dig frem og find ud af, hvilke belønningerne, der virker bedst for dig.

Du vil finde det lettere at implementere denne lykkepower styrkeøvelse, hvis du sørger for at udføre den på samme tidspunkt hver dag. Årsagen er, at din selvdisciplinsmuskel bliver mindre og mindre efterhånden som dagen går. Dine følelser og adfærd, der styrer dine valg, bliver nemmere at udskyde og nedprioritere des længere op ad dagen, vi kommer. Hvis du gør øvelserne tidligere, vil du også frigøre positive følelser, der styrker dit selvværd, selvtillid og lykkefølelse.

Tricket her er at sætte dit mål om at udvikle dine styrker på autopilot og opbygge dine vaner på den rigtige måde. Gode vaner bør ikke begrænse dig, de skal ikke indsnævre dig og de bør ikke være en byrde i dit liv. I stedet skal denne styrkeudviklingsvane, jeg ønsker at hjælpe dig i gang med, frigive energi til dig, så du får lysten til at gøre mere af det, du elsker. Hvis du er klar, vil jeg anbefale dig at placere dit første signal nu, og finde en af dine nuværende rutiner, hvor du kan hægte den ønskede adfærd på inden for de næste 24 til 48 timer.

Ændring af dårlige vaner

Du finder måske frem til, at du i din arbejdsdag allerede har vaner, der ikke styrker dig og gør dig oprigtig glad.

Hvis du ønsker at erstatte en gammel, dårlig vane med en ny styrkeudviklingsvane, skal du finde frem til den rutine i din hverdag, du ønsker at erstatte.

For eksempel har du måske en eksisterende daglig vane, hvor du overspiller din styrke *Social Intelligens* som følger: Når du får din morgenkaffe (dit signal), forkæler du dig selv med noget negativt sladder om den seneste strategi med en af dine kollegaer (din rutine), og forstærker derefter din sociale valuta ved at dele disse oplysninger med den næste person, du møder på gangen (belønningen).

Over tid har du udviklet en stærk trang efter denne vane, fordi du har opdaget, at det at være en kilde til information gør dig magtfuld. Men at sladre og tale negativt om mennesker, er et tveægget sværd, det kommer med en pris for dig og andre, ved at skabe en nedadgående spiral af negativitet for alle involverede.

Du kan ændre vanen og opnå et mere positivt resultat, ved at bevare signalet (få din morgenkaffe) og holde på den belønning, du higer efter (social valuta ved at dele information med andre), men erstatte selve rutinen (sladderen). I stedet for at bruge din styrke af *Social Intelligens* til at forkæle dig selv med negativ sladder, kan du prøve at fremhæve folks positive egenskaber og nedtone deres svagheder. I stedet for at stikke folk i ryggen, må du omtale dem pænt ved ikke at være fordømmende i dine udtalelser. Læg mærke til den positive indflydelse, det har på kollegaer. Mange flere vil have tillid til dig, hvilket vil øge din selvtillid og præstation.

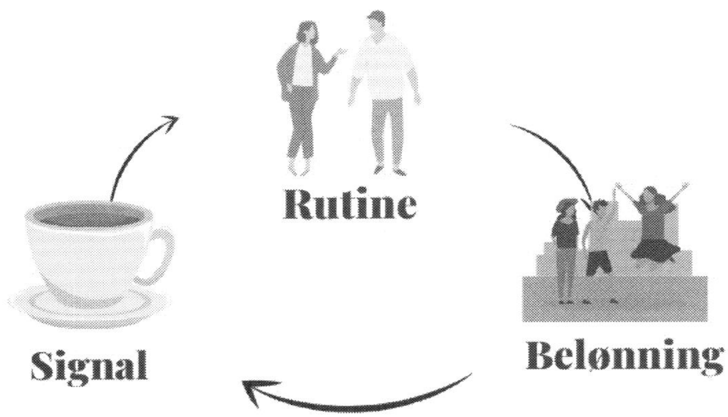

Formlen forbliver den samme: signal, rutine, belønning. Du erstatter simpelthen den rutine, der ikke gavner dig med en styrkeudviklingsrutine, der skubber dig frem mod den fremtid, du ønsker. Forskning antyder, at den sværeste del af permanent at foretage dette skift i den eksisterende vanerutine, er troen på, at ændring er mulig. At fremme troen på, at fremtiden vil blive bedre, er ofte lettere i et miljø, hvor der er andre, der ønsker at foretage samme ændringer. Derfor er det sandsynligt, at det at skabe et "nej tak til negativ sladder" kultur i dit team, vil gøre det nemmere at skifte denne dårlige vane ud med en mere succesrig.

Som Gandhi engang bemærkede, "Som mennesker ligger vores storhed ikke så meget i at kunne genindrette verden som i at være i stand til at genindrette os selv."

Med andre ord, forsøger han at opfordre menneskeheden til at stole på sig selv, for at overbevise os selv om, at vi er i stand til at skabe positive forandringer i vores samfund samtidig med, at vi opnår større moralsk vækst. Altså, vær selv den forandring, du ønsker at se.

Tilpas dine styrker til dit arbejde

Desværre er de fleste jobbeskrivelser, også når vi er selvstændige, ikke bygget op omkring vores styrker. Hvilket betyder, at vores stillingsbeskrivelse i langt højre grad er bygget op omkring andres forventninger til os, hvilket giver os følelsen af, at der aldrig er timer nok i døgnet til at udvikle vores styrker. Men hvad nu, hvis du stoppede op et øjeblik, trådte et skridt tilbage og fandt nye måder, hvor du kunne tilføje håb og vaner ind i dit allerede krævende arbejde?

I videnskaben taler man om jobskabelse, når du indenfor de rammer, som organisationen eller din chef har opsat, finder nye måder og tilgange til at løse dine opgaver på. Du er allerede begyndt at øve dig på jobskabelsesstrategien, hvis du for eksempel har prøvet: At ændre på tilgangen til en opgave, du var ansvarlig for; ændrede i måden du interagerede med en klient eller kollega; omtalt dit job som et højere formål.

Sagt på en anden måde, jobskabelse handler om, at du kan se et højere formål med det, du laver. F.eks. en rengøringsassistent på et sygehus fortæller, at han redder liv ved at sikre, at hospitalet er rent og patienterne derfor kan komme hurtigere hjem, da hans job er med til at sikre, at der ikke kommer yderligere komplikationer til i form af infektioner.

Professor Amy Wrzesniewski fra Yale University mener, at den bedste måde at finde et højere formål i dit job er at bruge et par minutter på at analysere dit job. Tænk på, hvordan du bruger din tid på opgaver og interaktioner med kollegaer eller klienter, det skal være relationer, der er med til at påvirke dit arbejde. Sørg for at opdage de aktiviteter og mennesker, der har en tendens til at bruge din tid og energi hver dag. Del dem derefter op i dem, du nyder, og dem, du føler dig drænet af at være sammen med. De aktiviteter, du nyder at udføre, er normalt en god indikation af, hvor dine styrker allerede ligger. Kan du spotte, hvilke karakterstyrker du udvikler i disse øjeblikke? Afspejler aktiviteterne og personerne de øjeblikke af styrkeflow, som du tidligere har beskrevet? Prøv at tage dit ark eller noter og kig dem igennem. I hvor mange af disse øjeblikke, som du har beskrevet, bruger du allerede dine styrker bedst muligt? Har du allerede små daglige styrkevaner, som du ikke tidligere har bemærket eller vidst, hvorfor du blev glad for?

Min erfaring viser mig, at vi ofte bruger vores styrker meget mere end vi er klar over, så øvelserne her er en måde, hvorpå du kan dykke et skridt længere ned i din jobbeskrivelse og finde frem til, hvad der virkelig fungerer for dig og hvad du kan bygge videre på.

Når du har gjort det, skal du reflektere over, hvad du kunne gøre for at få de gode øjeblikke til at vokse. Tænk det hele i en større sammenhæng, tag dine øjeblikke af styrkeflow, samt dine ønsker for fremtiden, din nuværende jobbeskrivelse og de øjeblikke, som du virkelig nyder. Sæt det sammen med dine fremtidige ønsker for fremtiden og de nye vaner, du ønsker at skabe.

Du kan gøre dette ved at sætte dig ned og skrive alle dine arbejdsopgaver ned. Hvad indeholder dit job? Kig dine opgaverne rigtig godt igennem, hvad giver dig energi og hvad dræner dig for energi? Er der opgaver, som du kan uddelegere, outsource eller gøre nemmere, så de ikke tager så meget af din tid?

Er der opgaver, du kan udvikle og som du helt frivilligt har lyst til at tage ansvaret for? Er der en vane på 11 minutter med styrkeudvikling, der ville kunne hjælpe dig med at tilføre dig det, du ønsker? Er disse ønsker i overensstemmelse med de nye veje/stier du har beskrevet og som vil gøre det nemmere for dig at implementere vanen?

Hvem bruger du din tid sammen med, og hvordan bruger du din tid sammen med dem? Det viser sig, at når det kommer til dit engagement og arbejdsglæde, er det vigtigere, at du trives og har det godt sammen med dine kollegaer, fremfor spændende arbejdsopgaver. Kan du prøve at bruge mindre tid på kollegaer og kunder, der dræner dig for energi eller lægge strategier for, hvordan du ønsker at tilgå dem i fremtiden?

Er der personer du kunne tænke dig at bruge mere tid sammen med? Det kan være mentorer, sponsorer, coaches, partnere, kollegaer eller kunder. Mennesker, der giver dig noget positivt og som kan hjælpe dig med at opnå det, du ønsker dig for fremtiden. Er der en lykkepower styrkeudviklingsvane, der er i overensstemmelse med dine ønsker for fremtiden, som du kan implementere, der kan hjælpe dig med at tilbringe mere tid sammen med de mennesker?

Kan du gentænke og finde mening med nogle af dine mest rutineprægede arbejdsopgaver? Er der ting, du kan gøre for at udforske mulighederne for at optimere og forbedre dem? Det kan være nye samarbejder, netværk du kan spare med eller andre strategier du kan tilføje, for at hjælpe dig med at gøre disse opgaver mere interessante og meningsfulde.

For at gøre øvelsen nemmere, kan du tage et stykke papir og vælge en af dine mest rutineprægede arbejdsopgaver og notere opgaven i venstre side. Spørg så dig selv "Hvad er meningen med denne opgave? Hvorfor gør jeg det? Hvad eller hvem gavner den?". Tegn en pil mod højre og skriv det, der kommer til dig. Hvilke resultater fører mine handlinger til? Hvorfor er det resultat vigtigt og for hvem er det vigtigt?

Blive ved med at spørge dig selv *hvorfor*, indtil du har et svar, der giver mening for dig. Ofte kan mennesker mærke det helt inde i deres sjæl, når de finder en større mening med deres arbejde, også selv om det er rutineprægede arbejdsopgaver. Du vil kunne mærke det, som en varm strøm af følelser inden i kroppen.

Når du har fundet mening med en rutinepræget arbejdsopgave, kan du kigge på, om du kan tilføre denne opgave noget ekstra sjovt og meningsfyldt, ved at tilføre en 11 minutters lykkepower styrkerutine.

Du bliver nødt til at løfte dig op på et højere niveau og ikke tænke på alle de historier, du tidligere har hørt fra dine nærmeste om, hvor meningsløst og kedeligt rutineopgaver er.

Det er muligt at komme fri fra det negative mønster, der har påvirket din arbejdsglæde i årevis. Og disse lykkepower-øvelser er dine egne, ingen kan bestemmer, hvorvidt du skal sætte dem i gang. Du er selv herre over dem og du behøver ikke nødvendigvis fortælle nogen om dine positive intentioner. Disse øvelser er det perfekte værktøj til, hvordan du kan forvandle det job, du allerede har, til et job du virkelig elsker og som er meningsfyldt for dig.

Hvis du kunne tænke dig at læse mere om jobcrafting, kan jeg varmt anbefale at gå ind på hjemmesiden, www.jobcrafting.org Her finder du mere inspiration om emnet, samt flere øvelser.

Undersøgelser viser, at ved at tilpasse vores job med jobskabelsesstrategier, er vi mere åbne for feedback, udvikler positive selvbilleder og etablerer gode relationer til andre. Det hjælper os også med at gøre vores arbejde mere meningsfuldt. Vi bliver bedre til at jonglere med de ressourcer, vi har til rådighed, og det får os til at føle os mere engagerede og mindre fraværende i vores job.

Undersøgelser viser også, at alle kan arbejde med denne tilgang, også hvis man er håndværker eller lagermedarbejder. Disse personer oplever et højere niveau af lykke og velvære, hvilket påvirker deres præstationer i en positiv retning.

Man har igennem en del undersøgelser set, at arbejdet med følelsen af et højere formål, har stor indflydelse på hele organisationen og påvirker den i en positiv retning. Fordelene strækker sig langt ud over den enkelte medarbejder og ud gennem organisationen.

Case af Dorte Alex Lensfelt
Sådan sluttede Susanne fred med sin chef

Susanne var direktør for et lille og hurtigtvoksende firma, der leverede professionel udvikling til ejerdrevne virksomheder. Hun elskede sit job, fordi hun var overbevist om, at hendes arbejde havde stor betydning. De fleste af deres kunder var mindre virksomheder, som de hjalp til at få bedre cash flow. Det var Susannes fornemmeste opgave at finde måder, hvorpå disse virksomheder kunne kreditgodkendes, vokse og klare sig godt økonomisk.

Da Susanne henvendte sig til mig for coaching, var det imidlertid, fordi al glæden var forsvundet fra hendes job. Hendes chef, som var den eneste ejer, havde mere fokus på, hvordan han selv kunne tjene flere penge og havde mindre interesse i at investere i nogle af de strategier, som Susanne anbefalede, så de kunne blive dygtigere til at rådgive deres kunder.

Da mere end tre millioner kroner, som var øremærket til fremtidig udvikling, pludselig forsvandt fra firmakontoen, opfordrede han Susanne til at se efter nye tiltag, hvor hun kunne være mere innovativ og praktisk i hendes tænkning.

Frustreret og skuffet over hendes chefs grådighed og egoisme, befandt Susanne sig i en ond nedadgående spiral af skuffelse, fortvivlelse og hjælpeløshed. Det påvirkede hendes liv så meget, at hun havde svært ved at se sig selv i virksomheden på længere sigt. Derudover var hun total drænet for energi, når hun havde fri og havde svært ved at finde gejst og livsglæde til at gøre noget som helst godt for sig selv.

Da hun havde karakterstyrkerne *Social Intelligens*, *Venlighed*, *Nysgerrighed*, *Lederskab* og *Kreativitet*, oplevede Susanne sine bedste øjeblikke, når hun var i selskab med mennesker, som hun kunne hjælpe med at skabe fremdrift ved at forstå deres behov og se muligheder. Hun elskede at coache folk til succes. Hvis hun kunne lave mere af det, der fyldte hende med energi og livsglæde, i hverdagen, kunne hun se muligheder i at skabe en styrkefuld fremtid med håbstier. Hun gik derfor i gang med at kortlægge fremtiden.

Men hvordan kunne det mon passe sammen med alle hendes nuværende opgaver? I stedet for at tilføje endnu en ting til hendes liste over daglige opgaver, gik vi tilbage for at se på, hvor Susannes tid, energi og opmærksomhed i øjeblikket blev brugt. Det tog ikke lang tid for os at se, at det ikke var, hvad hun gjorde hver dag på arbejdspladsen, der tappede hendes energi, men hvem hun gjorde med. Disse mennesker tog så meget af hendes energi, at det fuldstændigt fjernede fokus fra det job hun elskede.

Når det kom til styrkeflow, var coaching virkelig noget af det, hun elskede ved sit arbejde. Da vi gennemgik hendes relationer, fandt vi frem til, at disse øjeblikke kunne hun få mere af, hvis hun også fik den adfærd over for sit team og at det ville udvikle hendes styrker *Social Intelligens*, *Venlighed* og *Nysgerrighed*.

Så hun udviklede denne lykkepower styrkeøvelse: Når jeg ankommer på arbejde hver morgen, så bruger jeg ti minutter på at tjekke ind med et teammedlem for at se, hvordan de har det, før jeg får min morgenkaffe.

Derudover satte vi streg under de arbejdsopgaver, der drænede Susanne og som ikke førte hende i den ønskede retning. Vi fandt måder til, hvordan hun kunne outsource eller gribe dem an på nye måder. Det gav hende mere tid og det var et helt ansvarligt tiltag hun tog for at genskabe sit eget engagement og arbejdsglæde.

Da vi gennemgik listen over, hvem hun udførte sit arbejde sammen med, indså Susanne, at den tid hun tilbragte med sin chef, efterlod hende med følelsen af at være utilstrækkelig. Men tiden hun tilbragte med kunderne, efterlod hende med følelsen af at være værdsat og inspireret til at tænke innovativt.

I vores arbejde havde vi et ønske om at bruge hendes styrker *Nysgerrighed* og *Kreativitet* til at imødekomme innovationsforventningerne til hendes job. Susanne fandt derfor frem til endnu en 11 minutters vane, der lød sådan: Når jeg er færdig med min frokost, ringer jeg til en af vores kunder og spørger, hvad vi kunne gøre bedre for at støtte dem. Derefter vil jeg tilføje deres ønsker til mit idékatalog over innovative øjenåbnere.

For at undgå at skulle bruge for meget tid sammen med sin chef, startede Susanne også med at booke flere møder ude af kontoret, hun tilbragte mere tid med kunderne, og kom på den måde tættere på deres hverdag og oplevede nogle af deres udfordringer med egne øjne. Hun opsøgte også et par mentorer udenfor sit firma, der kunne give hende den udviklingsstøtte, hun havde ønsket og som hun ikke fik på arbejdet.

Når det kom til, hvorfor hun hver dag stod op for at gå på arbejde, ville Susanne igen oprette forbindelse til den oprindelige mening, hun havde fundet frem til, nemlig at hjælpe sine kunder med at gøre det godt og drive en rentabel og professionel forretning.

I håbet om at udvikle sit lederskab i en mere coachende retning, var Susannes tredje 11 minutters lykkepower styrkeøvelse baseret på, hvordan hun kunne udvikle sin styrke *Lederskab*: Jeg vil stå op 15 minutter tidligere hver morgen og sætte mig med min morgenkaffe og dagbog og reflektere over, hvordan jeg skal prioritere dagens opgaver, så både mine medarbejdere og kunder får sparring og hjælp til, hvordan de kan blive en succes i deres arbejde.

Hendes belønning var, at hun efterfølgende mediterede og visualiserede, hvordan de alle kom i mål og var tilfredse med dagens indsats. Denne øvelse fik Susanne til at ændre fokus og bruge minimum af tid og energi sammen med sin pengesultne chef.

Disse øvelser og små ændringer i Susannes hverdag, fik hende til at have mere fokus på det, der lå inden for hendes egen kontrol. Hendes tiltag skabte en positiv spiral af tillid, håb og vækst, der gjorde hendes arbejde langt mere effektivt og meningsfyldt. Den coachende rolle hun havde taget, fik også et positivt udfald, fordi hun nu kunne se styrkerne i sit team og på den måde uddelegere de arbejdsopgaver, der lå inden for deres styrkeområder.

Innovationskataloget blev hendes chef glad og begejstret for og de begyndte arbejde på at indfri kundernes ønske til forbedringer. Også selv om Susanne havde mistet tilliden til ham.

Ved at tilbringe mere tid i selskab med kunder og mentorer, der inspirerede hende, følte hun sig mere respekteret og værdsat i sit arbejde. Ni måneder senere blev hun headhuntet til et nyt job i en organisation, der passede bedre sammen med hendes værdier og livsformål. Derudover fik hun en meget mere holistisk og empatisk leder.

Opbygning af Gnist for at skabe varige ændringer

Nu har du opdaget dine styrker, drømt om hvad der er muligt, designet veje til at bevæge dig fremad og er klar til at lave de små ændringer, der vil gøre det muligt for dig at udvikle dine styrker hver dag på arbejdet. Måske tænker du, hvor længe vil min motivation vare, før luften ryger af ballonen?

At skabe varige ændringer i vores liv er ikke let, ikke mindst fordi vi har en indbygget tendens til at tilpasse os, især til de gode ting i vores liv. Forskere kalder dette fænomen "hedonistisk tilpasning", hvilket betyder, at vi mennesker tilpasser os og at de nye vaner på sigt, ikke fortsat bliver lige spændende at udføre. Hjernen søger efter et nyt dopamin kick. Selv en styrkeudviklingsvane, der helt oprigtigt giver dig rigtig meget glæde, kan på sigt komme til at kede dig.

Den gode nyhed er, at forskere har fundet ud af, at det er muligt at træne vores hjerner til at overvinde, forebygge eller i det mindste bremse hedoniske tilpasninger. Det kan vi gøre ved at være taknemmelige for det resultat, vi skaber med vores vaner og ved at finde meningen med, hvorfor vi gør, som vi gør og ikke sammenligne os med andre.

Sandheden er, at du bliver nødt til at finde på måder at skræddersy tilpasningen, hvis du vil skabe den styrkefulde fremtid, du har drømt om. Undersøgelser viser, at dem, der formår at have Gnist, har et ønske om at leve deres liv ud fra langsigtede mål og går ikke efter quick fixes.

Professor Angela Duckworth ved University of Pennsylvania ville undersøge, hvad der udmærkede stjerneudøvere inden for jura, journalistik, investering, kunst, akademi og medicin.

Her opdagede hun, at de mennesker, der havde Gnist, var mere vedholdende og engagerede i deres opgaveudførsel, end de mest begavede og talentfulde elever. Faktisk var mange af de mennesker hun interviewede, overrasket over de resultater, der viste, at dem, der scorede højt på Gnist, var mere vedholdne i deres opgaveudførsel. Det betyder, at de udforsker og udfordrer deres talent igen og igen, ved konstant at udfordre sig selv.

Duckworth definerer Gnist som tendensen til at opretholde interesse og indsats i en længere periode. Det indebærer, at selv om arbejdet konstant bringer udfordringer med sig, er personer med Gnist i stand til at opretholde interessen på den lange bane, også selvom de møder modstand og forhindringer på deres vej.

Mens de fleste af os tager skuffelse eller kedsomhed som signaler om, at det er tid til at ændre kurs for at reducere vores tab, tager folk med Gnist disse tegn, som en mulighed for at kigge på det, der virkelig gik godt og efterfølgende se efter måder, hvorpå de kan få den nødvendige viden, der kan løfte dem til næste niveau.

Hendes forskning peger i retning af, at Gnist langt overstiger talent. Selvom der stadig er meget, der skal læres, også når det kommer til at bibeholde brændstof til at realisere dine styrkefulde fremtid, foreslår Duckworth fire ting, du kan gøre for at forbedre dit niveau af Gnist.

1. Vær oprigtig interesseret.
   Sørg for, at dit langsigtede mål er bygget op omkring noget, der er interessant og meningsfuldt for dig. Effekten ved Gnist opstår, når du har begge dele. For eksempel er du måske interesseret i fremstilling af hjemmelavet is, men synes du virkelig det er meningsfyldt at bygge din livsglæde op omkring det? Professor William Damon ved Stanford University har fundet ud af, at når vi finder noget personligt interessant og meningsfuldt, altså noget der er større end os selv, er vi i stand til at forbinde os med de handlinger, der skal til for at lykkes med opgaven. Det er med til at forbygge og gøre os mere resistente over for udbrændthed. Årsagen findes i, at vores styrker hele tiden er med til at løfte os til næste niveau og hjælper os med at stille nye krav til os selv. Jeg beskriver netop dette i kapitel fire, så fik du ikke læst det, kan jeg kun anbefale dig at gå tilbage og læse det.
2. Dyrk positivt mindset
   Undersøgelser viser, at positivitet er med til at give os troen på, at vi kan forbedre vores talenter og evner. At have et åbent mindset, gør os i stand til at komme hurtigere igennem forhindringer, fordi vi hele tiden er nysgerrig efter, hvad vi kan forbedre og lære undervejs. I kapitel fem beskrev jeg, hvordan du kan træne dit mindset og sætte det sammen med dit håbskort. Læs det gerne igen, hvis du har brug for at blive opdateret om den forskel, et åbent mindset kan have for dig og din fremtid.

3. Invester din tid i at udføre handlingerne praksis.
   Professor Anders Ericssons, der har undersøgt, hvad eksperter gør anderledes end andre, har fundet frem til, at der er områder, som adskiller dem fra andre. En af de primære ting er deres evne til at praktisere udviklingen af deres styrker på helt specifikke måder. De er konstant sultne efter at forbedre sig helt ned til mikroforbedringer, er konstant nysgerrige efter nye tiltag, der kan forbedre deres færdigheder, de træner og træner på at forbedre sig, så de til sidst kan udføre opgaven på autopilot.
   Derudover er de opsøgende i at få konstruktiv feedback, der kan løfte dem her og nu og indtil mestringspunktet er nået. Styrkeudviklingsvanen vi netop har beskrevet i dette kapitel, er en god måde for dig at træne denne del. Du kan også anvende Ericssons trin, hvis du vil udvikle en bestemt styrke til masterniveau.
4. Bed om støtte.
   Stol på andre mennesker omkring dig og bed dem hjælpe dig med at holde dig ansvarlig for, at dine mål opnås. Sørg for, at du ikke holder op, heller ikke selv om det bliver kedeligt, du bliver frustreret eller mister modet. Et almindeligt træk i historierne om supertalenter er, at der var tidspunkter, hvor de snublede og der var tidspunkter, hvor de tvivlede på sig selv. Det var ikke alt for let for dem og i mange tilfælde, var de afhængige af andre, da de ikke ville kunne komme til tops alene.
   Du har kigget på måder, hvorpå du kunne bevare din viljestyrke og denne øvelse har du beskrevet i dit håbskort, da jeg opfordrede dig til at kigge på, hvem der kunne støtte dig på din rejse. Hvis du ikke fik lavet øvelsen, kan jeg anbefale dig at gå tilbage til dit håbskort og kigge på, hvem der skal bakke dig op og motivere dig til at forsætte, når du bliver fristet til at give op.
   Som Woody Allen engang sagde,"*80 percent of success is showing up*".

Jeg har nu guidet dig gennem hvert trin i vores styrkeudviklingsplan og forsøgt at hjælpe dig med at tænde op for håbet og givet dig en plan, trin for trin, der er med til at opbygge Gnist, så du kan udleve en styrkefuld fremtid og virkelig give den gas og brænde igennem på måder, du kan være stolt af i dit arbejde. Nu er det blot din opgave at føre det ud i livet.

DEL C:

Styrkebaseret arbejds-glæde

I den sidste del af bogen går vi videre med styrkearbejdet og ser nærmere på, hvordan du kan integrere dine styrker på din arbejdsplads og blandt andet skabe bedre relationer til dine kollegaer. Vi ser også på, hvordan du som leder kan skabe en styrkeledet organisation med konkrete udviklingsværktøjer.

Kapitel 7: Hvor kan du integrere dine styrker på arbejdet?

Ligesom du nu forstår de fordele, der er ved at udvikle dine styrker, og du nu ser frem til at gøre dine styrker til en del af din fremtidige måde at gå til dit arbejde på, føler du dig måske lidt nervøs over, hvordan andre mennesker på dit arbejde vil reagere på de ændringer, du ønsker at foretage dig. Husk, vores hjerner er skabt til at fokusere på fejl og mangler. Selvom der er sunde videnskabelige beviser, der understøtter de tiltag du har sat dig for, er mange mennesker stadig uvidende om denne forskning, fremgangsmåder, idéer og tiltag. Du ved noget, de andre ikke ved, du er klar til at handle, og det kan for nogen være lidt angstprovokerende at træde ud af de vante rammer.

Desværre forbliver mange organisationer og deres ledere i styringssystemer og processer, der ikke taler til styrkebaseret ledelse og gevinsten ved at engagere, belønne og udvikle deres medarbejdere.

Selv når du er leder, kan ideen om, at du prioriterer at udvikle styrker i stedet for at fikse svagheder, føles foruroligende og revolutionerende for de mennesker du leder.

I dette kapitel hjælper jeg dig med at integrere dine styrker, så de bliver en livsstil i dit arbejde, uanset hvad din rolle er eller hvad din organisations nuværende syn er på styrkebaserede tilgange. Jeg viser dig, hvordan du kan hjælpe din leder med at genkende, udvikle og belønne dine styrker, selvom din leder ikke har nogen idé om, hvad dine styrker er.

Jeg viser dig også, hvordan du opbygger bedre forhold - også med de kollegaer, der viser modstand - ved at vise dig, hvordan du værdsætter styrkerne hos andre. Igen er dette små ændringer, der kan gøre en positiv forskel for dine resultater. Du har ikke brug for nogens tilladelse, budget eller team til at udføre dette. Alt hvad du behøver, er viden, værktøjer og vilje til at handle og lysten til at gøre en stor og bemærkelsesværdig forskel.

Og hvis din organisation er klar til at løfte det til næste niveau, giver jeg dig værktøjer og viden til, hvordan du kan bruge disse styrkefulde processer, lige fra rekruttering af en ny medarbejder til målsætning af performancemål og feedback. Værktøjerne jeg vil vise dig, har jeg brugt i årevis, og de har bragt stor succes for flere virksomheder.

De metoder, jeg viser her, er tiltænkt jer som organisation, der vil sigte efter udvikling af styrker for alle jeres medarbejdere. Ved at implementere denne strategi, vil I indenfor kort tid, overgå jeres konkurrenter. Med andre ord vil disse tilgange sikre, at I får det bedste ud af jeres medarbejdere og måden I organiserer jer på.

Brug dine styrker til at skabe win-win

At udvikle dine styrker bør være win-win for dig, dit team og din organisation. Bogen her og de værktøjer, der er givet, er alle veldokumenteret og meget tyder på, at når du bruger dine styrker regelmæssigt på arbejdet, er du mere engageret. Som et resultat af dette, har du mere overskud til at være mere produktiv, hvilket belønner din organisation, da dit overskud til både kollegaer og kunder, vil medføre en langt større tilfredshed. Men for at opnå den fulde effekt, skal du sikre dig, at du udvikler dine styrker på måder, der er i overensstemmelse med din organisations forretningsstrategi.

Sæt præstationsmål

Din organisation forsøger hver dag at bryde deres overordnede strategi ned til konkrete handlinger for den enkelte medarbejder. Det er med til at hjælpe dem med, at de når den overordnede strategi. Derfor er det klart min anbefaling, at du tager et møde med din leder, hvor I sammen bliver enige om, hvilke personlige mål du ønsker at opnå og hvordan det perfekte år vil se ud for dig. Mange virksomheder har allerede deres årlige udviklingssamtaler, men mange har også afskaffet den, da de ikke synes, det giver værdi.

Ligegyldigt hvordan I plejer at gribe det an, er det vigtigt for dig og din fremtid, at I sammen laver en udviklingsplan, da den er med til at gennemgå dine kompetencer, trivsel, samt den værdi du leverer til organisationen. Derudover bruger mange også samtalen som et feedbackværktøj til de videre lønforhandlinger, og til at vurdere, om der er mulighed for bonusser eller lønforhøjelser. Udviklingsplanen er med til, at ledelsen i organisationen kan forudse en forventet omsætning og fastlægge et budget ud fra det.

Desværre er der i de fleste organisationer kun få af disse samtaler eller skabeloner, hvor der er fokus på dine styrker. Det er min oplevelse, at resultatet af disse samtaler ofte foregår halvhjertet, en samtale, hvor begge parter ofte ønsker den hurtigt overstået. Men uanset, hvor meget eller hvor lidt din chef forstår værdien af styrkeledelse, skal du holde fast i, at dette er et vigtigt øjeblik for dig og til at få tilpasset det næste år af dit arbejdsliv, til at sætte dine styrker i spil og skabe de ønskede resultater, der både gavner dig og din organisation.

Før I afholder denne samtale, er det vigtigt, du forbereder dig og sætter dig ind i følgende:

- **Find ud af, hvad du ønsker for dit arbejdsliv**: Gennemgå dine styrker og kig på dine målsætninger og dit håbskort. Hvordan ser succes ud for dig, og hvad er de ting, du gerne vil gøre for at udvikle dine styrker? Gør dig nogle tanker om dine ønsker til opbakning, hvad har du brug for? Er det 1:1 support fra en kollega, der kan hjælpe dig med at opnå kompetencer, er det uddannelse eller er det en coach eller mentor?
- **Forstå, hvad din virksomhed ønsker**: Grav ned i den aktuelle forretningsstrategi for din organisation. Selv hvis din rolle føles langt væk fra de høje mål og det kan være svært at forstå, hvad der forventes, skal du huske, at det er dine leders opgave at være med til at indfri målene. Kig på, om du kan finde synergier med dine egne ønskede mål eller stier. Skriv de delte visioner ned på et stykke papir. Hvis du finder det svært at finde jeres fællestræk kan du prøve jobcrafting-øvelsen i kapitel seks. For at hjælpe dig med at revidere din virksomheds forretningsstrategi, kan du stille dig selv følgende spørgsmål: "Hvad er formålet med disse virksomhedsmål? " og "Hvem hjælper de?". Bliv ved med at stille disse spørgsmål, indtil du finder dine daglige arbejdsopgaver meningsfulde og forstår, hvorfor du gør, som du gør.
- **Anerkend, hvad din leder ønsker**. Hvordan tror du, din leder har det, når det handler om deres ansvar og opgave for opnåelse af forretningsstrategi? Hvad tror du din leder håber at opnå for organisationen, dit team og for sig selv i det kommende år? Hvilke mål har de uddelegeret og hvilke opgaver tager deres opmærksomhed og ressourcer? Hvilke muligheder åbner det op for, at du kan udvikle dine styrker på de måder, du ønsker? Igen, prøv at finde synergier mellem, hvad din chef har brug for at få gjort, og dine ønskede mål og håbstier. Skriv disse ned.

Se nu på listen med de tre punkter, du har lavet. Kig på det, du har skrevet. Hvad du vil have, hvad din organisation vil have, og hvilke ønsker din leder har. Kan du finde fællesmål og synergier, hvor alle tre mål har et eller flere fællestræk og er genkendelige? Det kan være nødvendigt, at du bruger en lidt kreativ fortolkning for at finde disse, da selv de bedst stillede selskaber ikke lægger deres strategier ud fra, hvad din leder ønsker, men ud fra en større vision.

Måske du kan bruge denne lille undersøgelse, jeg lavede for et par år siden, til at komme det hele et skridt nærmere.

Jeg havde fornøjelsen af at spørge 200 ledere og topledere, hvad deres ønske var for deres arbejde og hvad de gerne ville opnå. Cirka 75 % svarede, at det de ønskede var at være en succes i egne og andres øjne, og det, de kunne ligge søvnløse om natten over, var, når der blev stillet krav fra øverste ledelsesniveau til, at de skulle lede ud fra uetiske forehold.

Hvis din organisation er klar til at tage det til det næste niveau, giver jeg dig de enkelte trin til, hvordan du kan benytte dig af disse værktøjer til styrkerekruttering, performance management og feedback. I mit arbejde som HR-direktør og som selvstændig konsulent har jeg haft stor succes med at integrere dem ude i virksomhederne. Disse fremgangsmåder sigter mod at gøre prioritering og udvikling af styrker til en organisatorisk strategi, der hjælper dig med at overgå jeres konkurrenter.

Med andre ord vil disse tilgange sikre, at I får det bedste ud af jeres ansatte.

ARBEJDSARK: Skab win-win-win

Det kan hjælpe dig at notere dine observationer fra før på Post-Its i forskellige farver, for at give dig det bedst mulige overblik. Brug en tom væg eller dit skrivebord (måske ikke lige, hvor din leder kan se dem), og lav tre grupperinger med mål og stier: En farve til dine egne mål, en anden farve til din organisations mål og en tredje farve til din leders mål.

For eksempel kan en blå Post-It med dit mål lyde "hjælp til at udvikle det bedste i andre"; en grønt Post-It med din organisations mål kan lyde "forløs potentialet hos medarbejderne"; og en rød Post-It med din leders ønske kan være "forbedre teamets produktivitet." Disse mål har alle det til fælles, at de hjælper alle medarbejderne med at udføre deres roller på bedste vis, og har derfor en synergieffekt. I løfter for et fælles mål, og er hvad jeg vil kalde for en win-win-win prioritet.

Det betyder ikke noget, hvor mange Post-It-noter der overlapper hinanden i grupperne, men sørg for at have mindst en af hver farve, så du er sikker på, at du, din organisation og din leder er på lige linje.

Hvorfor betyder det noget? Din leder vil helt sikkert ikke godkende en præstations- eller udviklingsplan, der kun gavner dine interesser, uanset om det at bruge dine styrker regelmæssigt er godt for dit mentale helbred. De har forretningsansvar og ansvar for at sikre, at de aktiviteter, du er forpligtet til at levere, kommer organisationen til gode.

De fleste ledere vil gribe din årlige præstations- og udviklingsplan an ud fra en top-down filosofi. De vil tænke over, hvad virksomheden forsøger at opnå, hvilke dele de er ansvarlige for at levere, og derefter prøve at sætte dig i den kasse, der bedst opfylder deres behov. Derfor har vi som medarbejdere ikke en jordisk chance for at gøre det, vi gør bedst hver dag på arbejdet.

En mere effektiv tilgang til dette ved at skabe varige, positive ændringer er at planlægge en top-down bottom-up og derefter adskille disse. Det skal forstås sådan: Du er nødt til at forstå de top-down organisatoriske ønsker, der ligger bag enhver ansættelse, da disse er med til at sikre din løn og holde dig beskæftiget. Du skal være klar over, dine personlige ønsker, som er dem, der er med til at holde dig engageret, effektiv og glad for dit arbejde. Og du er nødt til at genkende dine egen målsætning i din leders målsætninger for dig, da det vil understøtte dine udviklingsmuligheder og i betydelig grad påvirke evalueringen af din indsats og belønning.

Meget få organisationer har indsigt i deres medarbejderes top-5 styrker og talent. Deres præstationssamtaler og udviklingsplaner er derfor i stor grad bygget op omkring dine svagheder, fremfor dine styrker. Samtalerne bliver derfor negativt ladet, og hverken dig eller din leder opnår den ønskede effekt.

Nu, hvor du har et klart billede af, hvordan en win-win-win-præstation og udviklingsplan kan se ud og er klar til at gøre dette år til dit bedste, er det tid til at finde en dato for et møde med din leder.

Hvis de skabeloner jeres organisation bruger ikke er bygget op omkring dine styrker, kan du selv tilføje dem. Lad mig vise dig hvordan.

For eksempel, hvis skabelonen beder dig om at:

- **Nævn de præstationsmål, du vil nå i indeværende år, som er specifik for din stilling.** Der kan du skrive noget i retning af "jeg vil bruge mine styrker *Teamwork* og *Nysgerrighed* til at finde innovative måder til, hvordan vi kan bruge teknologi til at optimere og forbedre vores processer, så vi kan få det bedste ud af hinanden, forbedre vores produktivitet som team og forløse vores potentiale.
- **Identificer de udviklingsmål, du ønsker støtte til i det kommende år, som vil forbedre din viden og dine færdigheder.**
  Du kunne skrive noget i retning af "Jeg vil gerne udvikle min styrke *Social Intelligens* via et internet pilotprojekt (det kan være et IT-projekt, forbedre kundens rejse fra ordre til levering eller en ekstra indsats for at kunderne overholder betalingsbetingelserne, mulighederne er mange) så jeg kan dyrke de interne relationer og skabe stærkere bånd og mere produktive forhold til mine kollegaer, på tværs af de organisatoriske afdelinger og vores kunder.

Ved at navngive dine styrker, selv når skabelonen ikke beder om dem, gør du det let for din leder at få indsigt i, hvor du er bedst.

Ved at hægte den organisatoriske strategi og din leders ønske og prioriteringer op, samtidig med du fokuserer på at udvikle dine styrker, skaber du win-win-win fordele. Og du er selv med til at forme og formulere den udviklingsplan, der skal motivere dig til at bevæge dig mod den styrkefulde fremtid du ønsker.

Selvfølgelig kan der opstå tvivl eller uenighed omkring dine forslag, uanset hvor godt du ellers mener, du har formuleret dig. Og det kan derfor være nødvendigt, at du øver argumentation enten via dine indre dialoger eller du kan tage en god og fortrolig snak med en ven eller kollega for at øve indvendinger. Men med denne forberedelse, har du mulighed for at have en konstruktiv forretningsorienteret dialog med din leder omkring dine muligheder for udvikling af dine styrker, så de matcher din jobbeskrivelse.

Hvis din leder alligevel stritter imod og ikke vil støtte dig i din udvikling, så husk på, du altid har frihed til at implementere din 11 minutters styrkevane hver dag, det kan du frit gøre uden at spørger om lov.

Forberedelse til performanceevalueringer

Performanceevaluering kommer normalt 12 måneder efter jeres udviklingssamtale, det er her du og din leder gennemgår året og din indsats. Igen er der ofte en skabelon, der skal gennemføres, og en samtale med din leder, hvor du fortæller om, hvordan det er gået med de præstationer og fremskridt, du har gjort, og om du har opnået dine målsætninger. For at dokumentere dine indsatser er det en god idé, at du hen over året samler på den feedback, du har fået fra kunder, enten via e-mails eller via kundetilfredshedsresultater, fremviser salgstal eller andre former for dokumentation på din indsats. Det er også en god idé at samle den feedback, du har fået fra dine kollegaer eller samarbejdspartnere.

Når det kommer til evaluering af din indsats og en mulig udsigt til lønstigning, er vi ofte ret gode til at bruge lidt mere tid på at finde dokumentation på vores indsats og resultater. Når det kommer til at bevise, hvad vi har leveret, er vi ofte tilbøjelige til at være meget fastlåste omkring det skema og de rammer vores firma eller leder har udarbejdet. Selvom det er helt naturligt for alle mennesker, at vi ønsker at gøre en god indsats og skabe et godt resultat ud fra de målfaste KPI'er, ser jeg også denne samtale som en god mulighed for at hjælpe og uddanne dine leder og organisation, til at gøre flere af de ting du og dit team gør godt, som I kan lide at gøre og samtidig blive værdsat for det.

Selvom de udleverede skabeloner ikke beder dig om at notere, hvilke styrker du har brugt og hvordan du har udviklet dem, skal du blot tilføje dem alligevel. Jeg giver dig her nogle eksempler.

Hvis skabelonen beder dig om at:

- **Hvilke resultater har du leveret i denne periode?**
  Kan du svare: "Jeg har brugt mine styrker *Teamwork* og *Nysgerrighed* til at finde innovative måder til, hvordan vi kan bruge Yammer (et projektstyrringsværktøj) til at styre og håndtere vores projekter og holde overblik over, hvem der gør hvad, hvornår. På den måde har vi været i stand til at støtte og opmuntre hinanden under hele processen, uanset vores fysiske placering. Dette har hjulpet os til at forbedre vores produktivitet og samarbejde som team. Alle involverede parter har hurtigere kunnet give feedback på hinandens opgaver. Dette har medført, at det har været muligt at

implementere løsninger hurtigere end forventet og vi har kunne levere det efterspurgte til vores kunder før deadline. Det har også hjulpet med at forløse vores potentiale ved at give os mulighed for at skabe nye idéer til løsninger på problemer, som vores kunder ikke har været i stand til at løse selv.

- Hvordan har dit arbejde påvirket de organisatoriske målsætninger, hvilken forskel har du og dit team gjort for at skabe bedre resultater på tværs af afdelingerne?
  Når du indsamler feedback fra de afdelinger, der har medvirket til jeres fælles resultatskabelse, skal du dele svaret op i de styrker, du har forsøgt at udvikle og komme med eksempler på, hvordan du har anvendt dem og hvilken værdi dette har skabt.
  Eksempel: "Jeg har især arbejdet med at udvikle mine styrker *Teamwork* og *Nysgerrighed*, når det kommer til, hvordan vi bruger teknologi til at forbedre vores samarbejde".
  Hvis du har fundet disse styrker værdifulde i dit arbejde, skal du give et eksempel på, hvordan de hjalp dig og/eller dine kollegaer.
- **Identificer forbedringsområder**.
  Prøv at fokusere på, hvordan du har udviklet dine styrker. Har du skruet op for dem eller prøvet at nedtone dem?
  Du kunne skrive: "Jeg nedtonede min styrke *Gejst* i begyndelsen af projektet for at sikre, at vi alle fik mulighed for at byde ind med de opgaver og roller, vi gerne vil bidrage med. Jeg skruede op for min styrke *Social Intelligens* for at give plads til alles input og bidrag, og for at sikre at alle følte sig inkluderet, hørt og forstået".

Desværre er det kun de færreste ledere, der har lært værdien af styrkeudviklingsfeedback, så du skal nok være forberedt på at hjælpe med at guide samtalen hen mod de indsatsområder, der tjener dig bedst.

For eksempel: Hvis din leder viser eksempler på steder, hvor du ikke har nået dine præstationsmål, kan du stille åbne spørgsmål som: "Jeg hører dine bekymringer og vil tænke over, hvordan jeg kan forbedre de nævnte områder. Kan du give mig din feedback på alt det, jeg har nået i år og som har fungeret?"

Alternativ kan du stille åbne spørgsmål, der åbner op for feedback, der vedrører dine styrker: "Jeg forstår, at min præstation på det projekt ikke var det, du håbede på. Kan du give mig et eksempel på mit arbejde i år, hvor du har været tilfreds med min indsats? "Eller: "Jeg forstår ikke, at alt hvad jeg prøvede i år, ikke gik som vi begge havde ønsket. Hvor stor en procentdel af min indsats synes du, fungerede godt?"

Når det kommer til at gennemgå din præstation, er det naturligt, at din leder har fokus på alle de ting, du ikke er lykkes med. Når du hører på denne negative feedback, er det let at ramme en negativ spiral af fortvivlelse og gå fra samtalen med følelsen af, at din indsats var spildt. Ved at bede din leder give eksempler på det arbejde, de er tilfredse med, hjælper det med at afbalancere deres trang til at opdage svagheder, og i stedet erstatte det med deres evne til at lægge mærke til dine styrker.

Husk: Din leder har til hensigt at specificere svagheder, som de mener, du har brug for arbejde på for at udføre dine opgaver, det er det, de kalder udviklingspunkter.

Prøv at sige "Det er klart, at jeg er nødt til at nedprioritere nogle andre projekter og lægge min fokus der, hvor du mener jeg skal forbedre mig. Tror du, at min styrke *Gejst* er blevet overspillet? "Eller: "Tror du, jeg kunne trække på en anden styrke til at forbedre mig på dette område?"

Husk, det vil det være din leders naturlige hensigt at påpege svagheder, som de mener skal løses. Du kan hjælpe din leder med at blive mere styrkefokuseret ved at bede dem om at se din indsats ud fra et lidt større billede og lede dem mod styrkeudviklingsløsninger, der vil levere de resultater, I begge ønsker.

Giv feedback, sådan som du selv ønsker at modtage den

Som en del af de årlige udviklingssamtaler er det vigtigt, du anvender de samme principper, når du selv skal give feedback på din leder eller kollegaers resultater. Tænk på de styrker, du har set dem bruge, når de er mest engagerede, energiske og nyder deres arbejde. Når du reflekterer over, hvad de har gjort godt, kan du prøve at navngive deres styrker og sætte ord på, hvordan de har anvendt dem på måder, du værdsætter.

Ligeledes, hvis der er områder, du ønsker forbedret, så prøv at være specifik med hensyn til de styrker du tror, de kunne trække på eller nedtone for at opnå et bedre resultat.

Disse små skridt jeg har nævnt her, kan laves uanset de officielle processer eller systemer, I benytter som værktøjer i din organisation. Ved at vælge at prioritere styrker, når det kommer til udviklingen og ydeevnen for mennesker på dit arbejde, skaber du i dette øjeblik en lille ring i vandet, der på sigt baner vejen for flere ringe og en trend, der skal vise sig at blive en ny positiv spiral, hvor du kan se dig selv og dine kollegaer igennem nye briller.

Disse små skridt hjælper med at plante frøet til den forandring, du vil skabe i din organisation og som kan vokse på måder, du aldrig havde forestillet dig, var muligt.

Spot andres styrker

Dr. George Vaillant er berømt for at lave en af de mest omfattede psykologiske studier i nyere tider, kaldet Harvard Grant Studio. Hvert andet år gennem en 70-årig periode, evaluerede Harvard Grant-undersøgelsen Harvards dårligst stillede andetårsstuderende deres mentale og fysiske helbred, karriereoplevelse og deres forhold. Vaillant har fundet én gennemgående og vigtig opdagelse: "*70 års forskning har bevist, at vores forhold til andre mennesker betyder mere end noget andet i denne verden.*"

Andre undersøgelser viser, at hver positiv interaktion du har i løbet af en arbejdsdag, faktisk hjælper med at vende dit hjerte-kar-system tilbage til hvileniveauer, og i det lange løb beskytter dig mod de negative effekter, et dårligt arbejdsmiljø kan have for dit helbred.

Hvis du har en bedste ven på arbejdspladsen, er det sandsynligt, at du er syv gange mere engageret i dit arbejde, ligesom det også påvirker dit engagement over for kunder. Du bliver mere produktiv og leverer et stykke arbejde af højere kvalitet. Alt dette er med til at opretholde et større mentalt overskud og skabe trivsel.

Derudover er det også mindre sandsynligt, at du kommer til at opleve følelser som utilstrækkelighed på dit arbejde. Men hvorfor betyder vores forhold med andre så meget på arbejdet?

Sandheden er, at vi har et biologisk behov for social støtte og hver gang du virkelig connecter med en anden person, frigiver din hjerne det fornøjelsesinducerende hormon, oxytocin, til dine blodbaner. Dette hormon hjælper med at reducere din angst og forbedre din koncentration og fokus.

Heldigvis har Professor Barbara Fredrickson ved University of North Carolina opdaget, at det kun tager et mikro-øjeblik med ægte forbindelser at udløse en opadgående spiral af gensidig tillid mellem mennesker. Hendes forskning antyder, at dette kan gøres nemt med disse tre enkle trin:

- Deling af en positiv følelse såsom fælles interesse, glæde, humor eller stolthed.
- Synkronisering af kropssprog, der opleves gennem øjenkontakt eller åbne kropsbevægelser eller valg af stemmeleje.
- Et velovervejet og ærligt valg om at investere i hinandens trivsel, der medfører varme følelser og tillid.

Barbara Frederickson, der er professor i positive følelser, beskriver denne proces som "positivitetsresonans" og foreslår, at du tænker og ser den anden som et spejl af dig selv. Du og den anden person spejler jer positivt i hinandens følelsesmæssige tilstand. I spejler hinandens krops- og hjerneaktivitet, og I spejler hinandens impulser og passer på hinanden, helt ubevidst. I disse øjeblikke bliver du en refleksion og en udvidelse af den andens spejl, denne metode får to hoveder til at tænke bedre end et.

Når du oplever varme og tillidsfulde følelser over for en anden person, har det ikke kun en påvirkning på dit stemmeleje. Det påvirker også dit åndedrag og hjælper dig med at berolige din naturlige hjerterytme, hvilket regulerer kroppens glukose udslip, som er med til at forbedre et sundt hjerte-kar-system

At kunne regulere dine følelser på arbejdspladsen via disse metoder, hjælper dig med at få bedre sociale færdigheder. Invester i mikro-øjeblikke ved at forbinde dig med andre, det kan hjælpe dig med at imødekomme det dybe, psykologiske behov, vi alle har for at blive respekteret og værdsat. Som William James, professor i psykologi og filosofi, engang bemærkede "*Det dybeste princip i menneskets natur er ønsket om at blive værdsat.*"

En af de nemmeste måder at imødekomme dette behov for mikro-øjeblikke er ved at kigge efter folks styrker og fortælle dem, hvad du ser.

Prøv at tænke over det. Hvornår har du sidst gået ind til et møde med dine kollegaer med en agenda, der handlede om, at du skulle finde deres bedste sider? Hvis du er som de fleste af os, er det nok ikke så ofte. Men hvordan ville det føles for dig at arbejde sammen med mennesker, som du kendte godt og respekterede, og hvor du værdsatte de styrker I hver især havde? Hvad tror du ville ske med dig, hvis du lagde dit fokus på alt det, der fungerede ved den enkelte fremfor alt det, der ikke fungerede? Hvad tænker du I kunne opnå sammen og hver for sig?

Hvordan opdager man andres styrker?

Her er der gode nyheder, for når du ved, hvad du leder efter, er det nemt at opdage og se andres styrker. I bogen her er du blevet guidet til at se og mærke, hvornår du selv bruger dine styrker, og du er blevet guidet i at finde frem til, hvad der gør dig glad og engageret.

Ligesom de ting du har fundet frem til om dig selv, vil du kunne se, at når folk bruger deres styrker, lyser de op og bliver levende. Deres pupiller udvides og deres kropsbevægelser bliver mere åbne. Måden de taler på bliver hurtigere og deres toneleje mere åbent og omfavnende. Når du ser en kollegas øjne lyse op og deres arme åbner sig for at illustrere eller dele en idé, ved du, at deres styrker er på arbejde. De er helt klart mere engagerede, energiske og nyder det, de laver.

Du ved nu, at hjernen er formet til at se fejl, så derfor er den sværeste del at huske din hjerne på, at den skal kigge efter det, der fungerer i andre og huske at anerkende dem. Det er et bevidst valg, du skal tage hver gang.

Find det bedste i andre

Når du begynder at gå på jagt efter det bedste i andre, hjælper det at navngive eller mærke det, du ser. De 24 VIA-karakterstyrker tilbyder et færdigt ordforråd til at hjælpe med at organisere dine observationer. Men at huske alle styrker kan være en udfordring, så en genvej er de seks VIA-dydskategorier. Hver karakterstyrkerne falder inden for én af de følgende dydskategorier.

Hovedstyrker. En person, der har en høj visdomsdyd, fortæller dig normalt om deres seneste nye idéer, deler et stykke forskning, de netop har opdaget, udfordrer dit sind med nye muligheder eller opfordrer dig til at se på det større perspektiv og kigge på det fra forskellige vinkler. Dette er kognitive styrker, der involverer anskaffelse og brug af viden. Albert Einstein er et eksempel på nogen, hvis hovedstyrker var i aktion.

Hjertestyrker. En person, der er i besiddelse af en høj moddyd, handler og tager beslutninger ud fra hjertet. Disse mennesker er villige til at tage risici og vil være vedholdende - uanset hvor vanskelige ting bliver, vil altid melde ærligt ud, og har en vis mængde energi og vitalitet i det, hvad de laver. Disse mennesker er i besiddelse af følelsesmæssige styrker, der involverer udøvelse af vilje til at nå mål, selv om personen vil møde intern eller ekstern modstand. Nelson Mandelas hjertestyrker gjorde forandring mulig.

At se styrkerne i andre. En person, der sætter mennesket før alt andet og finder måder at tage sig af andre på, ligegyldig hvem eller hvad de kommer med. Det er mennesker, der er kendt for deres tankevækkende og nære måde at hjælpe andre på, de tager sig tid til at lytte og forstå, hvad andre har brug for. De udfører handlinger ud fra en ubetinget venlighed, disse mennesker kan rumme alle folks følelser, både gode og dårlige. De ser og forstår andre og gør en forskel hos det enkelte menneske. Disse interpersonelle styrker eller form for følelsesmæssig intelligens inkluderer nærvær og venskab med andre. Prinsesse Diana brugte sine medmenneskelige styrker til at skabe forbindelse med "folket" gennem sit velgørenhedsarbejde og var grunden til, at hun fik tilnavnet Queen of Hearts.

Styrker indenfor selvregulering. En person, der ligger højt på temperamentsdyd, er almindeligt anerkendt for sit høje niveau af selvkontrol. Disse personer kan styre deres følelser, ligegyldigt hvad de møder af udfordringer på deres vej. Disse mennesker er i stand til at regulere deres valg, følelser og adfærd, er hurtige til at tilgive og bruger ikke straf, som en del af deres strategi, uanset hvilke udfordringer de støder på. De er ofte bedst udenfor rampelyset, hvor de kan arbejde videre for at komme i mål med deres opgaver. Som personer er de ydmyge og tilbageholdne, og de lader resultatet af deres handlinger tale for sig selv. Gandhis evne til at styre sine tanker, følelser og adfærd og påtage sig et stort og risikabelt ansvar for at frigøre sit folk fra den engelske kolonimagt, er et fint eksempel på, hvordan personer der har styrken *Selvregulering*, kan se ud.

Styrker inden for fællesskabsfølelse. Disse personer har en høj retfærdighedsdyd, værdsætter deres samfund og vil gøre det rigtige for andre. Disse mennesker sørger for, at alle på holdet bliver retfærdigt behandlet, de organiserer andre for at få ting til at ske eller støtter holdet, for at gøre helheden stærkere end enkeltdelene. Disse er samfundsborgerstyrker, der ligger til grund for et sundt samfundsliv. Da Martin Luther King erklærede, at han ønskede "frihed for alle mennesker", blev hans retfærdighedsstyrker vist for verden.

Styrker inden for åndelighed. En person, der har en høj transcendensdyd, løfter dig op, hver gang du tilbringer tid med dem. Disse mennesker inspirerer andre til at transformere drømme til håb, får andre til at grine og værdsætter virkelig andre mennesker. De forbinder os med det, der er sandt, godt og muligt i den fysiske, mentale og åndelige verden. Dette er styrker, der bygger forbindelse til et større univers og tilfører livet mening og substans. Komiker Robin Williams var et eksempel på denne dyd i den virkelig verden. Han fik os ikke kun til at grine, men gennem de forskellige medier han brugte i sit arbejde og via den måde, han levede sit liv på, løftede han humøret på alle omkring sig.

Forestil dig at bruge disse dyder-kategorier til at se styrker i andre, ligesom du ville bruge et kamera til at tage et situationsbillede fra den vinkel, hvor personen er allerbedst og smukkest. Et billede af, hvad personen vækker i lige præcis dig og som får dig til at klikke på kammeret.

Efterhånden som du bliver mere selvsikker og bedre til at spotte styrke, vil du opleve, at det føles på samme måde, som en god fotograf har det med den perfekte vinkel. Jeg opfordrer dig derfor til at tage dig god tid til at lægge mærke til de små detaljer i billedet, af de specifikke karakterstyrker du oplever, dukker op. Vær opmærksom på, hvordan disse styrker kommer i spil og udfolder sig, når du anerkender og sætter ord på det, du oplever over for andre mennesker. Hvis du er lidt utryg, kan du begynde med at finde styrkerne i dine børn, partner eller bedste ven.

Imens du måske reflekterer over nogle af de berømte eksempler, har du måske spekulerede på, om man kan have mere end én styrke-dyd. Albert Einstein havde op til flere af hovedstyrkerne, han havde en stor sans for humor og legelyst, håb og et stærkt fremtidssyn, samt en stor kærlighed til musik. Mange af os finder ud af, at vores karakterstyrker udfolder sig på mange flere måder, end dem jeg har omtalt i kapitel tre. Du har måske opdaget en dyd være særlig stærk hos dig, eller måske kan du genkende dig selv i to forskellige dyder, stærkt understøttet af et par karaktertræk. Eller du har måske fundet ud af, at du har en styrke under hver dyd.

Det er grunden til, at det at arbejde med styrker, ikke har til formål at sætte folk pænt i kasser og tro, man ved alt om dem. Tværtimod ligger der meget analysearbejde i at finde frem til, hvordan styrkerne udfolder sig bedst og hvordan de kommer i spil i den virkelige verden.

For nogle mennesker, uanset hvilken situation du ser dem i, vil den samme dydegruppe vises sig igen og igen. For andre mennesker kan det se ud til, at forskellige styrker dukker op, hver gang du ser dem. Vær tilfreds og omfavn det, du ser. Det helt unikke ved mennesker er deres vidunderlige kompleksitet. Vid og hvil i, at dit job simpelthen er at værdsætte det, du ser.

Jeg finder ofte ud af, at når folk har gennemført VIA-undersøgelsen, spørger de tit deres kollegaer, om de kunne være interesseret i at prøve testen og dele deres resultater, for at finde de bedste måder at samarbejde på. De fleste af os er nysgerrige efter, hvordan vi udfolder os bedst, så dette er ofte en god måde at lære hinanden bedre at kende på.

Når du deler dine resultater, skal du sørge for at tage dig tid til at forstå, hvordan dine kollegaer kan lide at udvikle deres topstyrker på arbejdet. Bare fordi I begge deler *Kreativitet* som en signaturstyrke, betyder det ikke, at I vil nyde at udvikle den på samme måde. En af jer kan måske elske brainstorming, mens den anden person foretrækker at påtage sig den udførende rolle og giver sig i kast med at eksperimentere. Brug spørgsmålene fra øvelsesarket i kapitel tre til at hjælpe hinanden med at opdage jeres oplevelser af styrkeflow og del derefter resultatet.

Skab tætte arbejdsrelationer med dine kollegaer

Når du bliver mere sikker på de mønstre, du ser, eller folk har delt deres VIA-undersøgelsesresultater med dig direkte, kan du begynde at bruge denne information til at skabe flere mikro-øjeblikke af kontakt til den enkelte. Husk, karakterstyrker er ting, vi værdsætter. De motiverer os i sig selv til at handle, da det virker naturligt for os, også selvom vi ikke får betaling for det eller anerkendelse.

Du kan nu strategisk bruge den viden om karakterstyrker du har, og sætter styrkerne i spil i forhold til den opgave, du skal løse. Hvis du tænker andres styrker ind, har du mulighed for at løfte dit resultat samtidig med, du forbedrer dine relationer til dem.

Tænk dine kollegaers styrker ind i opgaverne

Næste gang du har brug for en kollegas hjælp, så giv dig selv et øjeblik til at tænke over, hvordan deres styrker er bedst i forhold til den opgave, der skal løses. For eksempel vil en, der er høj i styrken *Venlighed,* naturligt prioritere at skabe et omsorgsfuldt og støttende miljø til dit næste møde, kundearrangement eller teamudviklingsdag. Og en, der ligger højt i styrken *Videbegær,* vil virkelig gøre sig ekstra umage og sætte sig ind i alt forretningsrelevant empiri og efterfølgende komme med forslag til, hvordan du kan forme og udfolde den fremtidige strategi. De vil ikke bare få energi fra den opgave, du har bedt dem om at hjælpe dig med at løse, de vil højt sandsynligt også være langt mere effektive og engagerede.

Skræddersy din kommunikation efter modtagerens styrker

Inden du skriver den næste e-mail, foretager det næste telefonopkald eller forbereder den næste præsentation, så giv dig selv et øjeblik til at tænke over din modtagers styrker og hvad der kan motivere dem til at handle.

For eksempel, hvis du vil have din leder, der er høj i styrken *Kærlighed*, til at sige ja til et projekt, kan du muligvis fokusere på de menneskelige værdier, der viser fordelene ved at arbejde videre med projektet. Hvis du på den anden side vil have din leder, der ligger højt i styrken *Nysgerrighed*, til at godkende det samme projekt, kan du fokusere på statistikker og fakta. Begge fremhævelser kan være en del af din præsentation, men det du vælger at fokusere på i din præsentation, kan du tilpasse, så du vækker din leders indre motivation for at øge sandsynligheden for, at du får lov til at arbejde videre med projektet.

Relationsskabende styrkekontakt

Teambuildingsaktiviteter og kundearrangementer er almindelige forretningsmetoder til at lære hinanden bedre at kende. Men inden du sender den næste invitation, kan du overveje, hvad der appellerer til denne persons styrker.

For eksempel hvis du har en kunde, der ligger højt på *Humor*, kan du invitere dem ind og se stand-up eller et sjovt teaterstykke. På den anden side, hvis du har en kunde, der ligger højt i styrken *Retfærdighed*, kan du invitere dem som din gæst til en pengeindsamlingsaktivitet for en nonprofitorganisation eller et andet velgørenhedsarrangement, som jeres organisation støtter.

Brug styrkerne til at acceptere hinandens forskelligheder

Det sker ind imellem, at vi konflikter med hinanden på arbejdet, og bruger rigtig meget tænketid på at fundere over alt det, den anden eller de andre i ens team gør galt. Men før du laver din egen mangelliste over dine kollegaers fejl, så træk lige vejret og husk dig selv på, at din hjerne er indstillet til at se fejl. Så selv om I har konflikter og måske har helt forskellige personligheder, er det muligt for dig at kigge efter deres styrker og sætte pris på de gode ting, de gør.

For eksempel, hvis du har en kollega, der værdsætter at overholde deadlines og i perioder er meget stille og fordybet, så sæt pris på at *Vedholdenhed* er den styrke, de trækker på for at komme i mål og blive færdig. Også selv om du selv ligger højt på styrken *Humor* og indimellem synes, de andre er lidt for seriøse og ikke er med på en joke. Jeres forskelligheder er måske årsag til, at I kolliderer og stemningen til tider kan blive lidt trykket. Sandsynligheden for, at du finder dem kedelige og de finder dig udisciplineret er jo helt naturlig, men kan løses og blive til noget stærkt.

Ved at erkende, at I har forskellige karakterstyrker og forskellige værdier i spil, er det muligt at depersonalisere den spænding du føler, og skabe en bro af empati og respekt for jeres forskelligheder. Tænk på det sådan her: Dine kollegaer er ikke kedelige og er ikke vågnet op med det ene gøremål at gøre din dag elendig. De har det bare bedst, når de fokuserer på at få én opgave færdiggjort. Ved at respektere, anerkende og værdsætte dette hos dem, kan du bedre forklare dem, at du er bedst, når du kan have det sjovt, mens du arbejder.

Spørg dem, om der er en måde, hvorpå I bedre kan skabe balance mellem begge jeres styrker. Det kan for eksempel være, at du spørger dem, om det er OK, I indimellem tager en fem minutters humorpause, hvor du kan få afløb for at fortælle en god joke eller en anden sjov begivenhed, så I kan afslutte jobbet mere effektivt, hurtigt og bevare den gode stemning. Ikke at I behøver at blive bedste venner, men ved at italesætte jeres forskelligheder og styrker, samt komme med forslag til, hvordan I kan løse det, er du med til at forløse unødig stress og dårlige vibrationer i jeres relation.

Målet er ikke at manipulere med dine relationer, men i stedet virkelig at forstå, hvad der interesserer andre mennesker og hvordan du kan forbinde dig med dem, ved at have en forståelse for, hvordan I kan bruge jeres værdier og styrker som et middel til at frembringe tilliden. Med forfatter William Arthur Wards ord: "*Når vi forsøger at få det bedste frem i andre, fremkalder vi også det bedste i os selv.*"

Case af Dorte Alex Lensfelt
Sådan lærte jeg at acceptere min chef

Jeg troede, at min nye chef var en kæp i hjulet. Han var kedelig, uvillig til at tage risici og var opmærksom på de mindste detaljer i de projekter, jeg var ansvarlig for. Jeg frygtede efterhånden møder, hvor han deltog, og var begyndt at gøre alt, hvad jeg kunne, for at undgå at bruge mere tid sammen med ham. Faktisk følte jeg det, som om han havde det på samme måde.

Jeg havde et tydeligt indtryk af, at han synes, jeg var uansvarlig, når det gjaldt virksomhedens ressourcer, flyvsk, når det gjaldt om at følge procedurer, og mere interesseret i at have det sjovt på mit arbejde end at gøre det, der skulle gøres.

Hans bemærkninger var fyldt med sarkasme og han var ikke bleg for at gøre mig til grin foran alle andre. Hans ansigt havde en tendens til at blive meget alvorligt, når han trådte ind i et lokale, hvor jeg var til stede og han talte helst ikke til mig. Det var mildt sagt temmelig udfordrende at samarbejde med ham.

Mit stressniveau steg ved hvert møde, jeg holdt mine idéer til forbedringer af projektet tilbage og jeg knoklede for, at alle deadlines i projektet blev overholdt. Dette var ikke sådan, jeg arbejdede bedst og i et forsøg på at forblive i min rolle og karriere, og ikke blive overvældet af følelser som hjælpeløshed og fortvivlelse, så jeg meget frem til at færdiggøre projektet.

Som et resultat af den trykkede stemning var jeg holdt op med at gøre mit bedste, og lidt efter lidt begyndte frygten for at fejle at styre mig, og min motivation var stærkt dalende.

Da jeg havde behov for at lægge en ny strategi, besluttede jeg mig for at kigge tilbage for at se, om jeg kunne finde hans styrker (tro mig, det var ikke ligefrem det, jeg havde lyst til). Da jeg kiggede, blev det klart, at når han var bedst, var det på de tidspunkter, hvor der var meget lav risici for, at noget kunne gå galt. Han var god til at sørge for, at virksomhedens tidsfrister blev overholdt, så kunderne ikke kom i klemme og når han tog sig tid til det, kom han med gode input og forslag til forbedringer af projektet.

Jeg opdagede, at han var bedst, når han brugte sin styrke *Forsigtighed*. Han prøvede ikke at være en kæp i hjulet eller kedelig, når det kom til vores arbejde. Han prøvede bare at gøre det, han gjorde bedst. Jeg fandt hans tilgang ret udfordrende, fordi en af mine øverste karakterstyrker er *Gejst*. Jeg er bedst, når jeg kommer med nye idéer til, hvordan vi kan optimere og forbedre projektet. Når der er en plan, er jeg klar, meget energisk og jeg vil gerne i gang og ud over stepperne. Som person er jeg fleksibel, inkluderende og jeg elsker at have det sjovt, imens jeg skaber resultater sammen med andre.

Min leders styrke var konstant at være kritisktænkende, ikke et komma måtte stå forkert, heller ikke selv om vi stadig var i den kreative proces. Alle sten blev hele tiden vendt og drejet og han nævnte ofte, at tid var penge, og gad derfor ikke at bruge tid på projektet, hvis han spildte tiden. Han mente, at hvis vi lavede fejl, var vi en fiasko og ville tabe ansigt. Vores personligheder var vidt forskellige. Jeg er den fødte optimist og mener, at fejl lærer man af og at det er en del af at være menneske. Jeg forstod ganske godt, hvorfor vores relation var udfordret og fyldt med vanskeligheder.

Ved at forstå vores forskelligheder og erkende dem, var jeg bedre i stand til at se min leder med mere empatiske øjne. Det virkede usandsynligt, at han optrådte på denne måde bare for at irritere mig og meget mere sandsynligt, at han bare prøvede at gøre sit bedste for at projektet ville lykkedes. Ved at hvile i, at han ikke forsøgte at nedgøre projektet, men i stedet ville gøre sit bedste, blev det straks nemmere at gå til møder, og jeg var i stand til at begynde at se de ting, han sagde og gjorde som input, der kunne forbedre projektet og ikke lade det påvirke mig i en negativ retning. Jeg begyndte, at ankende ham for at se det fra en anden vinkel og for hans engagement i at få projektet til at lykkes.

Misforstå mig ikke, jeg elskede stadig ikke den måde, han handlede på, men jeg kunne respektere og værdsætte de styrker, han havde og som jeg selv manglede. Jeg besluttede også, at projektet ville have godt af en samtale, hvor vi kunne tale om, hvordan vi kunne arbejde bedre sammen.

Jeg forklarede med stor forsigtighed, at jeg forstod og anerkendte hans styrke *Forsigtighed* og at denne styrke var vigtig for projektet og for at holde snuden i sporet.

Og sammen med min styrke *Gejst* og mine kreative og inkluderende evner, var vi sammen i stand til at opnå et bedre resultat, hvis vi kunne se fordele ved hinandens forskelligheder.

Heldigvis var han enig i mine observationer og han blev bedre til at anerkende mig for mine kreative og energiske evner.

Vi blev ikke bedste venner og jeg var stadig glad, da netop dette projekt blev afsluttet. Men jeg holdt op med at frygte mine møder med ham, mit stressniveau vendte tilbage til det normale og sammen var vi i stand til at levere et bedre resultat, end nogen af os kunne have gjort uden den andens styrker. Alt det krævede, var at være villig til at kigge efter og værdsætte det bedste i hinanden.

Sådan finder du styrkerne i andre

1. Forbered dig mentalt.
   Inden du går ind til dit næste møde på arbejdet, skal du huske dig selv på at kigge efter det bedste i andre mennesker. Det kan være en god ide at lave en lille markering i din notesbog eller kalender. Du kan også lægge det ind i din telefon under påmindelser og notere dig, at du vil tage dine styrkespot-briller på for at indikere, at du vil se på andre med nye øjne.
2. Udpeg en person.
   Når du ankommer til mødet, finder du en person, som du vælger at have fokus på. Se efter de øjeblikke, hvor denne person er mere engageret, tændt og nyder det, de taler om eller gør. Ofte vil de begynde at bruge kroppen, armene bliver aktive og deres tonefald vil have tendens til at blive lidt højere og talen hurtigere. Skriv en kort bemærkning om, hvad de taler om eller gør i disse øjeblikke.
3. Match styrkerne.
   Når du forlader mødet eller samtalen kan du bruge tabellen over karakterstyrker nedenfor til at hjælpe dig med at få øje på, hvilke styrker den person, du var fokuseret på, måtte have brugt i disse øjeblikke. Det vil ikke altid være indlysende, så registrer ud fra dine noter og brug din intuition. Dyde-kategorierne kan du anvende som en guide og som en hjælp til at finde frem til, hvad du så hos personen. Brugte de deres:

- **Hovedstyrker:** Denne person deler deres seneste nye idéer eller resultater og tendenser enten fra forskning eller andre relevante kilder. De udfordrer dit sind og vil gerne have dig til at se verden i flere farver. De opfordrer dig til at se på det ud fra et større perspektiv og fra forskellige vinkler.
- **Hjertestyrker:** Denne person er villig til at tage ansvar og løbe en stor risiko. De er vedholdende, uanset hvor vanskelige tingene bliver. De siger tingene, som de er, og er meget ærlige i deres kommunikation. De er ofte fulde af energi og udstråler vitalitet omkring det, de laver.
- **Ser andres styrker**: Denne person tager sig tid til virkelig at lytte, forstå og sætte sig ind i, hvad andre har brug for. De vil gå langt for andre og tilbyder ofte deres hjælp. De er empatiske og gode til at forstå andres følelser og motivation
- **Styrker af selvregulering**: Denne person er i stand til at regulere deres valg, følelser og adfærd. De viser tilgivelse og barmhjertighed. De er meget vedholdende og overholder alle deadlines, uanset hvilke udfordringer de støder på. De befinder sig bedst udenfor rampelyset, og ønsker blot at få ro til at komme videre med det, der skal gøres.
- **Styrker fællesskabet**: Denne person sørger for at tingene er fair over for alle. De er gode til at organisere og få ting til at ske. De er virkelig gode til at støtte teamet og styrke fællesskabsfølelsen, så alle føler sig inkluderet og værdifulde.
- **Styrker af åndelighed**: Denne person er god til at inspirere andre med en følelse af mening. De giver mennesker håb og får dem til at grine og føle sig godt tilpas. De værdsætter andre mennesker og er gode til at forbinde andre til det, der virkelig er meningsfuldt her i livet. De udstråler fysisk, mentalt og åndeligt overskud.

4. Se på dine noter igen.
   Inden du går ind til dit næste møde med den person, du har observeret, skal du se på, hvad du bemærkede sidste gang og se, om de samme styrker dukker op igen eller om der kommer flere til. Fortsæt denne proces, indtil du føler dig helt sikker på, at du forstår, hvordan denne person ser ud, når de er bedst.

Når du begynder at få øje på deres styrker, kan du eksperimentere med forskellige måder, hvorpå du kan bede en person om at hjælpe dig med specifikke opgaver, der er rettet mod de styrker, du ser. Tænk på, hvordan du kan kommunikere og forbinde dem med opgaver, der ligger indenfor deres styrker. Dette vil styrke jeres samarbejde og forbedre jeres resultat.

Læg mærke til, om der er områder, hvor jeres styrker kan kollidere. Og vigtigst af alt, giv dem styrkebaseret påskønnelse og feedback. Anerkend styrkerne de udvikler og fortæl dem, hvorfor du påskønner og værdsætter disse på arbejdet. Hvis du f.eks. synes, at de har styrken *Nysgerrighed*, kan du sige noget i retning af "Tak, fordi du tog dig tid til at mødes i dag, jeg værdsatte virkelig de spørgsmål, du stillede for at hjælpe os med at skabe et bedre resultat."

At blive en styrkeledet organisation

Organisationer kommer i stigende grad til at forstå, at deres ansatte er det mest værdifulde aktiv, de har. Krigen for det gode talent fortsætter, og i den jagt er det vigtigt at huske, at det koster mellem 70 og 200 % procent af en persons løn at erstatte dem. Så det at være i stand til at rekruttere, udvikle og belønne styrker, er bare rigtig god forretningsfornuft. Denne viden er ikke ny, og jeg er helt klar over, det er et meget omtalt emne i alle organisationer. Udfordringen ligger i, når vi skal i gang med at omsætte denne viden, transformere og integrere den i organisationen.

Der er flere ting, du skal være opmærksom på, når du leder efter værktøjer til at finde og udvikle styrker i din organisation. Det er en balancegang at omsætte testværktøjer til håndgribelige værktøjer, der fungerer for den enkelte i en hverdag med travlhed og stor omskiftelighed. Når det kommer til at frigøre potentialet i teams, er det vigtigt at opretholde en mangfoldighed af styrker og muligheder for at opnå vækst på den menneskelige og økonomiske bundlinje.

Selvom det er fristende at bruge værktøjer som VIA-undersøgelsen til rekruttering, er der også en reel fare for at læne sig for meget op ad resultatet. Det kan være nemt og trygt at putte mennesker i en "boks" og derved overse det uforløste potentiale, der ligger i at udvikle dem via deres styrker.

For at finde denne balance er det vigtigt at forstå, at et vurderingsværktøj er designet til at identificere menneskelige træk og kan bruges som et samtaleværktøj.

Det kan ikke ændre adfærd. Derfor anbefaler jeg at supplere disse værktøjer med et andet styrkebaseret værktøj, der kaldes Den Anerkendende Metode på dansk eller Appreciative Inquiry på engelsk. Dette værktøj er lavet til at finde og bygge videre på det sande, det gode og det mulige, og er blevet brugt i årevis til at frigøre potentialet i mennesker og organisationer. Faktisk er del B i denne bog opbygget ud fra denne viden om, hvordan du selv kan udvikle dine styrker og transformere dig til at blive den bedste udgave af dig selv, ud fra de rammer du allerede befinder dig i.

Udviklet af David Cooperrider ved Case Western University er der fem principper, der sammen danner denne ramme og giver os vigtig indsigt om den menneskelige adfærd, der ofte overses i organisationer.

1. **Forestillingsprincippet**.
   Det, du fokuserer på, bliver din virkelighed. Når du beder en leder eller medarbejder om at identificere deres egne svagheder i deres præstation, har du måske lagt mærke til, at listen over ting der kan forbedres, bliver lang? Der er altid lige en ting mere, der kan rettes op på, altid noget man kan gøre bedre eller anderledes. Hvis du beder dem om at identificere styrkerne i deres præstation, sker der det samme. Tænk på, hvad du i virkeligheden kunne opnå, hvis du forstod de menneskelige aktiver og fordele, der ligger i at udviklede dig selv og andre der, hvor de er bedst?
2. **Synkron Princippet.**
   For hver handling vi foretager, er der et spørgsmål, men alligevel har vi så travlt med at fortælle folk, hvad vi vil have dem til at udføre, at vi aldrig giver os tid til at stoppe op og lytte til dem. Ændring begynder med det første spørgsmål, du stiller. Så en god idé er at tænke over, hvad du vil spørge folk om. Det er godt med åbne spørgsmål som "Hvad er en perfekt dag for dig?", "Hvornår er du den bedste udgave af dig selv?" eller "Med hvem, hvor og hvordan opnår du følelsen af flow og har god energi på arbejdet?".
3. **Performance Princippet.**
   Positive billeder løfter os og motiverer os til at gå fremad. Vi har set evidens på dette i kapitel fire. Men hvor levende er de følelser og billeder, du opfordrer dine medarbejdere eller kollegaer til at skabe, når det kommer til deres fremtid i din organisation? Har du løftet dem og givet dem håb nok, så de er overbevist om, at i morgen kan blive en bedre dag end dagen i dag, og givet

dem friheden til, at de rent faktisk også kan handle på det og gøre den forskel, de mener, der skal til?

4. **Positivitetsprincippet.**
   Positive følelser fører til positive handlinger. Hvordan får dine performance målsætninger, udviklingssamtaler og opfølgningsmøder dine medarbejdere sig til at føle? Frygter de dem? Eller ser de frem til at sætte nye årlige mål, få feedback og modtage det samlede resultat for deres præstationer? Tror du, de forlader mødet opgivende og frustrerede over dem selv eller spændt over, hvad de kan opnå hen over det næste år?
5. **Konstruktionsprincippet.**
   Vores ord skaber vores verden. Vi hjælper folk med at skabe historierne om deres egen præstationer – om den er 'god' eller 'dårlig', 'kunstig' eller 'uduelig', 'nedværdigende' eller 'opgavefokuseret'. Tror du de følelser, der opstår hos dine medarbejdere, påvirker den måde, de går til deres opgaver og udfører den på? Tænk på fænomenet om de fastlåste og udviklende tankemønstre, som vi kiggede på i kapitel fire. Hjælper dine medarbejderudviklingssamtaler folk med at fokusere på historier, der bygger den selvtillid, optimisme og indsats, der kræves for at opnå succes?

Når du læser om disse fem trin, vil det måske gå op for dig, at jeres performancesystemer og værktøjer gør det modsatte af disse principper. Hvis følelsen af dårlig samvittighed indtager dine tanker lige nu, så giv slip på denne følelse og erkend i stedet, at det er et faktum, at de fleste organisationer ser deres ansatte som maskiner, der skal fastlægges og kontrolleres, snarere end levende systemer med uendelige styrker, der kan forløses.

Heldigvis er der også en løsning på denne tænkemåde, for Cooperrider fandt frem til, at der er en meget enkel metode til at forløse og integrere disse principper på, og som viser hvordan I kan ændre adfærd på en positiv måde, bedre kendt som 4-D Framework (Discover, Dream, Design, Deliver).

Begynd at fokusere på, hvilken positiv adfærd du ønsker mere af hos dine medarbejdere. Stil dig selv følgende reflektionsspørgsmål: Hvad vil du opnå i dit team?

Hvilken adfærd vil du dyrke? Hvad ønsker du, der skal forbedres? For eksempel er mit henseende med denne bog: Hvordan kan du frigøre dit potentiale på arbejdspladsen ved at udvikle dine styrker?

4-D Framework:

Discover: Find det bedste fra fortiden.

Find de bedste øjeblikke. I kapitel tre, bad jeg dig om at reflektere over dine højdepunkter, de øjeblikke der står helt klart for dig, og bad dig identificere, hvilke styrker du havde sat i spil.

Dream: Forestil, hvad der er muligt.

Hvordan ville fremtiden se ud, hvis du konsekvent brugte dine styrker rigtigt på dit arbejde, og 80 % af din arbejdstid sad med opgaver, der gav dig energi og bragte dig i flow? I kapitel fire opfordrede jeg dig til at forestille dig, hvordan en styrkedrevet fremtid ville se ud på din arbejdsplads.

Design: Byg bro til dine drømme.

Hvilke stier fører dig fra, hvor du er nu, til den fremtid du drømmer om? I kapitel fem foreslog jeg, at du opretter et håbskort og udforsker stierne for at give dig selv klarhed over, hvad der skal til, for at du begynder at bevæge dig mod dit mål.

Deliver: Levér det ønskede.

Hvilke ændringer er du faktisk villige til at foretage? I kapitel seks hjalp jeg dig for eksempel med en øvelse, der forpligtede dig til at tage det første skridt (dette var i form af en daglige styrkeudviklingsvane) for at motivere dig til at handle på et af de områder, hvor du ønskede at ændre adfærd.

Alt dette lyder simpelt nok og er helt sikkert også noget, du har hørt og set før, men hvordan kan du anvende denne styrkebaserede ændringsramme inden for dine eksisterende personaleadministrationsprocesser og -systemer og skabe den ønskede adfærd, der vil gavne dig, dine medarbejdere og organisationen?

Rekruttér jeres organisation til de ønskede styrker

Det mest effektive sted at begynde er at sikre, at du finder det rigtige match mellem dine medarbejderes styrker og de jobs, du tilbyder i jeres organisation. Får du gjort dette rigtigt fra starten, kan det spare dig for meget spildt tid og penge. En fejlrekruttering koster cirka 30 % af medarbejderens årsindtægt.

Faktisk vurderede Tony Hsieh, administrerende direktør for online tøj- og skofirmaet Zappos, engang, at hans egne dårlige ansættelser havde kostet ham godt over 100 millioner dollars.

Et værktøj jeg varmt kan anbefale, er Appreciative Enquiry. Du kan bruge det med eller uden folks VIA-styrkeresultater. Som alle andre vurderingsværktøjer, er det blot en guide, der kan hjælpe dig med at se, hvad personen kan opnå, hvis de får lov til at gøre endnu mere af det, de gør bedst hver dag. 80/20-reglen kan du igen benytte dig af, når du rekrutterer. Til jobsamtalen kan du spørge kandidaten om, hvilke arbejdsopgaver de helst vil udføre 80 % af deres arbejdstid. Og ved også at gennemgå disse fire trin i Appreciative Enquiry-modellen og sætte mål for samtalen, vil du være godt hjulpet gennem hele processen.

Husk på, at som interviewer er det ikke din opgave at finde frem til din kommende medarbejderes svagheder, for når alt kommer til alt, ønsker du ikke at ansætte den person med færrest svagheder, du ønsker i virkeligheden at ansætte den person, der har flest styrker.

Nogle interviewere frygter, at det kan betyde, at mangler overses, men som tidligere beskrevet, så er vores hjerner temmelig veluddannede til at få øje på potentielle udfordringer. Baseret på mine egne erfaringer tror jeg, at en god interviewer hurtigt vil opdage de potentielle svagheder eller kompetencegabet i, hvad kandidaten deler (eller ikke deler), når han eller hun besvarer spørgsmål.

Når du bruger Appreciative Enquiry, er der heller ingen grund til at undgå at spørge ind til områder, hvor du fornemmer en bekymring. Mit råd er, at du bruger det meste af interviewprocessen på at hjælpe kandidaten med at føle sig tryg og positiv. På den måde får du skabt et positivt rum, hvor du kan spørge ind til deres styrker. Jeg oplever tit, at kandidaterne bliver stresset og angste, når der hele tiden bliver spurgt ind til deres mangler eller svagheder, hvilket er helt menneskeligt og naturligt. Når mennesker bliver nervøse eller stressede, kan de ikke vise alt det, de gerne vil og måske har forberedt sig på, og så ender det med at begge parter taber og kandidaten går fra dig med en trist oplevelse, hvilket ikke gavner nogen. Og igen, husk, du er organisationens ansigt udadtil, så hvorfor ikke give det bedste af dig selv og derved skabe det bedste omdømme for jeres virksomhed - også selvom du har holdt ti samtaler den uge.

Hvis du sidder med en bekymring, du ønsker at får klarhed omkring, kan jeg anbefale dig disse retningslinjer i jobsøgningsskemaet og i jobsamtalerne:

- Identificer kandidatens nuværende evner baseret på deres tidligere præstationer.
- Vurdér kandidatens potentiale ud fra deres ambitioner om fremtiden.
- Vurdér, hvad det kræver for dig som leder og organisationen at få kandidaten til udvikle sig der, hvor de er bedst.
- Find kandidater, der er villige til at lære, vokse og tage ansvar.
- Sørg for, at kandidaten er et godt match til jobbeskrivelsen, teamet og din organisationskultur.

F.eks. kan en jobsamtale ved hjælp af Appreciative Enquiry-rammen udfolde sig ved hjælp af følgende spørgsmål:

Discover: Fortæl mig om et tidspunkt, hvor du følte dig mest levende, engageret og stolt af dit arbejde? Hvad skete der? Hvad lavede du? Hvilke omstændigheder var til stede, der gjorde, du fik sådan en fantastisk oplevelse? Hvad var det, der gjorde, at det er et af dine bedste minder?

Historier om tidligere præstationer fremkaldes let ved hjælp af sætningen "Fortæl mig om ... ".

Når du skal finde frem til, hvilke styrker der var i spil, kan du tilføre ord som "mest", "bedst" eller "stoltest".

Hvis du vælger, at dine kandidater skal tage en VIA-karakterstyrketest inden interviewet, kan du spørge hvilke styrker kandidaten trak på i en given situation.

Når du giver kandidaten mulighed for at reflektere over deres tidligere bedste erfaringer, giver du kandidaten mulighed for at opbygge en følelse af selvtillid, som sætter gang i de positive følelser, hvilket fylder en let strøm af dopamin og serotonin til hjernen. Det gør dem i stand til at tænke hurtigt, kreativt og agere samarbejdsvilligt under interviewprocessen.

Det giver dig mulighed for at se dem præstere, når de er bedst, ligesom som du får mulighed for at høre om deres eksempler på toppræstationer, så du derfra kan vurdere, om de vil imødese dine jobkrav.

Dream: Forestil dig, at du har succes i den nye rolle og om tre år sidder vi her for at gennemgå dine præstationsresultater. Hvad ville du have opnået? Hvorfor ville dine kunder glæde sig over at arbejde sammen med dig? Hvad siger dine kollegaer, når de beskriver dit arbejde?

Prøv at bede om svar, der fremkalder de lyde (hvad vil folk sige), følelser (hvad vil du være stolt af) og handlinger (hvad vil du gøre), som de mest ønsker at opleve på arbejdspladsen. Igen kan du udforske, hvordan deres styrkedrevede fremtid vil se ud, ved at tilføje spørgsmål som "Hvilke af dine karakterstyrker bruger du konsekvent i din hverdag for at nå dine mål?".

Når du opfordrer nogen til at dele deres håb for fremtiden under en jobsamtale, sikrer du, at deres positive følelser fortsætter med at flyde. Det giver dig også mulighed for at se deres drive, altså de ting, der driver dem internt og eksternt under omstændigheder, hvor de ikke er farvet af organisationen og kulturen. De positive billeder de deler, er som en krystalkugle ind i fremtiden, der giver et indblik i den handling, de vil være mest motiverede til at forfølge. Det er sandheden om, hvad de mest ønsker for deres liv. Du skal overveje nøje, hvordan det matcher mulighederne og ambitionerne i din organisation.

Design: "Som arbejdsplads kan vi tilbyde dig udvikling (kurser, videreuddannelse m.m.), coaching/mentor-ordninger og teambuilding. Hvilke af de tre ting, vil du have brug for at trække på, for at komme fra der, hvor du er nu, til den fremtid du lige har beskrevet?"

At bede kandidaten om at beskrive de veje, der vil flytte dem fra, hvor de er i dag, til opnåelse af den drøm, de lige beskrevet for dig, hjælper med at belyse de udviklings-, coaching- og den ledelsesstøtte, de sandsynligvis har brug for for at udleve deres potentiale.

Din hensigt med dette spørgsmål er at bede dem om at udforske deres drømme, og få indsigt i, hvilken hjælp de har behov for undervejs. I denne fase har du mulighed for at udfordre svagheder ved at præsentere dem for forskellige forhindringer, de måske kunne stå over for og spørge, hvordan de ville overvinde dem og hvordan de vil opretholde deres motivation, viljestyrke og gejst for at nå deres langsigtede mål.

Igen kan du undersøge, hvordan de vil bruge deres styrker til at bevæge sig fremad ved at stille spørgsmål som: "Hvilke af dine karakterstyrker tror du, vil være det vigtigste at udvikle for at gøre disse håb til virkelighed? Hvilken støtte vil du have behov for for at sikre, at du ikke under- eller overspiller specifikke styrker?"

Husk, at du får et bedre investeringsafkast ved at bygge videre på deres styrker, så lyt nøje til, hvordan de ønsker at forbedre sig selv. Vær opmærksom på, hvad de ikke identificerer og hvis det er bekymrende, skal du undersøge det yderligere for at se, om det er mulige svagheder, du skal tage med i dine endelige overvejelser.

Deliver: "Baseret på denne jobsamtale og uanset udfaldet, hvis der var én ting, du ville begynde at gøre anderledes i morgen for at frigøre mere af dit potentiale på arbejdspladsen, hvad ville det være?"

Få dem til at fokusere på den handling, de er villige til at stå til ansvar for. Hold dette spørgsmål åbent. Led dem ikke hen til svaret, ofte bliver der stille i et øjeblik, fordi kandidaten reflekterer.

Jeg kalder dette "kropssprogs-testen", fordi du via personens svar kan aflæse i deres kropssprog, hvor engagerede de er i at realisere deres eget potentiale. Hvis du vil udforske specifikke styrker, kan du spørge: "Hvad vil du gøre for at udvikle dine karakterstyrker mere efter denne samtale?"

Test af kandidatens vilje til at tage ansvar for deres egen udvikling giver dig mulighed for at måle deres væksttankegang. Deres svar giver indblik i deres evne til at tage kontrol over deres fremtid, og ikke blive farvet eller blive et offer for din organisations processer og politikker. Det giver dig også mulighed for at udforske deres opfindsomhed til, hvordan de vil benytte sig af deres netværk til sparring, samt deres evne til at løse problemer kreativt.

Du kan finde en detaljeret styrkebaseret interviewguide på houseoftalents.dk, hvis du ønsker mere inspiration til dine rekrutteringsprocesser.

Investering i udvikling af styrker

Når du først ansætter ud fra en styrkebaseret tankegang, giver det god mening at udvikle og dyrke det potentiale, du har rekrutteret, ud fra den samme tankegang. Når organisationer over hele verden bruger over 130 milliarder dollars årligt på at løse kompetencegab hos medarbejdere, betaler det sig at sikre, at dit budget til formelle trænings- og udviklingsprogrammer på arbejdspladsen, samt 1:1 coaching, giver det størst mulige return of investment.

Du kan hjælpe dine ledere eller HR-afdeling med at skabe styrkebaserede udviklingsskabeloner eller have samtaler med dine medarbejdere, der fokuserer på et enkelt og simpelt emne, de har til opgave at kigge nærmere på. Spørgsmålet, der skal undersøges, kan f.eks. være "Hvordan kan vi udvikle dit potentiale til konsekvent at præstere bedst på arbejdet?"

For bedre at kunne hjælpe medarbejderen med at reflektere over dette spørgsmål, anbefaler jeg, at de gennemfører eller opdaterer deres VIA-testresultater. Med resultatet kan I sammen prøve at finde de styrker, din medarbejder har haft i spil i det forløbne år.

Appreciative Enquiry-rammen kan også anvendes til udviklingssamtaler, her vises eksempler på spørgsmål, som du kan bruge til inspiration:

Discover: "Fortæl mig om de bedste oplevelser, du har haft hen over året, samt hvilke styrker du har formået at sætte i spil og udvikle i dit arbejde."

Hvis du vil grave dybere ned i, hvordan forskellige typer styrker understøtter din medarbejders vækst, kan du også spørge "Hvilke arbejdsrutiner eller opgaver synes du udviklede dine styrker allermest? Hvem af dine kollegaer har hjulpet dig med at udvikle dine styrker? Hvad har været det bedste træningsprogram eller anden formel læring, du har haft, hvor du oplevede nye sider af dig selv og hvor du kunne bringe dine styrker endnu mere i spil og udvikle dem til næste niveau?"

Dream: "Hvis du havde flere muligheder for at udvikle dine styrker, hvad tror du, du så kunne opnå? Hvad ville du føle dig mest begejstret for at få lov til at udvikle eller arbejde med i organisationen? Hvilken forskel vil det gøre for dine kollegaer, hvis du fik mulighed for at arbejde med de opgaver, du brænder allermest for? Hvordan tror, du kunderne ville bemærke disse ændringer og hvad tror du, de vil sige, når de opdager den forskel, det gør for dem?"

Det kan være en god idé at forankre disse spørgsmål til en bestemt tidsperiode. For eksempel: "Hvad kunne du opnå i det kommende år, hvis du fik mulighed for at gøre alt det, du lige har nævnt?". Alt efter din organisations prioritet kan du også vælge at lade tidshorisonten være mere åben.

Design: "Hvis du havde tre muligheder, der var inden for din egen kontrol, til at udvikle dine styrker yderligere, hvilke tre ting ville du så gøre noget ved?"

Det er en god idé at grave lidt dybere ned i dette spørgsmål og specifikt spørge: "Hvilken slags hjælp ville du have brug for; coaching, formel træning eller noget helt tredje?"

Det vil hjælpe dig med at få et klart billede af, hvad personens udviklingsplan sandsynligvis ville kræve af dig og din organisation.

Deliver: "Hvis der var en styrke, du ønskede mere fokus på og som skulle hjælpe dig med at komme i gang, hvilken styrke kunne du da trække på lige nu?"

Dette giver dig et indblik i, hvad de er villige til at forpligte sig til og være ansvarlige for, når det kommer til deres egen udvikling, snarere end blot at forvente, at du eller organisationen vil gøre alt for dem.

Du kan finde en detaljeret, styrkebaseret udviklingsguide på houseoftalents.dk, hvis du ønsker flere eksempler.

Giv feedback ud fra dine medarbejderes styrker

Nu hvor du har talt om styrker med dine medarbejdere, er det vigtigt, du også giver dem en styrkebaseret feedback om deres præstationer. Undersøgelser viser, at 81 % af medarbejderne fortæller, at de er mere motiverede til at arbejde hårdere, når deres leder viser og påskønner deres arbejde.

Ved blot at have denne ene og enkle proces for øje, kan du allerede her spare din organisation for millioner af kroner i tabt produktivitet. Når ledere giver deres medarbejdere styrkebaseret feedback, hjælper det mennesker med at forstå, hvorfor de værdsættes, hvordan de kan udvikle disse styrker yderligere, og det forbedrer deres selvtillid, tillid og modstandsdygtighed over for nye udfordringer. At give styrkebaseret feedback betyder ikke, at du kun fremhæver det, der er gået godt. For det er også vigtigt at sætte fokus på, at en styrke der fungerer godt i én situation, ikke altid fungerer lige så godt i en anden situation.

For eksempel er det en god idé at nedtone deres nysgerrighed og skrue op for deres udholdenhed, hvis der er en stram deadline, der skal overholdes. At træne ledere i at give styrkebaseret feedback vil altså give dem bedre mulighed for at lede deres medarbejdere og derved hjælpe den enkelte ansatte med at forstå sig selv bedre.

Det er derfor min overbevisning, at det ville være en god investering for jeres organisation, hvis jeres ledere blev undervist i, hvordan de giver feedback, så de har bedre forudsætninger for at hjælpe medarbejderne med at finde frem til, hvilke styrker der er bedst egnede i forhold til de opgaver, de skal udføre.

Du kan bruge Appreciative Enquiry-rammen til at skabe spørgsmål, for eksempel dette: "Hvad værdsætter vi/jeg virkelig ved din indsats og de resultater du skaber for organisationen?"

Hvis du har adgang til medarbejdernes VIA-undersøgelsesresultater, kan det være en god hjælp til forberedelse og til, hvordan du tilpasser feedbacken, så det bliver målrettet medarbejderen.

Du kan også bruge de styrke-spotting-teknikker, der er tidligere beskrevet til inspiration. Det kan hjælpe dig at kigge spørgsmålene igennem som forberedelse til denne samtale.

Ud fra den anerkendende undersøgelsesramme med fokus på styrke-feedback giver jeg her eksempler på spørgsmål:

Discover: ”Jeg har virkelig bemærket og værdsætter oprigtigt dit engagement, energi og nydelse i dit arbejde, når du ...”

Derefter kunne lederen dele deres observationer om, hvornår de har set medarbejdernes styrker blive brugt godt.

Dream: "Hvis du havde flere øjeblikke som dette i det kommende år, tror jeg, du kunne ..."

Så kunne lederen dele deres indsigt i det potentiale, de ser hos medarbejderen og de måder deres styrker kunne bygges på for at levere enestående resultater.

Design: "For at opnå dette, vil jeg gerne se dig udvikle dine styrker mere ved ..."

Så kunne lederen specificere de styrker og veje, de gerne vil have, at den enkelte medarbejder prioriterer at benytte endnu mere effektivt.

Deliver: "Jeg ville virkelig sætte pris på, hvis du kunne prøve at bruge dine styrker i løbet af de næste par dage til at have fokus på ..."

Så kunne lederen tilbyde en lille, øjeblikkelig ændring, som medarbejderen kan foretage for at forbedre sine præstationer og holdets resultater.

Du kan finde en detaljeret styrkebaseret feedbackguide på houseoftalents.dk.

Disse spørgsmål og udsagn er kun ment som eksempler. Sørg for, at du giver dine ledere tilladelse til at tolke de foreslåede Appreciative Enquiry-tilgange med de ord og formuleringer, der føles autentiske for dem. Det er meget forskelligt, hvordan ledere interagerer med deres medarbejdere og derfor vigtigt, at de gør det til deres egne spørgsmål.

Baseret på mine erfaring tror jeg, at den sværeste del i alt dette ligger i at hjælpe den enkelte leder med at føle sig godt klædt på til at udføre denne opgave. For alt dette handler om at få dem til at skifte mindset og kigge på medarbejderens styrker frem for svagheder eller fejl. Det er nyt for mange og kan i en presset hverdag være svært at huske på, selvom vi ved, at hjernen er bygget til at se fejl og at det derfor kræver et aktivt valg og øvelse at gøre det modsatte.

Derfor elsker jeg dette citat af Jack Welch: "Before you are a leader, success is all about growing yourself. When you become a leader, success is all about growing others."

Jeg håber, at du gennem din rejse fra del A til C i denne bog har lært: Hvad styrker er, hvorfor de er så værdifulde i forbindelse med dit arbejde, hvordan du opdager dine egne styrker og hvordan du forvandler dine drømme, skaber en styrkedrevet fremtid og designer veje, der hjælper dig med at gå fremad og nå dine drømme.

Jeg ønsker oprigtigt, at du må få det bedste arbejdsliv og at du vil tage disse styrkeværtøjer og planer med ud i din hverdag. Anvend og formidl dem i dit arbejdsliv. Jeg håber, de vil give dig så meget mere engagement, energi og glæde i dit liv, end en lønforhøjelse nogensinde kan give dig.

APPENDIKS

VISDOM OG VIDEN - STYRKER FOR HOVEDET

Dømmekraft

Dømmekraft er din evne til at udfordre dine egne personlige antagelser og overveje alternative forklaringer, før du kommer til en konklusion. Du kan se tingene fra forskellige vinkler og vurderer de forskellige muligheder, der er tilgængelige. Som følge heraf er du meget fleksibel i dine overbevisninger og meninger, når nye beviser bliver præsenteret.

Du er bedst:

Du arbejder bedst i et åbent miljø, hvor der er tid og plads til at udforske forskellige muligheder og tilgængelige beviser/informationer, inden du træffer en beslutning.

Udfordret af:

Fordi du kan lide at overveje tingene nøje, inden du træffer endelige beslutninger, er det svært for dig i situationer, hvor beslutninger skal træffes hurtigt og der er begrænset mulighed for at undersøge tingene til bunds. Hvis du gerne vil maksimere beslutningerne ved altid at søge efter det "bedste" valg, vil du måske konstant spørge dig selv, om der findes en bedre mulighed end den valgte løsning.

Skyggeside:

Hvis du bruger for meget tid på at vurdere, om du gør dig selv ineffektiv ved konstant at søge efter det perfekte svar eller ved at stille dig selv for mange spørgsmål, så bliver du overvældet. For at undgå denne skyggeside, skal du sætte nogle beslutningsmilepæle. Det kan du gøre ved at planlægge, hvor du gerne vil være på et bestemt tidspunkt i din beslutningsproces og bruge den som vejledning til at nå frem til en konklusion.

Styrken udvikles ved:

Søg efter udfordringer

Når du står over for en beslutning, skal du prøve at finde personer eller informationskilder, der har et modsat synspunkt om emnet end dig. Udforsk og hør begge sider af sagen, før du beslutter dig for at handle.

Overvej dine muligheder

Før du tager en endelig beslutning, kan du udforske de potentielle resultater af hver af mulighed ved at notere fordele og ulemper.

Spil djævelens advokat

Hav mod til at stille de kritiske spørgsmål, når andre er enige, især når du tror, at der kunne være mere til sagen/situationen end det, der er blevet sagt

Kreativitet, opfindsomhed og originalitet

Styrken beskriver din forkærlighed for at skabe nye idéer og have en original adfærd. Du er god til at generere nye idéer og kan anvende denne styrke på måder, som er nyttige og gavnlige for dig selv og andre.

Du er bedst:

Du foretrækker, når du er i et fleksibelt miljø, hvor du får frihed og støtte til at tænke ud af boksen, være innovativ og få processer og samarbejde til at fungere.

Udfordret af:

Fordi du foretrækker at undersøge nye måder at gøre tingene på, kan du blive udfordret, når du arbejder i stærkt trængte omgivelser, der har korte deadlines eller er afhængige af procedurer, der er sat i gang.

Skyggeside:

Skyggesiden af *Kreativitet, opfindsomhed og originalitet* dukker op, når du bliver mere interesseret i at skabe noget end at levere noget. Det kan få dig til at blive så opslugt af dine idéer, at du glemmer den kommercielle værdi, din organisation kræver af dig. Det kan også resultere i, at du konstant pusler med idéer, så de aldrig bliver helt færdige. Du kan måske også komme til at kede dig af en idé, når den skal leveres.

Styrken udvikles ved:

Find tid til kreativ udforskning

Opbevar kreative værktøjer såsom farverige tusser eller en skitseblok lige ved hånden. Brug i hvert fald 10 minutter hver dag på at bruge dine kreative værktøjer. Det kan være til at undersøge et projekt, du arbejder på i øjeblikket ved at tegne eller lave et mindmap med idéer og tilgange. Du kan gøre det alene, når du kommer på arbejde eller med dit team under dine møder.

Find syv løsninger

Pres din hjerne til at tænke mere kreativt ved at komme med mindst syv forskellige løsninger på problemer, du forsøger at løse på arbejdspladsen. De fleste af os holder op, når vi har fundet en eller to, men de uventede muligheder opstår normalt, når vi skubbes ud over det åbenlyse.

Leg med din kreativitet

Download en app på din telefon eller tablet, der fremmer mere kreativitet og fri tænkning. Giv dig selv lov til at bruge appen i 10 minutter hver dag til at udforske din kreativitet.

Nysgerrighed og interesse for omverden

Denne styrke handler om din appetit efter viden. Du vil hele tiden lære mere ved at dykke ned i de informationer, du har fundet, og engagere dig i nye oplevelser. Når du ser en mulighed for at lære eller deltage i noget nyt, træffer du helt naturligt beslutningen om at forsætte med at vokse og få mere viden. Du drages af viden og er opsøgende.

Du er bedst:

Du trives, når du er i stand til at bruge den nye viden eller erfaring, du har erhvervet dig på dit arbejde til at løse udfordrende problemer eller opfylde bestemte mål. Du elsker at lære nye metoder, teste nye tilgange, udforske markedets muligheder for at forstå, hvad der driver kunderne og finde ud af, hvordan man kan få styr på konkurrenterne.

Udfordret af:
Du elsker at have tilladelse til at udforske dynamisk og som følge heraf finder du det særligt udfordrende at arbejde i situationer, hvor du overvåges, måles eller får strenge grænser, der skal overholdes. Under sådanne omstændigheder er din egentlige motivation til at udforske udtømt, da du bliver mere fokuseret på opgaven end friheden til at lære.

Skyggeside:
Nysgerrighed og interesse for omverdenen kan være problematisk, når det får dig til at blive for fascineret af at udforske idéer uden at handle. Det efterlader dig lammet i søgningen efter ny viden, hvor den læring, du foretager, er spildt i forhold til værdien af undersøgelsen. Det er vigtigt at gøre en indsats for at forvandle din nysgerrighed fra viden til praksis, og dermed bidrage til at skabe resultater.

Styrken udvikles ved:
Lær en ny ting hver dag
Skriv en note om noget, du har lært ved at tale med en kollega, har læst i en artikel eller blot ved at lytte aktivt til et møde. Skriv i dine noter en kort forklaring på, hvad du har lært, samt hvordan denne viden kan omsættes og anvendes i praksis.
Tænk i spørgsmål
Hver handling vi tager, går forud for et spørgsmål. Se om du kan finde de spørgsmål, der skal spørges om, for at skabe de ønskede resultater. Lav f.eks. agendaspørgsmål til dine møder snarere end dagsordenspunkter.
Se efter alternative forklaringer
Undgå at drage forhastede konklusioner ved at udfordre dine overbevisninger og antagelser. Spørg dig selv: Er det den eneste forklaring på, hvad der sker? Og bemærk hvordan de forskellige ting, får dig til at føle og handle.

Perspektiv

Styrken beskriver din evne til at se situationer på en måde, der resonerer meningsfuldt for både dig selv og de personer, du deler dine synspunkter med. Du er god til at se en situation fra forskellige vinkler og andre værdsætter dine indsigter og vil ofte søge dit råd.

Du er bedst:

Du trives, når du er involveret i arbejdsprojekter eller opgaver, der kræver, at du trækker på din erfaring og ekspertise. Du føler, du er bedst, når du kan bruge din viden til at forme måden, du arbejder på, og formidle din indsigt videre til dit team, og på den måde hjælpe dem med at udfylde deres rolle i et projekt.

Udfordret af:

Din begejstring for at tilegne dig mere viden bliver udfordret, når der er begrænsede muligheder for at lære nye ting, engagere sig i nye oplevelser og have personlig vækst. Du føler, at du ikke bliver klogere, når du er i roller, hvor det forventes af dig, at du følger en streng retningslinje eller manual. Når du skal dokumentere og systematisere på denne måde, føler du, at der mangler mulighed for at dele dine synspunkter og råd med andre.

Skyggeside:

Fordi du har en stærk følelse af perspektiv, kan du til tider give din viden og råd til andre, også selv om de ikke har spurgt dig til råds. Selvom dine input er indsigtsfulde, er det vigtigt at være opmærksom på, at du vælger det rette tidspunkt og sted at dele dine synspunkter med andre. For at hjælpe dig med at håndtere det, så spørg dig selv, om dit råd virkelig vil have værdi for dem, du deler det med.

Styrken udvikles ved:

Lær fra andre

Læs biografier om andre forretningsmennesker, der inspirerer dig eller arbejder i din branche. Tag noter af de vigtigste ting, du har lært og brug dem i din egen karriererejse.

I hvilken sammenhæng, for hvilket resultat?

For at træffe den bedste beslutning til at opnå det resultat, du ønsker, så stil dig selv følgende spørgsmål: I hvilken sammenhæng, for hvilket resultat?

Gør det komplekse simpelt

Se efter måder, hvor du kan bruge teorier i praksis. Tænk på enkle måder at forklare komplekse idéer på, så de giver mening for andre.

Social, personlig og følelsesmæssig intelligens

Styrken åbner op for din evne til at forstå både dine egne og andres følelser og hensigter. Du kan bruge disse oplysninger til at navigere mere effektivt i din sociale verden og regulere dine egne følelser og adfærd.

Du er bedst:

Du brillerer på dit arbejde, når din intelligens kan anvendes på nyttige og gavnlige måder. Du nyder at hjælpe kollegaer med at opbygge eller reparere relationer og at tale med kollegaer for at hjælpe dem med at føle sig mere tilpas, når de for eksempel konfronteres med udfordringer.

Udfordret af:

Fordi du nyder at finde ud af nye ting om mennesker, keder du dig i miljøer, hvor du føler dig omgivet af mennesker, der mangler kompleksitet i deres udtryk og relationer eller som i høj grad ligner hinanden.

Skyggeside:

Det er vigtigt ikke at bruge din sociale, personlige og følelsesmæssige intelligens til at fungere som en psykolog, hvor du overanalyserer andres følelser og motiveres af andres følelser til at bevise dit eget værd, i stedet for at danne en autentisk relation, som bygger på oprigtig nys- gerrighed og interesse.

Styrken udvikles ved:

Hjælp andre med at føle sig trygge

Når mennesker omkring dig oplever stress eller usikkerhed, kan du øve dig i at sætte dig i deres sted. Det kan du gøre ved at fungere som et spejl for dem, blot lyt og anerkend dem, kom ikke med løsningen, selv om du tænker, det ligger lige til højrebenet. Kom først med råd, hvis du bliver bedt om det. På den måde hjælper du personen gennem processen på en styrkende og anerkendende måde.

Hav en positiv følelse

Vær opmærksom, når du eller dem omkring dig oplever et højt engagement og energi. Nyd og værdsæt disse øjeblikke, og tænk over, hvad du kan gøre for at bygge videre på og genskabe disse positive oplevelser i fremtiden.

Bemærk, hvad der motiverer dit team til handling

Bemærk, hvad der motiverer dit team og brug disse positive følelser til at ramme dine ønskede forretningsmæssige resultater på en måde, der er meningsfuld for dit team.

Videbegær

Styrken henviser til din kærlighed til det at tilegne sig ny viden eller en ny færdighed. Den glæde og selvsikkerhed som du får ved at lære noget nyt, er din evne til at nå et læringsmål. Du lærer for læringens skyld, hvilket gør det muligt for dig at fastholde din vilje til at finde ud af mere, hvis opgaven viser sig at være vanskelig eller du oplever, at du har fejlet med en opgave.

Du er bedst:

Du trives, når du befinder dig i situationer, hvor du får mulighed for bruge en ny færdighed eller videreudvikle din viden.

Udfordret af:

Fordi du nyder at udvide din viden og færdigheder, kan du kæmpe med at arbejde i et miljø, hvor der er begrænsede muligheder for at lære nye ting. For eksempel kan du finde det udfordrende at udføre arbejde, der involverer business-as-usual situationer; hvor strategier, processer og tilgange er fastlagt og der er begrænset tid til forbedring.

Skyggeside:

Dit videbegær kan blive negativt manifesteret i en 'jeg ved det hele'-attitude, hvor du kan tro, at du allerede ved alt, hvad der er at vide. Det kan være skræmmende for andre at støde på, og det kan skabe afstand mellem dig og andre. For at undgå denne skyggeside, er det vigtigt at være åben overfor nye idéer og tillade andre at udtrykke deres viden, uden at du forsøger at være bedre end dem.

Styrken udvikles ved:

Fortsæt med at vokse

Tilmeld og engagér dig i nye oplevelser, der gør det muligt for dig at lære noget i morgen, som du ikke kender i dag.

Nyd ny viden

Oplev glæden ved at lære bare for at lære. Tag dig tid til at lære en ny ting hver dag, der er relevant for dit arbejde. Det kan være relevant for den organisation, du arbejder for eller for branchen i bredere forstand.

Hav viden om mennesker

Prøv at møde en ny kollega eller klient hver uge. Prøv at have en samtale med dem om, hvad de gør med fokus på, hvilke aspekter de virkelig nyder og hvad de udfordres mest af. Deltag i netværksevents såsom konferencer for at lære af andre, der arbejder i dit felt.

MOD OG TAPPERHED - STYRKER FOR HJERTET

Tapperhed og mod

Styrken beskriver din vilje til at rejse dig op og kommunikere i vanskelige eller truende situationer. Du tager dig tid til at anerkende og evaluere de risici, der er forbundet med en udfordring og bestræber dig på at få det bedste ud af selv den mest vanskelige situation. Du har en særlig evne til at holde hovedet koldt.

Du er bedst:

Ud over din evne til at demonstrere *Tapperhed og mod* ved en fysisk trussel, kan du bruge din styrke på din arbejdsplads til at konfrontere psykologiske og moralske udfordringer. For eksempel kan din tapperhed og dit mod gøre det muligt for dig at fortsætte for at nå en svær deadline, at tage ansvar for en fejl, du har lavet eller bakke en kollega op.

Udfordret af:

Fordi du godt kan lide en udfordring, kæmper du nogle gange i situationer, hvor du ikke har friheden til at handle. Dette kan for eksempel opstå, hvis du ikke har mulighed for at bakke din kollega op, af frygt for selv at blive fyret eller sat uden for fællesskabet.

Skyggeside:

Når du giver for meget af din tapperhed og dit mod kan det blive til hensynsløshed. Det betyder, at du vil tage unødvendige risici under omstændigheder, hvor den sikre løsning er mere fornuftig. For at nedtone denne skyggeside, skal du altid overveje situationen for at afgøre, om det er mere gavnligt at tage den risikable mulighed end at holde sig til den mere forsigtige og stabile vej. I stedet for at springe ud i det er det ofte klogt at kortlægge nye idéer for at minimere enhver tilknyttet risiko.

Styrken udvikles ved:

Kom ud af din komfortzone

Prøv at begynde din dag med at være udenfor din komfortzone, uanset om det er stort eller småt. Forsøg at handle på en ting, som du normalt vil udsætte.

Find uventede partnerskaber

Prøv hver uge at bruge tid på at mødes med en, som du måske normalt ikke vil mødes med, der vil have en positiv indflydelse på dit arbejdsliv.

Find dine helte

Prøv hver dag at finde en person på din arbejdsplads, det viser mod eller udvikler sig på en inspirerende måde. Det vil hjælpe dig med at forstå at en modig adfærd kan blive anerkendt og respekteret, hvilket vil motivere dig til at være mere modig og springe ud i det uforudsete.

Vedholdenhed, arbejdsomhed og flid

Styrken *Vedholdenhed, arbejdsomhed og flid* beskriver din evne til at overholde de mål, du selv har sat. Selvom du oplever udfordringer undervejs, vælger du at fortsætte med at arbejde hen imod dine mål, uden at lade disse udfordringer eller barrierer hindre dig. Ikke alene er du god til at få tingene gjort, du nyder også glæden ved at opfylde af dine mål.

Du er bedst:

Du blomstrer, når du konfronteres med en opgave, der indebærer, at du kan forblive engageret og arbejde hårdt. Det kan være, at du får et langsigtet projekt at arbejde på, der kræver et varigt engagement eller måske skal du gennem flere udfordringer og vanskeligheder for at kunne gennemføre et projekt.

Udfordret af:

Fordi du gør en indsats for at få opgaven færdiggjort, selvom du oplever vanskeligheder, føler du, at du ikke bliver ankerendt for det stykke arbejde du har gjort, men at der i stedet bliver fokuseret på fejl og mangler. Du føler dig specielt frustreret, når menneske omkring dig ignorerer dit hårde arbejde eller ikke anerkender, at du har kæmpet for at nå målstregen med en opgave.

Skyggeside:

Du giver for meget af din styrke *Vedholdenhed, arbejdsomhed og flid*, når du bliver besat af, at en opgave skal fuldføres perfekt. Du kan føle, at du er ude af stand til at stoppe dig selv fra at nå et bestemt mål, selvom du er udmattet eller ved at være udbrændt. Du undgår at holde pause, selvom det er bedst at holde en pause for at forny din energi. For at styre denne skyggeside skal du altid huske på, at utrættelig udholdenhed er til skade for de resultater, du prøver at opnå, og at du skal tage pauser, da det er gavnligt for din målsætning.

Styrken udvikles ved:

Levér det vigtigste

Prøv hver morgen at sætte dig selv nogle små mål, som du vil have nået inden din arbejdsdag er omme. Overvej, hvordan du vil bruge din tid for at sikre leveringen af disse målsætninger.

Find din rytme

Aftal med dig selv, at du arbejder i for eksempel 25 minutter eller hvad der fungerer for dig. Derefter holder du en pause, hvor du kan tjekke din mobil eller laver noget, der får dig til at slappe af. Du bliver langt mere effektiv, når du arbejder fokuseret i kortere perioder. Bagefter kan du med god samvittighed bruge fem minutter på at tjekke telefonen eller hente en kop kaffe. Jeg anbefaler appen *'Brainfocus'* – den kan hjælpe dig med at forbedre din produktivitet og holde fokus.

Giv dig selv en klar plan

Fastslå, hvad du gerne vil opnå over de næste 6-12 måneder, og lav en uge-for-ugeplan, der vil hjælpe dig med at flytte dig fra, hvor du er nu, til hvor du gerne vil være. Forpligt dig selv til at gennemføre din plan og overvåg dine fremskridt, når du går fra en uge til den næste.

Ærlighed, autenticitet og ægthed

Styrken beskriver din evne til at være autentisk, når du præsenterer dig selv og andre, hvilket fører dig til at handle og tale på måder, der afspejler det, du virkelig tænker og føler. Du ved, hvad dine værdier er, du lever dit liv efter dem og foretrækker ikke at kompromittere, hvem du er og hvad du tror på for popularitetens skyld.

Du er bedst:

Du brillierer, når du er involveret i en opgave eller aktivitet, der stemmer overens med dine værdier og styrker. Under sådanne omstændigheder føler du, at du kan handle på en autentisk måde - du er sikker på at ved at være dig selv, får du opgaven gjort godt, uden at du skal gå på kompromis med det, du tror på.

Udfordret af:

Fordi du værdsætter ægthed, kæmper du med at arbejde under omstændigheder, hvor du er forpligtet til at gå imod, hvad du tror er det rigtige. For eksempel kan du have det meget ubehageligt med at arbejde i et team, der forsøger at øge salget ved at presse kunderne og ikke er helt ærlige i deres rådgivning.

Skyggeside:

Skyggesiden af *Ærlighed, autenticitet og ægthed* kan blive til en form for overretfærdighed. Dette kan være problematisk, da du kan komme til at føle dig hævet over andre og du kan lande i en gråzone mellem ærlighed og uærlighed. Gråzonen kan for eksempel være, hvis en kollega til et møde vælger at forholde sig neutralt, i stedet for at udtrykke sig direkte overfor en problemstilling, som I sammen har drøftet udfordringerne ved. Du udfordres, når du føler, at nogen er uærlige. Her skal du tage dig tid til at spørge dem, hvad der sker, undgå at drage konklusioner og ikke virke dømmende overfor deres beslutning.

Styrken udvikles ved:

Sig det, som det er

Giv hver morgen en person konstruktiv og autentisk feedback. Det kan være om deres præsentation på et igangværende projekt eller en idé, som de har delt. Vær sikker på, at de føler sig respekteret og værdsat.

Mød andre, som du ønsker, de skal møde dig (karma)

Vær et levende eksempel på den opførelse, du synes andre skal have. Ved at være positiv og anerkendende, vil du opleve at få meget positivt igen.

Hold det, du lover

Hav kun forpligtelser, som du kan overholde og sørg for, at du har tid til at svare andre. Hvis omstændighederne ændrer sig på en måde, der påvirker din evne til at opfylde et løfte, skal du gå tilbage og nulstille forventningerne ved at have en åben og gennemsigtig dialog om, hvad du kan levere og hvornår.

MEDMENNESKELIGHED - STYRKER FOR ANDRE

Kærlighed

Din styrke *Kærlighed* er din evne til at fremme og værdsætte de forhold, du har med andre. *Kærlighed* har forskellige former for udtryk, det kan være dit forhold til et familiemedlem, en ven, romantisk partner, chef eller kollega. Du sætter mest pris på de relationer, der indeholder gensidighed og nærhed, hvor du føler, at du er i stand til både at give og modtage kærlighed.

Du er bedst:

Når du arbejder i miljøer, hvor du kan udvikle og fremme stærke relationer med andre, vil du brillere. Du interesserer dig for de mennesker, du leder, og du kan bruge din styrke *Kærlighed* til at skabe bedre forhold til dem.

Udfordret af:

Fordi du lægger stor vægt på tætte relationer, finder du det mest udfordrende at være på en arbejdsplads, hvor mennesker omkring dig har en lille interesse i at passe deres og andres trivsel og følelsesmæssige velfærd.

Skyggeside:

I sin fulde form indeholder denne styrke både evnen til at give og modtage kærlighed. Men nogle gange giver du så meget kærlighed til andre, at du ikke har noget tilbage til dig selv. Det er vigtigt at finde en balance, når du giver kærlighed, så du kan tage dig af dine egne behov i lige så høj grad, som du opfylder andres.

Styrken udvikles ved...

Vis kærlighed til andre

Giv kærlighed til andre mennesker ved at snakke med en kollega for at vise dem, at de er respekteret og værdsat. Du kan måske takke dem for noget de har gjort, lave dem en kop kaffe eller bare have en samtale med dem om, hvordan de har det.

Vis kærlighed til dig selv

Find en ting hver dag, som du kan gøre for at pleje dig selv. Dette kan omfatte lidt let motion, en sund snack, meditation eller lytte til din yndlingsmusik.

Omgiv dig med positive mennesker

Del en oplevelse af positive følelser med nogen, og tag dig tid til at investere i den følelse af varme og tillid, der naturligt vil opstå.

Venlighed og gavmildhed

Styrken henviser til den entusiasme og venlighed, du viser til andre mennesker, uanset om de er tætte på dig eller blot er bekendte. Du udviser gavmildhed til andre for deres skyld og ikke for din egen. Du mener, at mennesker fortjener det bedste.

Du er bedst:

Du trives på dit arbejde, når der er masser af muligheder for at gøre gode ting for andre mennesker, især når du ved, at dine handlinger har en positiv indvirkning på andres velvære eller performance.

Udfordret af:

På grund af din tro på, at alle fortjener det bedste, finder du det svært at arbejde i en organisation, hvor de personlige behov og trivslen hos medarbejderne, er lavt prioritet.

Skyggeside:

Skyggesiden af *Venlighed og gavmildhed* kommer frem, når du ikke viser venlighed og generøsitet til dig selv, hvilket kan have en negativ betydning for dit velvære og din præstation. For at undgå at du giver for meget af din *Venlighed og gavmildhed*, skal du sætte grænser for, hvem du giver til, samt hvad og hvornår du giver. For eksempel, hvis folk hele tiden opsøger din viden eller får idéer fra dig, så får det en negativ betydning for din egen arbejdsdag. Du kan i stedet prøve én gang om ugen at have en åben kaffeaftale for alle, der søger en form for støtte, så de kan stille deres spørgsmål. Det er også vigtigt at indse, at du er værd at hjælpe, lige så meget som andre, så vær ikke bange for at bede om andres hjælp, når det kræves.

Styrken udvikles ved:

Vis oprigtig interesse

Når en kollega fortæller om en vanskelig eller udfordrende oplevelse, så prøv at lytte uden at analysere eller dømme det, de fortæller dig. Vær der for dem og få dem til at føle sig trygge og sikre.

Udfør en venlig gerning for nogen

Gør en venlig ting for en anden person uden at blive bedt om det eller forvente at du får noget igen.

Tal venligt til andre

Når du kommunikerer med andre, så benyt dig af venlig og positiv kommunikation, uanset om det er ansigt til ansigt, over telefonen eller gennem e-mails.

RETFÆRDIGHED - STYRKER FOR SAMMENHOLD

Fairness og rimelighed

Din styrke *Fairness og rimelighed* henviser til din stærke følelse af, hvad du tror på er det rigtige, og dit ønske om at handle i overensstemmelse med disse overbevisninger. Du holder af andre mennesker, og er god til at forstå andres synspunkter. Du ser en sag fra flere sider.

Du er bedst:

Du brillerer i miljøer, hvor de mennesker, du er omgivet af, deler dine værdier og holdninger om, hvad der rigtigt og forkert, og som har tillid til, du altid vil handle fair, når der skal tages beslutninger. Du forventer, at dit team giver dig frihed til at handle, fordi de stoler på, at du har tænkt hele vejen rundt og har tænkt alles bedste ind i din beslutning.

Udfordret af:

Du bliver udfordret ved at arbejde i miljøer, hvor det, du tror på, ikke understøttes. For eksempel vil dit ønske om at gøre det, du synes er rigtigt, blive undermineret under omstændigheder, hvor du føler, at dit arbejde har en negativ indvirkning på et individ eller en gruppe mennesker.

Skyggeside:

Hvis din styrke *Fairness og rimelighed* bliver misbrugt, kan du blive for adskilt fra dit arbejde. Hvis du føler, at din arbejdsplads eller dit team ikke er retfærdigt, vil du beskytte dig selv fra de valg og handlinger, der sker omkring eller inden i dig. Nogle gange bliver du også meget påvirket, hvis du mener noget er uretfærdigt. For at styre denne skyggeside, skal du vælge dine kampe med omhu.

Styrken udvikles ved:

Vær fair over for andre

Prøv hver uge at investere i en handling du tror, vil gøre din arbejdsplads en lille smule mere retfærdig. Du kan for eksempel anerkende, hvornår en af dine kollegaer er blevet uretfærdigt behandlet og tale med dem om det, eller endda tilbyde positive tilbagemeldinger til en, der fortjener feedback på en løst opgave.

Tag ansvar for dine fejl

Når du laver fejl, skal du ikke være bange for at indrømme, at du har gjort noget forkert.

Vær villig til at tilgive

Overvåg den indre dialog, du har med dig selv, når du eller nogen omkring dig laver en fejl. Giv dig selv plads til at anerkende, at vi alle begår fejl og at vi kan blive tilgivet. Tilgiv dig selv, som du ville tilgive andre.

Lederskab

Din styrke *Lederskab* beskriver din evne til både at organisere og opmuntre andre for at hjælpe dem med at opnå et fælles mål. Du hjælper gruppen med at finde de bedste veje og du er i stand til at bevare teamet undervejs. Du kan inspirere andre til at blive bedre og du har en relation til hvert teammedlem.

Du er bedst:

Du trives, når du får chancen for selvstændigt at styre et team; især hvis du kan spille en stor rolle i forhold til at få dit team til at nå dets ambitioner og mål.

Udfordret af:

Du finder det særligt udfordrende at arbejde i situationer, hvor du ikke udelukkende har ansvaret for at styre teamet eller når du bliver sat i en position, der udnytter dine lederevner.

Skyggeside:

Skyggesiden af *Lederskab* kan forekomme under omstændigheder, hvor du styrer med jernhånd. I sådanne tilfælde kan de ønsker og idéer, der kommer fra de mennesker, du leder, blive manipuleret eller tilsidesat til fordel for dine egne. Da du fortrækker at være i førersædet, kan det være svært for dig at tage positionen som 'følger', ved at give andre muligheden for at have ansvaret. Det er vigtigt at huske, at *Lederskab* handler om at bringe det bedste frem i andre og ikke kun i dig selv. Vær villig til at lade andre være leder på et projekt.

Styrken udvikles ved:

Træd til

Tilbyd at være leder i enten en formel eller uformel kontekst. Hav i tankerne, at lederen skal have et team og find de mennesker, som du gerne vil have på dit team.

Styr samtalerne

Når mennesker omkring dig har svært ved at samle deres tanker eller udvikle/udtrykke deres idéer under møder, så tilbyd at hjælpe dem. For at undgå frustrationer, skal du huske at tilbyde dit lederskab til gruppen, lad være med at påtvinge det.

Bliv inspireret

Prøv hver dag at finde et godt eksempel på lederskab, som du har observeret både indenfor og udenfor din arbejdsplads. Fokuser på, hvad du gerne vil lære fra de ledere, som du har observeret, og hvordan du kan bruge det i dit arbejde. Du kan tage noter fra din observationer. Dine noter kan inkludere pointer såsom hvad der driver lederne, hvordan de håndterer vanskelige situationer og hvordan de får folk med på en idé.

Samfundssind, pligtfølelse, loyalitet og teamwork

Styrken refererer til din følelse af at tilhøre noget og være engageret i et hold eller en sag, der har en større mening. Du udviser en stærk tro på de teams, du er en del af, og forsøger altid at yde et retfærdigt bidrag, når du arbejder i gruppekontekster. Du vil hjælpe dit team med at opnå de bedste resultater.

Du er bedst:

Du udmærker dig, når du arbejder hen imod et veldefineret fællesmål, især når det betyder, at du skal arbejde sammen med andre for at få arbejdet gjort. For eksempel kan du godt lide at sammensætte en gruppepræsentation eller fortælle om en idé, som du mener kunne gøre en positiv forskel på din arbejdsplads.

Udfordret af:

Fordi du trives med at samarbejde, finder du det udfordrende at arbejde med mennesker, der viser mere bekymring for sig selv end for gruppen. For eksempel bliver du frustreret, når mennesker ikke tager deres del af ansvaret, men i stedet læner sig tilbage og lader gruppen udføre alle opgaverne.

Skyggeside:

Når du giver for meget af dig selv, kan din styrke af medborgerskab manifestere sig i form af overdreven patriotisme. Denne skyggeside kan føre dig til at se dit team som overlegent overfor andre i blind tro på, at din gruppe ikke kan gøre noget forkert. På denne måde skaber overdreven patriotisme en barriere, der begrænser dig i at se værdien hos mennesker uden for dit team. Det medfører, at du er afvisende overfor ikke-teammedlemmer og undervurderer din evne til at samarbejde med dem effektivt. For at dæmpe denne skyggeside skal du give dig selv plads til at træde tilbage fra teamet fra tid til anden.

Styrken udvikles ved...

Vær involveret

Tilmeld dig et team i din organisation, som du respekterer og er inspireret af. Dette kan være en del af dit job eller noget, som du gør som frivillig.

Tilbyd at coache andre

Meld dig frivilligt, formelt eller uformelt, til at hjælpe nogen, du arbejder sammen med, ved at sætte et mål sammen med dem. Samarbejd med dem for at finde vejen frem for dem, og følg op for at se, hvordan de skrider fremad.

Værdsæt loyalitet

Gør hver eneste dag en tjeneste i et team, som du er medlem af. Vær en teamspiller ved bevidst at engagere dig i teamet. Det viser din loyalitet.

SELVBEHERSKELSE - STYRKER FOR DIG SELV

Forsigtighed, fornuft og diskretion

Din styrke *Forsigtighed, fornuft og diskretion* kan defineres som din evne til at tænke og handle på måder, der bidrager til opnåelsen af dine fremtidige ambitioner og langsigtede mål. Du tænker og sætter pris på fremtiden, og kan lide at planlægge fremadrettet. Du forudser nemt, hvordan dine beslutninger vil påvirke visse resultater, og er god til at regulere din adfærd i overensstemmelse med dine mål.

Du er bedst:

Du trives, når du får tid og plads. Både til at overveje over dine ambitioner, til at udarbejde en plan for dem og til at føre planen ud i livet.

Udfordret af:

Fordi du kan lide at arbejde med langsigtede mål, kan du blive udfordret af at tage en tvunget spontan beslutning på grund af uventede omstændigheder. Dette kan ske, når du er involveret i et tvetydigt projekt eller har en deadline for at fuldføre en vigtig opgave.

Skyggeside:

Forsigtighed og omtanke kan til tider manifestere sig som overdreven forsigtighed. Det betyder, at du kan være bange for at tage risici eller være spontan. Dit behov for at overholde planen kan få dig til at virke som en dødbider, hvor du lukker af for nye og uventede muligheder. For at hjælpe dig med at dæmpe denne styrke, skal du altid huske på, at din plan kun er en vej mod dit mål. Prøv at sætte dine forventninger lidt lavere og give tingene chancen for at udvikle sig naturligt, og hold dit sind åbent for nye muligheder.

Styrken udvikles ved:

Planlæg ud i fremtiden

Før du tager en beslutning, så brug tid på at overveje og se de mulige resultater af et valg, du skal træffe. Tænk på, hvordan konsekvenserne kan se ud indenfor et år, såvel som på længere sigt på fem til ti år.

Hold planen

Når du har et mål i tankerne, skal du sætte klare milepæle, der skal opnås undervejs. Gør det til en daglig vane at bruge nye værktøjer såsom projektplaner - prøv nye onlinetilbud som asana.com - for at sikre, hvad du lover, bliver leveret til tiden og indenfor budgettet.

Tænk før du taler

Når du er i et møde, så giv dig selv tid og plads til at holde pause og reflektere over, hvad du vil sige. Når du har taget et øjeblik og føler dig godt tilpas, så fortæl om din idé. Vær ikke bange for at bede om ekstra tid til refleksion, hvis du føler, at det er nødvendigt.

Gør plads til at være spontan

For at hjælpe dig med at forblive fleksibel på rejsen mod dit mål, så skab en daglig vane med at træde tilbage fra din plan og se på det større billede. Er der nye muligheder, du skal udnytte? Er der forhindringer i horisonten, som du skal være parat til? Skal du sænke farten på nogle leverancer for at sikre bedre kvalitet?

Selvkontrol og selvbeherskelse

Din styrke *Selvkontrol og selvbeherskelse* beskriver din evne til at forblive tro overfor de tanker du har, de følelser du oplever og de handlinger du gør. Du lever disciplineret for at opfylde de forskellige mål, du har for dig selv. Afhængigt af hvad situationen kræver, har du evnen til at styre dine impulser.

Du er bedst:

Fordi du trives med at være disciplineret, brillerer du, når du arbejder i et miljø med regler og grænser, som er stramt struktureret. For eksempel er du god til at arbejde på projekter, der har en deadline, og du engagerer dig i opgaver, som ikke kan gennemføres ved at tage genveje.

Udfordret af:

Du kæmper i situationer, hvor du udsættes for et højt niveau af stress eller fysisk udmattelse. Når arbejdsbelastningen bliver uudholdelig eller timerne bliver for lange, kan det hindre din evne til at holde styr på dine svar og handlinger med samme disciplin, som du normalt udviser.

Skyggeside:

Når din styrke *Selvkontrol* bliver misbrugt, kan det føre til hæmninger. Det betyder, at du til tider kan finde det svært at reagere spontant eller handle på en måde, der føles naturlig for dig. For at overvinde denne skyggeside, så prøv bevidst at ændre på nogle af dine rutiner. Ved at introducere en vis åbenhed og fleksibilitet til dine vaner, giver du dig selv mulighed for at være ansvarlig for dine valg, snarere end at lade dine rutiner kontrollere dig.

Styrken udvikles ved:

Start tidligt

Identificér de vigtigste opgaver, du har hver dag, og løs disse opgaver først om morgenen, når dine selvreguleringsniveauer er på det højeste niveau.

Få styr på dine følelser

Gennem hele din dag skal du være opmærksom på, hvordan du føler og hvordan det får dig til at handle. Identificér de ting, der udløser din værste adfærd og tænk på, hvordan du kan håndtere disse situationer mere effektivt for at få de ønskede resultater.

Sæt små mål

Start hver dag ved at gennemføre en lille målsætning. Uanset om det drejer sig om at skrive eller svare på en e-mail, afslutte en præsentation eller booke et møde, det vigtigste er, at du forpligter dig til at få det gjort. Kryds et mål af, når du har gennemført det, for at få en følelse af tilfredshed.

Mix dine vaner

Prøv en gang om dagen at udfordre dine vaner og rutiner ved at tage en anden tilgang. For eksempel kan du gå en anden vej til arbejde, spise noget uventet eller udføre en opgave med din ikke-dominerende hånd.

Ydmyghed og beskedenhed

Din styrke *Ydmyghed og beskedenhed* refererer til din evne til nøjagtigt at opfatte og vurdere dig selv - herunder dine styrker, præstationer, svagheder og fejl. Du lokaliserer dig selv i det 'større billede' i verden og præsenterer dig selv for andre i overensstemmelse med, hvem du virkelig er. Du er god til at se det gode i alle ting.

Du er bedst:

Du er bedst, når du arbejder i et miljø, hvor du ikke er tvunget til regelmæssigt at fremvise dine præstationer og succeser. Du kender dine styrker og succeser, men du fortrækker ikke at offentliggøre dem, i stedet vil du hellere arbejde autentisk og lade dit arbejde tale for sig selv.

Udfordret af:

Fordi du er god til at se dine styrker og svagheder i et større perspektiv, kan du have det svært ved at arbejde med mennesker, der har et behov for at prale med, hvad de har opnået. For eksempel kan du ikke lide at arbejde i et job, hvor folk holder øje med deres succeser og konstant har behov for at tale højt om dem.

Skyggeside:

I sin overdrevne form kan *Ydmyghed og beskedenhed* føre dig til, at du bruger selvironi. Du kan tale og tænke nedsættende om dig selv, og kan ofte bruge humor og sarkasme til at få dig selv til at falde ned på jorden igen. For at overvinde denne skyggeside, skal du gøre en aktiv indsats for at fokusere på dine styrker og forstå, hvad du respekterer og værdsætter ved dig selv. Se på dig selv gennem dit teams øjne, ved at spørge: "Hvad er det, jeg kan tilbyde dem?" På den måde handler det ikke kun om dig, i stedet hjælper du dit team med at få mest muligt ud af dine styrker.

Styrken udvikles ved:

Tag ejerskab for dine fejl

Når du har begået en fejl, skal du være villig til at tage ansvaret for den ved at give en undskyldning. Vær altid villig til at lære af dine fejl.

Lad andre skinne

Når du har diskussioner med andre mennesker, så stil dem spørgsmål for at give dem mulighed for at tale og præsentere dem selv og deres oplæg. Stil dem positive spørgsmål, som fremhæver dem.

Fejr succeserne

Hav en daglig vane med at fejre succeserne. Anerkend resultaterne og indsatsen fra dig selv og andre, og snak med mindst en anden person om det. Brug sproget 'vi' og 'os' i stedet for 'mig' og 'jeg', så fejringen af dine styrker føles autentisk.

TRANSCENDENS - STYRKER FOR SJÆLEN

Gejst, energi, lidenskab og entusiasme

Gejst, energi, lidenskab og entusiasme beskriver den følelse af entusiasme og kraft, som du oplever, når du engagerer dig i enhver aktivitet. Du har en stærk følelse af at være i live. Du investerer fuldt ud i dine oplevelser og omfavner alle de rejser, livet tager dig på.

Du er bedst:

Du er bedst, når du er i fuld kontrol over en opgave eller et projekt, som du er interesseret i. Under sådanne omstændigheder kan du køre på bølgen af din egen passion og energi, og lade det føre dig til at få arbejdet gjort.

Udfordret af:

Fordi du kører på energi, bliver du udfordret, når du er udmattet på grund af mangel på basale behov såsom søvn, regelmæssig motion eller en sund kost. Det kan ske, hvis dit job kræver, at du arbejder over eller på usædvanlige tidspunkter.

Skyggeside:

Til tider kan *Gejst, energi, lidenskab og entusiasme* være overvældende for mennesker omkring dig. Når det sker, opdager du, at du arbejder hårdt på et nyt projekt, som du har passion for, mens resten af dit hold er blevet efterladt. Andre kan blive skræmt af din energi, da de spekulerer på, hvordan de vil kunne matche dit niveau af drive og entusiasme. For at styre denne skyggeside skal du være opmærksom på sommetider at sænke farten, da dette giver dit team en chance for at være med.

Styrken udvikles ved:

Hav det godt

Gør "mig tid" til en prioritet. Brug tid til at være god ved dig selv ved at spise, bevæge og hvile dig igennem hele din dag for at sikre, at du genopfrisker din energi og undgår at blive udbrændt.

Gå en tur i naturen

Giv dig tid i løbet af din arbejdsdag til at tage en rask tur udenfor for at forny din energi.

Find tid til at hvile

Om eftermiddagen, når du føler, at dit energiniveau er lavt, så tag en lille lur eller lav fem minutters meditation, for at gøre det muligt for din krop at genoprette sig selv.

Humor og legelyst

Din styrke *Humor og legelyst* beskriver din evne til at værdsætte den "lettere side" af en situation, hvad enten du konfronteres med vanskelige omstændigheder eller en regelmæssig daglig situation. Du kan lide at have det sjovt og du er god til at sprede det gode humør til mennesker omkring dig.

Du er bedst:

Du brillerer, når du er i stand til at bruge din humor til at opmuntre dine kollegaer og få dem til at smile, især i pressede perioder. Når du er i en svær situation, kan humor være til din fordel ved at give dig mulighed for at være i et positivt humør, snarere end at blive negativ.

Udfordret af:

Fordi du foretrækker at værdsætte den lettere side af situationer, finder du det udfordrende at arbejde i et miljø, der værdsætter, at man er seriøs og foretrækker den "tunge side" af situationer.

Skyggeside:

Nogle gange kan humor bruges som et middel til at aflede. Det kan bruges som beskyttelse mod kritik eller til at undgå en vanskelig samtale. Når du afleder andre, kan det forhindre dem i at forstå, hvordan du virkeligheden har det indeni.

Styrken udvikles ved:

Start dagen med at grine

Når du starter din arbejdsdag, så se en sjov video, læs en af dine yndlingstegneserier eller tal med nogen, der altid får dig til at smile.

Prioriter at spille

At spille hjælper dig med at skabe en forbindelse til andre, at udforske idéer og skabe nye muligheder. Start møder med en sjov quiz, lav et spilleområde på kontoret eller bare udforsk en idé uden at have intentioner.

Giv dig selv lov til at have det sjovt på dit arbejde

At vise glæde og begejstring er en værdifuld og positiv forretningspraksis, det er et super vigtigt element til at forbedre engagement, effektivitet og produktivitet. Hvad kan du selv gøre for at bidrage til en sjovere arbejdskultur?

Håb, optimisme og fremtidsorientering

Håb, optimisme og fremtidsorientering er din evne til at lægge vægt på, hvad der er ud over "her og nu". Du har mål for fremtiden og du tror på, at de kan opnås. Du ser typisk glasset som halvt fyldt og du evner at forestille dig de positive resultater og ændrer planer, hvis noget udefra kommer i vejen.

Du er bedst:

Dit håb giver dig mulighed for at danne visioner for din fremtid og du har tiltro til, at dine positive følelser viser dig vejen. Denne evne giver dig mulighed for at skabe klare og fleksible planer for at opnå dine målsætninger. Du er bedst, når du arbejder i miljøer, hvor du har friheden til at ændre kurs og træffe de beslutninger, som du finder nødvendige for at nå egne og gruppens mål.

Udfordret af:

Fordi du har et optimistisk perspektiv, kan du have det svært, når du arbejder med mennesker, der har tendens til at være pessimistiske. Disse mennesker kan dræne din viljestyrke og forstyrre din evne til at planlægge en positiv fremtid.

Skyggeside:

Håb kan blive til et "falsk håb" eller blive for overoptimistisk, hvis dine drømme bliver for urealistiske. Du kan ignorere begrænsningerne for at nå dine mål eller jage mål, der er for store. Det er vigtigt at, du bruger denne styrke til at etablere et rationelt mål, som tager et realistisk hensyn, og hvor du formulerer en god plan omkring de begrænsninger, du kan møde.

Styrken udvikles ved:

Hav et passionsprojekt

Selvom det ikke er direkte tilknyttet dit job, så brug i hvert fald 10 minutter hver dag på at arbejde på et projekt, du er passioneret omkring.

Brug tid sammen med nogle håbefulde kollegaer

Håb er smitsom, så prioriter din tid med optimistiske kollegaer og læg mærke til, hvordan de positivt overvinder de udfordringer, de møder.

Lav et drømmekort over dine mål

Tag et stykke papir og skriv i det øverste højre hjørne det mål, du forsøger at opnå. På den venstre side, skal du identificere mindste tre veje, som vil flytte dig mod dit mål. På midten af papiret, skal du skrive de udfordringer, som du vil møde for hver af de tre veje. Omkring kanterne på papiret, skal du skrive, hvad du kan gøre for at bevare din viljestyrke og motivation.

Taknemmelighed

Din styrke *Taknemmelighed* er din evne til at se de gode ting i dit liv. Du er i stand til at stoppe op og lægge mærke til og værdsætte de ting, der sker med dig eller gives til dig, og som påvirker dit liv positivt. Desuden er du klar over, at nogle af disse ting bliver gjort mulig af noget eller nogen ud over dig selv, og så er det til denne kilde, at du skal udtrykke din taknemlighed.

Du er bedst:

Du trives i miljøer, hvor der er chancer for at udtrykke taknemmelighed. Du sætter pris på at blive takket af andre og nyder muligheden for at vise taknemmelighed til dine kollegaer. Da du kan bemærke og værdsætte de gode ting i dit liv, er du i stand til at opleve flere positive følelser, som glæde, lykke og stolthed, og færre negative følelser, som jalousi og vrede.

Udfordret af:

Fordi du foretrækker at være taknemmelig for de gode ting i livet, kæmper du med at arbejde i miljøer, hvor mennesker fokuserer mere på deres egne rettigheder. Du føler dig frustreret, når man tager de gode ting for givet i stedet for at anerkende, at nogen har gjort noget nyttigt eller venligt for dem. For eksempel hvis en leder tager hele æren for deres medarbejderes gode idéer eller løsninger.

Skyggeside:

Du udfordres, når *Taknemmelighed* misbruges som et middel til opnåelse af et resultat, eller hvis der er falskhed og sarkasme forbundet med den. Denne skyggeside kan undgås, ved kun at tilbyde nogen din taknemmelighed, hvis den virkelig afspejler, hvordan du føler, snarere end som et middel til at få noget til gengæld.

Styrken udvikles ved:

Fejre det, der fungerer godt

Begynd møder på arbejdspladsen ved at snakke om, hvad der har været godt for nylig, og udtryk taknemmelighed for de anstrengelser, som dine kollegaer gør.

Skab en daglig taknemmelighedsvane

Tak en person hver dag, for at gøre din dag lidt bedre eller lettere, inden du forlader dit arbejde. Vær specifik omkring, hvad du takker dem for, hvilke styrker de brugte i situationen og hvordan det positivt har påvirket dig.

Hav en taknemmelighedstjekliste

Skriv alle de ting ned, som du er taknemmelig for i løbet af din arbejdsdag. Prøv at finde mindst tre til fem ting hver dag. Det vil være særligt nyttigt på de dage, hvor tingene ikke går, som du synes, de skal. Taknemmelighed opvejer dine negative indre dialoger. For eksempel i stedet for at bande dine løbeture langt væk, kan dine negative dialoger i stedet fyldes med taknemlighed over, at dine ben er i stand til at bevæge sig, at du kan høre fuglene synge og at du kommer i bedre form. På den måde taler du dig selv op ad spiralen. Husk, din hjerne kan ikke være negativ og positiv på samme tid.

Tilgivelse og nåde

Din styrke *Tilgivelse og nåde* beskriver dine evner til at komme videre efter en episode, hvor dine grænser er blevet overtrådt og du kan tilgive en person. Når du viser tilgivelse, er din motivation til at svare negativt efter episoden forvandlet til et ønske om at bevare et harmonisk forhold til den, som har overtrådt din grænse.

Du er bedst:

Du brillerer i omgivelser, hvor mennesker omkring dig accepterer en undskyldning, når der er overtrådt en grænse. For dig er det vigtigere at bevare en god relation end at få ret. Din evne til at undgå negative reaktioner på konflikter ved at tilgive dine kollegaer, giver dig mulighed for at opretholde et fredeligt arbejdsmiljø, når der opstår fejl.

Udfordret af:

Selv om du er god til at tilgive, når andre har overtrådt en grænse, finder du det svært i situationer, hvor de mennesker du arbejder med, hele tiden begår de samme fejl. Det hindrer din evne til at komme videre, på samme måde som du normalt ville kunne. For eksempel vil du have det svært med en kollega, der gentagne gange glemmer at tjekke deres e-mails, altid glemmer vigtige oplysninger eller som altid kommer for sent til møder.

Skyggeside:

Når din styrke *Tilgivelse og nåde* bliver misbrugt, fører det dig til at blive eftergivende. Det betyder, at du kan være tilbøjelig til at tillade enhver - herunder dig selv - at slippe af sted med den fejl, der er lavet. Du kan lade mennesker omkring dig træde på dig, og du kan have svært ved at holde dig selv ansvarlig overfor dine handlinger. For at undgå denne skyggeside er det vigtigt at overveje, hvad det er, du respekterer og hvad du ikke gør. Lær, hvor dine grænser går og vær villig til at anerkende og kommunikere, når de er overtrådt.

Styrken udvikles ved:

Hav empati

Når du føler dig irriteret eller frustreret over nogen, skal du bygge en bro af empati, som giver dig mulighed for at forstå og respektere, hvor de kommer fra, selvom du ikke er helt enig med deres synspunkter.

Hav barmhjertighed for dig selv

Prøv hver uge at finde en ting, du kan tilgive dig selv for. Det kan være en fejl, du har lavet på arbejdet, måske kan du ikke overholde en deadline, eller hvis du har talt over dig, uden helt at have gennemtænkt konsekvenserne. I stedet for at bebrejde dig selv med opslidende negative indre dialoger, skal du i stedet vise dig selv den barmhjertighed, som du vil vise andre.

Fjern skammen

Når du bemærker, at en kollega føler skam over deres arbejde, så hjælp dem med at komme af med denne negative følelse. Spørg dem, hvad de føler, og skab et trykt rum, hvor de kan tale om, hvad der sker. Prøv at normalisere deres adfærd, ved at hjælpe dem med at bringe det ned på jorden og sætte det i perspektiv. Vi er kun mennesker, ikke maskiner.

Værdsættelse af skønhed

Din styrke *Værdsættelse af skønhed* er din evne til at lægge mærke til og nyde de smukke ting i livet. Du værdsætter særlige evner hos mennesker og nyder at se og lytte til deres formidling. Du forstår at se, bemærke og anerkende skønhed i selv de mindste ting og egenskaber.

Du er bedst:

Du er den bedste version af dig selv, når din arbejdsplads værdsætter det ekstraordinære - hvor du og dem omkring dig åbent kan udtrykke beundring, og du er eksponeret for en række smukke omgivelser. For eksempel kan du godt lide, når dine kollegaers unikke arbejde anerkendes og vises.

Udfordret af:

Fordi du trives ved at bemærke det gode, kan du finde det udfordrende at arbejde i et miljø, hvor mennesker omkring dig foretrækker en kritisk eller negativ attitude. For eksempel kan du måske føle dig frustreret, når mennesker påpeger alle fejl på et projekt og ikke anerkender det, du har gjort usædvanlig godt.

Skyggeside:

Skyggesiden af *Værdsættelse af skønhed* er perfektionisme, hvor kun det bedste er godt nok. Forstil dig, at nogle mennesker ikke kan arbejde ved deres skrivebord, medmindre alt er på den rette plads eller er tøvende med at dele deres arbejde, fordi det ikke er godt nok endnu. For at undgå denne skyggeside, er det vigtigt at værdsætte det gode, uden at være tilbageholdende overfor det, som ikke er perfekt. Nogle gange er godt nok – godt nok.

Styrken udvikles ved:

Skab et arbejdsmiljø du, elsker

Dette inkluderer måske pæne kontorartikler, billeder af dine kære eller dine yndlingssteder, en komfortabel kontorstol eller en potteplante. Gør dit arbejdsområde til et fristed.

Brug tid på at skabe en forbindelse til naturen

Brug et par minutter udenfor i dine pauser. Sid under et træ eller gå gennem en park eller langs vandet. Ting, der er grønne og blå, er godt for dit velvære.

Stræb efter storhed

Se efter de positive resultater din kollega, samarbejdspartner eller måske konkurrenten har skabt, og lad dig blive inspireret af dem, så du i dit arbejde kan blive endnu bedre. Inspiration fra andre kan hjælpe dig med til at komme til næste niveau.

Lav en inspirationsmappe

Du kan have en mappe på din computer, hvor du har forskellige kilder på glædelige ting, som du har fundet og brug det til at inspirere dig, når du har brug for et boost. Din mappe kan indeholde billeder, artikler eller dine egne noter.

Åndelighed, oplevelse af formål, tro og religiøsitet

Styrken refererer til de stærke overbevisninger du har om universets større formål og din personlige forståelse af din egen plads i verden. Det er disse overbevisninger, der påvirker din følelse af mening og formål på arbejdspladsen.

Du er bedst:

Du trives på dit arbejde, når du er i stand til at deltage i projekter og opgaver, der er forbundet med din følelse af en større mening. Denne forbindelse kan blive fremmet, når du føler, at der er en overensstemmelse mellem dine egne og arbejdspladsens værdier. Når du er i stand til at bruge de ting, du tror på i dit arbejde, føler du, det hele går op i en højere enhed. Dette skaber mening og motivation.

Udfordret af:

Du finder det svært at arbejde i situationer, hvor du kæmper for at finde mening med det, du laver eller når du skal arbejde på et projekt, der strider mod dine værdier og mening om formål. Hvis du for eksempel har en stærk bekymring for miljøet, kan du føle dig frustreret, når et projekt spilder ressourcer som papir eller energi.

Skyggeside:

Hvis du bliver for fanatisk, kan det være svært at vide, hvornår man skal sætte farten ned, hvilket fører dig og dit team til at blive udbrændte. Du kan blive så motiveret af din sans af mening og ambitionen om at udføre en opgave, at du mister din evne til at sætte ting i perspektiv. Dette kan få dig til at træffe ukloge beslutninger ved at tage nogle chancer, uden at overveje konsekvenserne ved at forfølge visioner, der ikke er en prioritet i din organisation.

Styrken udvikles ved:

Find dit 'hvorfor'

Vær opmærksom på, hvad der får dig ud af sengen hver morgen ved at fuldføre denne sætning: ”Alt jeg gør, er for at___, så_”. For eksempel: ”Alt jeg gør, er for at bringe det bedste frem i mig selv og andre, så verden bliver et bedre sted”.

Hjælp med at forme dit arbejde

Design din jobbeskrivelse, så det giver mere mening for dig. Fokusér mere af din tid på de opgaver og mennesker, der deler samme værdier og formål, som dig selv.

Find meningen i de små opgaver

Spørg dig selv: ”Hvad er formålet med denne opgave; hvad vil jeg opnå?” indtil du finder det svar, der får dig til at føle, at du er involveret i noget, der er umagen værd.

Vil du have lidt ekstra hjælp?

Jeg er overbevist om, at denne bog indeholder alt, du skal bruge for at blive inspireret og motiveret til at sætte dine styrker i spil og gøre mere af det, du gør bedst hver dag. Men hvis du alligevel gerne vil have lidt ekstra hjælp på din rejse, vil det være mig en stor glæde at hjælpe dig i gang med et mentorforløb.

Mentorforløb

Er du klar til at bryde alle rammer for, hvad du nogensinde troede var muligt og udleve dit fulde potentiale? Hvis ja, så har jeg 1:1 mentorforløb med en lille gruppe ekstraordinære mennesker (som dig). Jeg hjælper dig med at få større indsigt i, hvordan du kan bruge dine VIA-styrker til at opbygge mere selvværd og selvtillid. Derudover hjælper jeg dig til bedre at forstå, hvordan succes ser ud for dig, og hvordan du kan lægge overskuelige strategier, der trygt rykker dig fremad, og skridt for skridt sikrer, at du får skabt fantastiske resultater både i dit privat- og arbejdsliv.

Online træning

Vil du have undervisning, der trin for trin viser, hvordan du bruger alle værktøjerne i bogen og samtidigt opdager, udvikler og leverer styrkefulde resultater på din arbejdsplads? Så kan du enten købe min Master Class eller deltage i mit seks ugers online træningsprogram, hvor du får dybere viden, værktøjer og al den støtte, du har brug for for at arbejde med, hvordan du altid kan levere styrkefulde resultater i dit privat- og arbejdsliv.

Foredrag

Kunne du tænke dig, ikke bare et event, men en oplevelse, der giver folk mulighed for at opdage deres styrker og blive motiverede til, hvordan de kan sætte dem i spil på deres arbejde? Så behøver du ikke lede længere! Jeg har lært mange mennesker, hvordan man de kan bruge deres VIA-styrker til at forbedre selvtillid, mindske stress og præstere bedst muligt og forbedre individuelle, team- og organisatoriske resultater.

Hvis jeg på nogen måde kan hjælpe med at flytte dig fra gode til fremragende resultater, vil jeg meget gerne høre fra dig! Kontakt mig gerne på info@houseoftalents.dk

Skrevet i taknemmelighed og kærlighed

I løbet af mit liv har jeg mødt mange mennesker, både dem, der har fokuseret på mine styrker og dem, der har fortalt mig om alle mine fejl. Jeg har vundet og jeg har tabt, men set i bakspejlet har det hele været med til at udvikle mig til den jeg er i dag.

Så tak til alle jer, der har bidraget til min udvikling. Tak for at hjælpe mig med at skabe indsigt og blive helt skarp og konkret på mit højere livsformål om at bringe positiv psykologi og mindfulness ind i erhvervslivet, og gøre det anerkendt, anvendt og respekteret, som et middel til at nå virksomhedens resultater og egne personlige mål.

Tak skal også gå til den kære professor Martin Seligman for at have modet til at formidle ny videnskab om menneskelig trivsel og blomstring på et niveau, hvor alle kan være med. Tak, fordi du går hele vejen og ikke lader dig stoppe af de mange skeptikere, du har mødt. Tak for dine unikke evner og generøsitet til at finde, pleje og forbinde forskere og praktikere på tværs af kontinenter og kulturer. Din forskning har ændret mit liv, og denne bog ville slet ikke være skrevet, hvis det ikke havde været for den indsigt, du har givet mig om menneskelighed og styrkernes kraft.

Særligt tak til mine samarbejdspartnere Lisbeth Egede Andersson, Jens Sørensen og Lone Køhn Bundgaard for at have tillid til mig og mit arbejde og for at åbne dørene til jeres personlige lederskab, organisation og medarbejdere.

Denne bog ville heller ikke have været mulig uden de fantastiske mennesker, der professionelt og personligt får det bedste frem i mig hver dag. Særligt tak til Julie Elmvang Beicker for at coache og motivere mig til at formidle min viden, og for at sige ja til at løfte bogen med dit fantastiske forord. Tak til dig Nanna Pedersen, for at være den bedste til at hjælpe mig med at kommunikere mit budskab så klart og tydeligt, at alle kan være med.

Tak til min tætte og helt fortrolige forretningspartner Sys Dennis Sørensen for at gøre det muligt for mig, og fordi jeg må følge dig og din organisations positive udvikling så tæt. Tak, fordi du gav dig tid til at give mig feedback og for at hjælpe mig med at gøre denne bog endnu mere skarp og velskrevet. Vores samarbejde er helt unikt og betyder noget ganske særligt for mig.

Tak til Mark Korshøj Jensen for din konstruktive feedback, for dit altid positive og empatiske væsen og for at være en vigtig brik i både mit privat- og arbejdsliv.

Tak til min personlige assistent Millaray Olsen for at være det bedste strukturtalent og for altid at være stabil og pligtopfyldende. I medgang og modgang bringer dit smil altid stor glæde. Tak for din ærlighed og tillid, til min måde at lede og arbejde på.

Tak til mine to tætteste og helt unikke barndomsveninder Anne Mohr og Diana Jensen, der på hver deres måde altid har lyttet nysgerrigt til alle mine skøre idéer og indsigter om mennesker. Tak, fordi I altid har bakket mig op.

En helt særlig tak går til min elskede mand, Alex Poulsen, for din evige tålmodighed, din ubetingede kærlighed og din tillid til mig. Drømmen om at skrive denne bog, ville aldrig have været mulig, uden dig. Også en stor tak til vores tre elskede drenge for at heppe hele vejen og være de bedste prøvekaniner i mange henseender. I er den bedste trekløver, en mor kunne ønske sig. Jeg elsker jer så ubeskrivelig højt.

Referencer

Kapitel 1

Achor, S. (2010). The Benefit of Happiness: *The Seven Principles of Positive Psychology That Promote Success and Performance in the Workplace*. New York, NY: Crown Publishing.

Biswas-Diener, R. (2010). *Practice positive psychology coaching: Assessment, activities and strategies for success*. Hoboken, New Jersey: John Wiley & Sons.

Buckingham, M. (2007). *Go and put your strengths to work*: *6 powerful steps to achieve outstanding performance*. New York, NY: Free Press.

Buckingham, M., & Clifton, D. (2001). *Now discover your strengths*. New York, NY: Simon & Schuster Adult Publishing Group.

Clifton, D. O., & Harter, J. K. (2003). Investment in forces. In K. S. Cameron, J. E. Dutton, and R. E. Quinn (Eds.), *Positive Organizational Scholarships* (pp.111-121). San Francisco, California: Berrett-Koehler.

Hill, J. (2001). *How well do we know our strengths*? Paper presented at the British Psychological Society Centenary Conference, Glasgow, Scotland.

Hodges, T. D., & Asplund, J. (2010). Strengthens development in the workplace. In A. Linley, S. Harrington, & N. Garcea (Eds.), Oxford, Positive to Positive Psychology and Work (pp. 213-220). Oxford: Oxford University Press.

Kohn, A. (2014, July 25). Perfect, it turns out, is what practice does not make [Web blog post]. Retrieved from http: //www.psychologytoday. com / blog / the-homework-myth /201407 / perfect-it-turns-out-is-what- practice-dosent-make.

Linley, A., Willars, J., & Biswas-Diener, R. (2010). The strength book: *What you can do, love to do and have a hard time doing - and why it matters.* Coventry, UK: CAPP Press.

Niemiec, R. M. (2014). *Mindfulness and character strengths: A practical guide to flowering.* Cambridge, MA: Hogrefe.

Peterson, C., & Seligman, M. E. P. (2004). *Character strengths and virtues: A handbook and classification.* Washington, DC: American Psychological Association Press and Oxford University Press.

Seligman, M. E. P. (2002). Authentic happiness: *Using the new positive psychology to realize your potential for lasting fulfillment*. New York, NY- Simon & Schuster.

Shahar, T. B. (2009). Positive leadership. Presentation at PricewatehouseCoopers. Melbourne, Australia.

Kapitel 2

Biswas-Diener, R., Kashdan, T. B., & Minhas, G. (2011). A dynamic approach to psychological strength development and intervention. *The Journal of Positive Psychology,* 6 (2), 106-118.

Bradberry, T. (2014, June 2). How successful people stay calm. Forbes Online. Retrieved August 8, 2014, from http://www.forbes.com/sites/ travisbradberry / 2014/02/06 / how-successful-people-stay-calm /.

Brdar, I., & Kashdan, T. B. (2010). Character strengths and well-being in Croatia: An empirical investigation of structure and correlates. *Journal of Research in Personality*, 44, 151-154.

Buschor, C., Proyer, R. T., & Ruch, W. (2013). Self- and peer-rated character strengths: How do they relate to satisfaction with life and orientations to happiness? *Journal of Positive Psychology*, 8 (2), 116-127.

Clifton, D. O., & Harter, J. K. (2003). Investing in strengths. In K. S. Cameron, J. E. Dutton, & R. E. Quinn (Eds.), *Positive organizational scholarship* (pp. 111-121). San Francisco, CA: Berrett-Koehler.

Corporate Leadership Council. (2004). *Driving performance and retention* through employee *engagement*. Washington, DC: Corporate Executive Board.

Crabb, S. (2011). The use of coaching principles to foster employee engagement. *The Coaching Psychologist*, 7 (1), 27-34.

Dubreuil, P., Forest, J., & Courcy, F. (2013). From strengths use to work performance: The role of harmonious passion, subjective vitality and concentration. *Journal of Positive Psychology.* DOI: http://dx.doi.org/10.1 080 / 17439760.2014.898318.

Fredrickson, B. (2009). *Positivity: Groundbreaking research reveals how to embrace the hidden strength of positive emotions, overcome negativity, and thrive.* New York, NY: Crown Publishers.

Gallup, (2013). *The State of the global workplace: Employee engagement insights for business leaders worldwide*. Retrieved August 24, 2014, from http://www.gallup.com/strategicconsulting/164735/state-global-workplace.aspx.

Gallup. (2013). *State of the American workplace*. Retrieved August 24, 2014, from http://www.gallup.com/ strategicconsulting / 163007 / state- american-workplace.aspx.

Gallup. (2013). *Gallup-Healthways* Well-Being Index 2013. Retrieved from http://info.healthways.com/wbi2013.

Gander, F., Proyer, R. T., Ruch, W., & Wyss, T. (2012). The good character Geork: An initial study on the contribution of character strengths in 6 identifying healthy and unhealthy work-related behavior and experience patterns. *International Archives of Occupational and Environmental Health*, 85 (8), 895-904.

Govindji, R., & Linley, A. (2007). Strengths use, self-concordance and well- ing: Implications for strengths coaching and coaching psychologists. *International Coaching Psychology Review*, 2 (2), 143-153.

Govindji, R., & Linley, P. A. (2007). Strengths use, *self-concordance and well-being*: Implications for strengths coaching and coaching psychologists. *International Coaching Psychology Review*, 2 (2), 143-153.

Haidt, J. (2006). *The happiness hypothesis*: *Finding modern truth in ancient wisdom*. New York, NY: Basic Books.

Harter, J. K., Schmidt, F. L., & Hayes, T. L. (2002). Business-unit-level relationship between employee satisfaction, employee engagement, and business outcomes: A meta-analysis. *Journal of Applied Psychology*, 87, 268-279.

Harter, JK, Schmidt, FL, & Keyes, CL (2003). Well-being in the workplace and its relationship to business outcomes: A review of the Gallup studies. In CL Keyes & J. Haidt (Eds.), *Flourishing: Positive psychology and the life well-lived* (pp. 205-224), Washington, DC: American Psychological Association.

Harzer, C., & Ruch, W. (2012). When the job is a calling: The role of applying one's signature strengths at work. *The Journal of Positive Psychology*, 7 (5), 362-371.

Harzer, C., & Ruch, W. (2013). The application of signature character strengths and positive experiences at work. *Journal of Happiness Studies*, 14 (3), 965-983.

Harzer, C., & Ruch, W. (2014). The role of character strengths for task performance, job dedication, interpersonal facilitation, and organizational support. *Human Performance*, 27 (3), 183-205.

Hodges, T. D., & Asplund, J. (2010). Strengths development in the vorkplace. In A. Linley, S. Harrington, & N. Garcea (Eds.), *Oxford handbook of positive psychology and work* (pp. 213–220). Oxford: Oxford University Press.

Hodges, T. D., & Harter, J. K. (2005). The quest for strengths: A review of the theory and research underlying the StrengthsQuest program for students. *educational* HORIZONS, 83, 190-201.

Kay, K., & Shipman, C. (2014). *The confidence code: The science and art of self-Assurance - what women should know*. New York, NY: HarperCollins.

Kirschenbaum, D. S., Ordman, A. M., Tomarken, A. J., & Holtzbauer, R. (1982). Effects of differential self-monitoring and level of mastery on sports performance: Brain power bowling. *Cognitive Therapy and Research*, 6 (3), 335-341.

Leontopoulou, S., & Triliva, S. (2012). Explorations of subjective wellbeing and character strengths among a Greek University student sample. *International Journal of Wellbeing*, 2 (3), 251-270.

Littman-Ovadia, H., & Davidovitch, N. (2010). Effects of congruence and character-strength deployment on work adjustment and well-being. *International Journal of Business and Social Science,* 1 (3),138-146.

Littman-Ovadia, H., & Steger, M. (2010). Character strengths and well-being among volunteers and employees: Toward an integrative model. *The Journal of Positive Psychology*, 5 (6), 419-430.

Michell, J., Stanimirovic, R., Klein, B., & Vella-Brodrick, D. (2009). A randomized controlled trial of a self-guided internet intervention promoting well-being. *Computers in Human Behavior*, 25 (3), 749-760.

Minhas, G. (2010). Developing realized and unrealized strengths: Implications for engagement, self-esteem, life satisfaction and well-being. *Assessment and Development* j, 2, 12-16.

Park, N., & Peterson, C. (2009). Character strengths: Research and practice. *Journal of College and Character*, 10 (4), 1-10.

Park, N., Peterson, C., & Seligman, M. E. P. (2004). Strengths of character and well-being. *Journal of Social and Clinical Psychology,* 23 (5), 603-619

Peterson, C., Stephens, JP, Park, N., Lee, F., & Seligman, MEP (2010). Strengths of character and work. In Linley, A., Harrington, S., & Garcea, N. (Eds.). *Oxford handbook of positive psychology and work* (pp. 221 231). New York: Oxford University Press.

Proctor, C., Maltby, J., & Linley, A. (2009) Strengths use as a predictor of well-being and health-related quality of life. *Journal of Happiness Studies*, 10, 583-630.

Proyer, R. T., Gander, F, Wyss, T., & Ruch, W. (2011). The relation of German-speaking women. *Applied Psychology: Health and Well-Being, character strengths to past, present, and future life satisfaction among* 3 (3), 370-384.

Proyer, R. T., Gander, F., Wellenzohn, S., & Ruch, W. (2013). What good are character strengths beyond subjective well-being? The contribution of the good character on self-reported health-oriented behavior, physical fitness, and the subjective health status. *The Journal of Positive Psychology,* 8 (3), 222-232.

Proyer, R. T., Ruch, W., & Buschor, C. (2012). Testing strengths-based interventions: A preliminary study on the effectiveness of a program targeting curiosity, gratitude, hope, humor, and zest for enhancing life satisfaction. *Journal of Happiness Studies*, 14 (1), 275-292.

Ratey, J. J. (2008). Spark: *The revolutionary new science of exercise and the brain.* New York, NY: Hachette Book Group USA.

Rath, T. (2007). *Strengths Finder* 2.0. New York, NY: Gallup Press.

Seligman, M., Steen, T., Park, N., & Peterson, C. (2005). Positive psychology progress: Empirical validation of interventions. *American Psychologist*, 60, 410-421.

Warrell, M. (2013, June 12). How to stop stressing yourself out. Forbes Online. Retrieved August 10, 2014, from http://www.forbes.com/sites/ margiewarrell / 2013/06/12 / stressed-out-turn-stress-to-your-advantage /.

Wood, A. M., Linley, P. A., Maltby, J., Kashdan, T. B., & Hurling, R. (2010). Using personal and psychological strengths leads to increases in well-being over time: A longitudinal study and the development of the strengths use questionnaire. *Personality and Individual Differences*, 50, 15-19.

Wrzesniewski, A., McCauley, C., Rozin, P., 8 & Schwartz, B. (1997). Jobs, careers, and callings: People's relations to their work. *Journal of Research in Personality*, 31 (1), 21-33.

Kapitel 3

Anders, G. (2014). Need a career tuneup? Gallup's Tom Rath has a quiz for you. *Forbes Online.* Retrieved August 11, 2014, from: http:www. forbes.com/sites/georgeanders/2013/09/04/how-gallup-hit-a-goldmine- with-strengthsfinder /.

Baumeister, R. F., Bratslavsky, E., Finkenauer, C., & Vohs, K. D. (2001). Bad is stronger than good. *Review of General Psychology,* 5 (4), 323.

Biswas-Diener, R., Kashdan, TB, & Minhas, G. (2011). A dynamic approach to psychological strength development and intervention. The Journal of Positive Psychology, 6 (2), 106-118.

Buckingham, M. (2007). *Go put your strengths to work: 6 powerful steps to achieve* outstanding *performance*. New York, NY: Free Press.

Buckingham, M., & Clifton, D. (2001). *Now discover your strengths*. New York, NY: Simon & Schuster Adult Publishing Group.

Center for Applied Positive Psychology. (2014). Realize2. Retrieved August 17, 2014, from: http://www.cappeu.com/realise2.aspx.

Fredrickson, B. (2009). *Positivity: Groundbreaking research reveals how to embrace the hidden strength of positive emotions, overcome negativity, and thrive*. New York, NY: Crown Publishers.

Harzer, C., & Ruch, W. (2013). The application of signature character strengths and positive experiences at work. *Journal of Happiness Studies*. 14 (3), 965-983.

Hill, J. (2001). *How well do we know our strengths?* Paper presented at the British Psychological Society Centenary Conference, Glasgow, Scotland.

Hodges, T. D., & Asplund, J. (2010). Strengths development in the workplace. In P. A. Linley, S. Harrington, & N. Garcea (Eds.), *Oxford handbook of positive psychology and work* (pp. 213-220). Oxford: Oxford University Press.

Kaiser, RB, & Overfield, DV (2011). Strengths, strengths overused, and lopsided leadership. Consulting Psychology Journal: Practice and Research, 63 (2), 89-109.

Linley, A. (2008). Average to A +: *Realizing strengths in yourself and others*. Coventry, UK: CAPP Press.

Linley, A. (2010). Realize2: Technical report. Coventry, UK: CAPP Press.

Linley, A., Willars, J., & Biswas-Diener, R. (2010). *The strengths book: What you can do, love to do, and find it hard to do - and why it matters*. Coventry,UK: CAPP Press.

Niemiec, R. (2013). VIA Survey or StrengthsFinder? *Psychology Today*. Retrieved August 11, 2014, from http://www.psychologytoday.com/blog/ what-matters-most / 201312 / survey-or-strengthsfinder.

Niemiec, R. M. (2013). VIA character strengths: Research and practice (The first 10 years). In H. H. Knoop & A. Delle Fave (Eds.), *Well-being and cultures: Perspectives on positive psychology* (pp. 11-30). New York: Springer.

Peterson, C. (2008). *Character strengths*. Retrieved from University of Pennsylvania, Masters of Applied Positive Psychology.

Peterson, C., & Seligman, MEP (2004). Character strengths and virtues*: A handbook and classification.* Washington, DC: American Psychological Association Press and Oxford University Press.

Rath, T., & Conchie, B. (2009). *Strengths based leadership*. New York, NY: Gallup Press.

Shryack, J., Steger, MF, Krueger, RF, & Kallie, CS (2010), The structure of virtue: An empirical investigation of the dimensionality os the virtues in action inventory of strengths. *Personality and Individuel Differences*, 48 (6), 714-719.

Kapitel 4

Buckingham, M. (2007). *Go put your strengths to work: 6 powerful steps to achieve outstanding performance*. New York, NY: Free Press.

Buckingham, M., & Clifton, D. (2001). *Now discover your strengths*. New York, NY: Simon & Schuster Adult Publishing Group.

Cooperrider, DL (1990). Positive image, positive action: The affirmative basis of organizing. In S. Srivastva & D. Cooperrider (Eds.) *Appreciative management and leadership: The power of positive thought and action in organizations*. John Wiley & Sons.

Csikszentmihalyi, M. (1991). Flow: *The psychology of optimal experience*. New York, NY: HarperPerennial.

Ericsson, KA, Krampe, RT, & Tesch-Römer, C. (1993). The role of deliberate practice in the acquisition of expert performance. *Psychological Review*, 100 (3), 363-406.

Kashdan, T. (2009). *Curious?: Discover the missing ingredient to a fulfilling life*. New York, NY: HarperCollins.

King, LA (2001). The health benefits of writing about life goals. *Personality and Social Psychology Bulletin*, 27 (7), 798-807.

Lyubomirsky, S. (2008). *The how of happiness*: A scientific approach to getting the life you want. New York, NY: Penguin.

Niemiec,C.P, Ryan, RM, & Deci, EL (2009). The path taken: Consequences of attaining intrinsic and extrinsic aspirations in post-college life. *Journal of Research in Personality*, 43, 291-306.

Peterson, C. (2006). *A primer in positive psychology*. Oxford, UK: Oxford University Press.

Seligman, M.E.P (2014 , February 7). Prospection: The psychology of foresight. Fourth Australian Positive Psychology and Wellbeing Conference. Melbourne, Australia.

Sinek, S. (2011). *Start with why: How great leaders inspire everyone to take action*. New York, NY: Penguin Group.

Warrell, M. (2012). *Stop playing safe: Rethink risk. Unlock the power of courage. Achieve outstanding success New* York, NY: John Wiley & Sons

Wind, Y., & Crook, C. (2005). *The power of impossible thinking*. Upper Saddle River, NI: Wharton School Publishing.

Wrzesniewski, A., McCaulev, C., Rozin, P., & Schwartz, B. (1997). Jobs careers, and callings: People's relations to their work. *Journal of research in personality*, 31 (1), 21-33.

Kapitel 5

Achor, S. (2010). The happiness advantage: *The seven principles of positive psychology that fuel success and performance at work*. New York, NY: Crown Publishing.

Ben-Shahar, T. (2007). *Happier: Learn the secrets to daily joy and lasting fulfillment. New York*, NY: McGraw-Hill Companies.

Brown, S.L (2009). Play: *How it shapes the brain, opens the imagination, and invigorates the soul*. New York, NY: Penguin.

Dweck, C. (2007). *Mindset: The new psychology of success.* New York, NY: Ballantine Books.

Fredrickson, B. (2009) Positivity: *Groundbreaking research reveals how to embrace the hidden strength of positive emotions, overcome negativity, and thrive*. New York, NY: Crown Publishers.

Lopez, S. (2013): *Making hope happen: Create the future you want for yourself and others*. New York, NY: Simon & Schuster.

Lyubomirsky, S. (2008). *The how of happiness: A scientific Approach to getting the life you want.* New York, NY: The Penguin Press.

Reivich, K.,& Shatté, A. (2002). *The resilience factor: 7 essential skills for overcoming life's inevitable obstacles*. New York, NY: Broadway Books.

Ryan, RM, & Deci, EL (2006). regulation and the problem of human autonomy: Does psychology need choice, self-determination, and will? Journal of Personality, 74 (6), 1557-1586.

Schwartz, CE, & Sprangers, MA (1999). Methodological approaches for assessing response shift in longitudinal health-related quality-of-life research. Social *science & medicine*, 48 (11), 1531-1548.

Snyder, C. R. (2000). Handbook of hope: Theory, measures, and applications. United States: Academic Press.

Kapitel 6

Achor,S. (2010). *The happiness advantage: The seven principles of positive psychology that fuel success and performance at work*. New York, NY. Crown Publishing.

Baumeister, R. F., & Tierney, J. (2011). *Willpower Rediscovering the greatest human strength.* New York, NY: Penguin.

Ben-Shahar, T. (2007). Happier: Learn the secrets to daily joy and lasting fulfillment. New York, NY: McGraw-Hill Companies.

Damon, W. (2008). *The path to purpose: Helping our children find their calling in life.* New York, NY: Simon and Schuster.

Duckworth, AL, Peterson, C., Matthews, MD, & Kelly, DR (2007). Grit: Perseverance and passion for long-term goals. *Journal of Personality and Social Psychology*, 92 (6), 1087-1101.

Duckworth, A. Research Statement. *The Duckworth Lab*, 2014. Retrieved August 25, 2014 from https://sites.sas.upenn.edu/duckworth/pages/ research-statement.

Duckworth, A. (2014, August 5). How grit enables us to show up, chine & succeed at work [Online interview]. www.retrieved from. Michellemcquaid.com/showupshineandsuceed/listen.dk

Duhigg, C. (2012). *The power of habit: Why we do what we do in life and business.* New York, NY: Random House.

Ericsson, K. A., Krampe, R. T., & Tesch-Römer, C. (1993). The role of deliberate practice in the acquisition of expert performance. *Psychological Review*, 100 (3), 363-406.

Fredrickson, B. (2009). *Positivity: Groundbreaking research reveals how to embrace the hidden strength of positive emotions, overcome negativity, and thrive*. New York, NY: Crown Publishers.

Graybiel, A. M. (1998). The basal ganglia and chunking of action repertoires. *Neurobiology of learning and memory*, 70 (1), 119-136.

Greenberg, M., & Maymin, S. (2013). *Profit from the positive: Proven leadership strategies to boost productivity and transform your business.* New York, NY: McGraw Hill Professional.

Heath, C., & Heath, D. (2010). Switch: *How to change when change is hard.* New York, NY: Random House.

Lally, P., Van Jaarsveld, C. H., Potts, H. W., & Wardle, J. (2010). How are habits formed: Modeling habit formation in the real world. *European Journal of Social Psychology*, 40 (6), 998-1009.

Lyubomirsky, S. (2013). *The myths of happiness: What should make you happy, but does not, what should not make you happy, but does.* New York, NY: Penguin.

Neal, D. T., Wood, W., & Quinn, J. M. (2006). Habits – A repeat performance. *Current Directions in Psychological Science*, 15 (4), 198-202.

Rath, T., Harter, J., & Harter, JK (2010). *Wellbeing: The five essential elements*. New York, NY: Gallup Press.

Wrzesniewski,A. (2014) . Engage in job crafting.In JE Dutton & GM Spreitzer (Eds.), *How to be a positive leader: Small actions, big impact*. San Francisco, CA: Berrett-Koehler.

Kapitel 7

Bersin, J. (2014, February 4). Spending on corporate training soars: Employee capabilities now a priority. Retrieved August 10, 2014, from http://www.forbes.com/sites/joshbersin/2014/02/04/the-recovery- arrives-corporate-training-spend-skyrockets /.

Cooperrider, D. L., & McQuaid, M. (2012). The positive arc of systemic strengths: How appreciative inquiry and sustainable designing can bring out the best in human systems. *Journal of Corporate Citizenship*, 46, 71-102.

Cooperrider, D., & Whitney, D. D. (2005). Appreciative inquiry: A positive revolution in change. San Franscico, CA: Berrett-Koehler Publishers.

Duncan, R. D. (2013, August 20). Nine ways to keep your company's most valuable asset - Its employees. Forbes Online. Retrieved August 10, 2014, from http://www.forbes.com/sites/forbesleadershipforum/2013/08/20/ nine-ways-to-keep-your-companys-most-valuable-asset-its-employees /.

Dutton, J. E., & Heaphy, E. D. (2003). The power of high-quality connections. *Positive organizational scholarship*: Foundations of a new discipline, 3, 263-278.

Fredrickson, B. (2009). *Positivity: Groundbreaking research reveals how to embrace the hidden strength of positive emotions, overcome negativity, and thrive*. New York, NY: Crown Publishers.

Fredrickson, B. L. (2013). Love 2.0: *Finding happiness and health in moments of connection.* New York, NY: Penguin.

Gorey, A. (2012, March 26). Who are you really hiring? 10 shocking HR statistics. HR.com. Retrieved August 10, 2014, from http://www.hr.com/ en / app / blog / 2012/03 / who-are-you-really-hiring-10-shocking-hr- statistic_h09y2olo.html.

Linley, A. (2008). Average to A +: *Realizing strengths in yourself and others*. Coventry, UK: CAPP Press

Rath, T., Harter, J., & Harter, J. K. (2010). *Wellbeing:The five essential elements*. New York, NY: Gallup Press.

Smith, J. (2013, November 13). How to show appreciation and get better results from your employees this holiday season. Retrieved August 10, 2014, from http://www.forbes.com/sites/jacquelynsmith/2013/11/13/ how-to-show-appreciation-and-get-better-results-from-your-employees- this -holiday-season /.

Vaillant, G. E. (2012). *Triumphs of experience: The men of the Harvard Grant Study.* Boston: Harvard University Press.

VIA-Character strengths - https://www.viacharacter.org/

Wei, W. (2010, October 26). Tony Hsieh: Bad hires have cost Zappos over $ 100 million. Business Insider Australia. Retrieved August 10, 2014.
from http://www.businessinsider.com.au/tony-hsieh-making-the-right- hires-2010-10.

VIA-Styrker

Bass, B. M. (1990). From transactional to transformational leadership: Learning to share the vision. *Organizational Dynamics,* 18 (3), 19-31.

Ben-Shahar, T. (2007). Happier: Learn the secrets to daily joy and lasting fulfillment. New York, NY: McGraw-Hill Professional.

Dutton, as cited in McQuaid, M. (2014). *Does compassion have value at work?* [Web blog post]. Retrieved from http://www.michellemcquaid.com /compassion /.

Gostick, A., & Christopher, S. (2008). *The levity effect: Why it pays to lighten up.* Hoboken, NJ: Wiley.

Grant, A. M. (2013). *Give and take: A revolutionary approach to success.* New York, NY: Viking Press.

Lopez, S. (2013). *Making hope happen: Create the future you want for yourself and others.* New York, NY: Simon & Schuster.

Peterson, C., & Seligman, M. E. P. (2004). *Character strengths and virtues: A handbook and classification.* Washington, DC: American Psychological Association Press and Oxford University Press.

Positive Leadership Pty Ltd. (2008). *VIA Signature Strengths Cards.* Purchased from http://www.positiveleadership.com.au/page/via cards.html.

Ryan, R. M., & Frederick, C. (1997). On energy, personality and health: Subjective vitality as a dynamic reflection of well-being. *Journal of Personality,* 65 (3), 529-565.

Schwartz, B., Ward, A., Monterosso, J., Lyubomirsky, S., White, K., & Lehman, D. R. (2002). Maximizing versus satisficing: Happiness is a matter of choice. *Journal of Personality and Social Psychology,* 83 (5), 1178-1197.

Seligman, M. E. P. (2014). Chris Peterson's unfinished masterwork: The real mental illnesses. *The Journal of Positive Psychology.* doi: 10.1080 / 1743 9760.2014.888582.

Shelp, E. E. (1984). Courage: A neglected virtue in the patient-physician relationship. *Social Science and Medicine*, 18 (4), 351-360.

Sinek, S. (2011). Start with why: How great leaders inspire everyone to take action. New York, NY: Penguin Group.

Snyder, C. R. (2002). Hope theory: Rainbows in the mind. *Psychologicel Inquiry*, 13 (4), 249-275.

Steger, as cited in McQuaid, M. (2014). Want more meaningful work? [Web blog post]. Retrieved from http://www.michellemcquaid.com/ meaningful-work /.

Tangney, J. P. (2000). Humility: Theoretical perspectives, empirical findings and directions for future research. *Journal of Social and Clinical Psychology*, 19 (1), 70-82.

VIA Institute. (2014). Retrieved from http://www.viacharacter.org/www /Character-Strengths.